主編 賀聖遂 錢振民
學術顧問 陳先行

上海歷代著述總目·元代以前卷

楊婧 著

復旦大學出版社

本書爲「十四五」時期國家重點出版物出版專項規劃項目
上海文化發展基金會圖書出版專項基金資助項目
復旦大學「九八五工程」三期人文科學重大項目（2011RWXKZD035）成果

《上海歷代著述總目》弁言

陳先行

庚子新春，獲悉老友賀聖遂、錢振民兩兄經年主編的《上海歷代著述總目》即將付梓，頗感欣喜。本人因忝爲顧問，於該書之編纂及其意義有所瞭解，乃趁防控新冠疫情偷閒之際寫此小文以表祝賀。

這是迄今爲止第一部歷代上海地方文獻專目，主編的初衷，是想在此目的基礎上，選輯出版一部大型上海文獻叢書，這原本是出版家賀聖遂擔任復旦大學出版社社長兼總編時的宏願，可惜未獲及時落實，計劃擱置。但令人感到慶倖的是，由復旦大學古籍所博士生導師錢振民直接指導的這部至關重要的目録畢竟編纂成功了，既然有了它，相信其他相關舉措一旦條件成熟就可以從容實施。

從目録學及史學史角度論，類此目録照理早就應當編纂並出現在上海史之中，因爲在我國史學界有一個傳統，即自《漢書》以降，正史、通史乃至地方史志中每設有「藝文志」（或稱「經籍志」）一門（正史中凡所缺者，清代、近代學者多予以補撰），後人將此類目録統稱爲「史志目録」。史志目録通常被認爲具有揭示國家或地方學術史的功能，歷來都很受重視。然而，在現當代史學界出現的若干種包括有政府支持背景撰寫的上海史著作，無論卷帙多寡，皆未列「藝文志」，即没人對歷代上海人的著述進行搜集編目，這樣的上海史其實是不完整的。人們不禁要問，難道那些編撰上海史的學者無視史志目録傳統、不識其重要意義嗎？恐怕不能如此貿然推斷，或許有種種主觀與客觀原因無法克服，纔導致他們對該選項的回避或放棄。譬如有一個原因不用多講大家心裏都清楚，即在當今作學術研究動輒以某種「工程」爲目的的氛圍之下，編纂「藝文志」是件吃力不討好的事情，如果嚴肅認真對待，一時半會難以弄出什麽「階段性成果」，達不到現時流行的「項目考核標準」，而經過長年累月、嘔心瀝血一旦搞成，也未必會獲得學術上的認可。因此，這種苦哈哈的差事是很難受到青睞的，即使真有憨憨之士想做，可能也是舉步維艱，阻力重重。如此這般，業已發表的上海史不設「藝文志」洵屬正常，明白人都能體諒。不過，話又要説回來，既然有關方面下足本錢編撰上海史，却又置「藝文志」於度外，無論從哪方面講，終究是一個缺憾：如果没有一部反映客觀實際的上海地方文獻目録爲依據，不能瞭然上海歷代著述全貌，人們如何能够科學地認識與勾勒出上海的歷史文脉呢？而「傳承文脉」之類的詞語，今人又是那麽喜歡掛在嘴邊，總不能信口雌黄吧？因此，《上海歷代著述總目》編纂出版的重要性是毋容置疑的。

我們强調史志目録的意義，並不意味將這部《上海歷代著述總目》的價值等同于以往史志目録，僅僅視其爲對已出版的上海史的補缺，這樣的認識也未免太膚淺了。略相比較，它至少有兩方面的成就超過以往史志目録。

首先是收録求全，編纂得體。如果要做到客觀全面地反映上海歷史文化面貌，搜羅完備是第一要務。《上海歷代著述總目》通過對歷代地方志、各類綜合與專題目録以及相關文獻資料的抉剔爬梳、考辨釐訂，結合各藏書機構的實地艱辛調查，共輯得三千二百餘位作者凡一萬三千餘種著述，搜采之豐，前所未有，基本摸清了上海歷代著作的家底，以「總目」稱之，名副其實。由於所收録者，既有編纂者經眼的存世之書流傳之本，又包括有歷史文獻記載但已難尋蹤跡或已亡佚之作，編者以實事求是的態度纂輯爲《現存著述簡目》與《未見著述簡目》兩大部分（後者又具有待訪書目功能）；在《元代以前卷》中，更列有《存疑著述簡目》，並略述存疑緣由，充分體現了該目録之編纂科學合理的特點。而曩昔的史志目録，往往連存書面貌也未完整反映，佚書則更不會作考訂著録，也從來不作如此明確的交代。

必須指出，舊時學術界之所以對史志目録一直頗爲推崇，認爲史志目録（包括地方史志目録）反映了國家或地方學術史的脉絡，多半是人們將眼光聚焦於目録的分類及其演變之上的緣故，因爲從目録的分類可窺學術的發展。但大家似乎忽略了另外一個極爲重要的問題：歷代史志目録是否爲當時所存全部學術文獻的實録？如果不是，或因訪書困難而只能收録境成的政府藏書及根據某些公開的私家藏書目録著録，或出於撰史者的主觀意志只是編纂一個選目，那麽，在不能反映一代或歷代著述、學術成果全貌的前提下，如何能説這些史志目録客觀全面地反映了學術史的脉絡呢？

事實上，不管出於什麽原因，以前的史志目録可能多爲選目，或者説僅僅是部分文獻的記録。譬如首創的《漢書・藝文志》，班固除了對西漢末年若干名家著述有所增補外，大體框架是根據劉歆《七略》「删其要」構成，而《七略》本身之著録對象主要是朝廷政府機構的藏書，鮮有涉及與利用各地方政府機構與民間的收藏，因而不太可能反映當時學術成果的全部。或以爲《漢書・藝文志》是一部記録上古至西漢圖書的完整目録,並不確切。再如相對晚近的《明史・藝文志》,係由王鴻緒、張廷玉輩依據黄虞稷初撰之《明史藝文志稿》删削而成。黄氏之志稿雖已不傳,但它是根據自撰《千頃堂書目》稍加增損編就。若將《千頃堂書目》與《明史・藝文志》相較,可知前者所收明人著作多達一萬二千餘種,而後者著録僅四千六百餘種,删削六成有加。因是之故,凡欲瞭解明人著述及其相關學術動態,我們首先想到要檢覽的是《千頃堂書目》而非《明史・藝文志》。由此可見,無論出於什麽原因,過往的史志目録(包括地方史志目録)所記録的文獻缺失頗多,其所反映的學術,很可能只是編目者的主觀認識,是否客觀反映、科學概括了整個時代或某一地方的學術面貌與特點,是要打問號的。然而,後人由於對史志目録的編纂情況(諸如卷帙篇幅的確定、著録物件的選擇標準以及對不同編纂意見的定奪等)不甚清楚,往往是被動接受其成果,並没有作深入思考,於是學術界便有諸如「把正史藝文志和經籍志、各種補志、《清史稿・藝文志》進行整理彙編,就構成我國自古以來一部比較完整而正規的圖書總目」,從而「構成一部完整的中國學術史」之類簡單片面的説法。

在此,我們不妨再以當前正在編撰的《清史》爲例,或許對史志目録能有更直接的認識。《清史》遵循傳統,也設「藝文志」一門(據説現在改稱「典籍志」,尚未正式發表),因編委會考慮到與其他各門類卷帙篇幅的平衡,故《清史・藝文志》一開始的定位就是一個選目(這種考慮卷帙篇幅平衡的因素,恐怕過往的史志目録都會存在)。關鍵在於如何選,依據何在。爲此,編纂《清史・藝文志》的專家以嚴謹的態度,先花大力氣編纂了一部《清代著述總目》,著録多達二十二萬七千種,清人著作幾乎搜羅殆盡,通過分類編次，清代學術面貌可謂一覽無遺，據其選編一部切合實際的《清史・藝文志》想必没有太大問題。然而，當編纂者提交選目初稿時，各路專家意見不一，争論甚至還有點激烈。看得出來，專家們多基於不同的研究背景，從各自的治學專長與愛好出發臧否選目（參見二〇一三年八月第三期《清史研究》刊載的《〈清史・藝文志〉編纂及審改工作實録》一文）。這種見仁見智的學術討論固然很有必要，但有一點似乎應該達成共識，即對選目收録對象的討論，不能無視或偏離《清代著述總目》這個基本前提，只有對一代著述作全面瞭解，纔能對一代學術的特點（包括繼承與發展）作合符客觀的揭示。倘若人們的視野與認知到今天仍然停留在《清代著述總目》出現之前，甚至凝滯於《四庫全書總目》之上，或者只是略作新學方面的補充，那麼這部《清史・藝文志》的意義與作用就不會太大。

不知遞經壓縮篇幅的《清史・藝文志》最終會是一個什麼模樣，但説句實話，我們更期待的是《清人著述總目》的早日出版，因爲該目避免了主觀局限，反而更具實用價值。同樣道理，由於這部《上海歷代著述總目》於著録對象力求客觀，不事斧鑿，其所反映歷史上的上海學術面貌全面完整，堪當信今傳後，一經問世，以往的上海地方史志目録不足論矣。

《上海歷代著述總目》另一個令人矚目的高光之處，便是著力於版本的考訂著録。由於古籍在流傳過程中往往出現多種版本，形成不同的版本系統，而人們所見所聞的每一種書，很可能只是該書的某一種版本，鑒別其版本面目，辨識其版本源流，判斷其版本優劣，是歷史發展到一定時期必然會出現的需求，由是而産生版本學與版本目録，這是一種學術進步。

當然，由於版本學晚至明代中後期纔發端，故明代及以前的史志目録不著録版本可以理解。但到了清朝乾隆時代，版本學的演進得到了官方的有力推動，隨着第一部官修善本書目《天禄琳琅書目》的問世，著録版本流行於各種藏書之目，版本目録形成風氣。而這時開始出現的補撰史志目録却未能與時俱進，仍然墨守成規不著録版本，不得不説，人們在肯定其于史學、目録學所作貢獻的同時，不能無視其於版本學的滯後。據説《清史・藝文志》也因篇幅太大而被要求删去版本之項，那麽之前所花功夫便白費了，編目者或許會有一肚子的委屈，我聞之則並未感到奇怪，因爲看到專家們提出的有關編目的意見，都集中於分類之上而忽略版本著録。他們習慣性地以章學誠所云「辨章學術，考鏡源流」爲要旨，視分類爲編目重點，這當然没錯。但時代在發展，學術應進步。自從四庫分類得到認可並普遍施行之後，出於古籍研究深入的需要，能否準確地鑒定著録版本，已成爲古籍編目必須解決的主要問題，倘若版本的來龍去脉未明，其文本面貌不清，「辨章學術，考鏡源流」又從何談起？如果章學誠活在當下，應該也會持此發展眼光而不是固執陳見。故放棄著録版本，《清史・藝文志》的功用將會減弱是可以預料的。

有人以爲，當今古籍編目著録版本並不煩難，因爲有《中國古籍善本書目》與《中國古籍總目》等成果可以利用。誠然，這些目録尤其是《中國古籍善本書目》頗具權威，足資參考，但若一味坐享現成，徑自抄撮，則並不妥當。須知當年《中國古籍善本書目》之編纂，雖然也先事普查，但受歷史條件限制，加之各地編目人員的水準參差不齊，普查的品質不能盡如人意，而後來任事彙編的專家每每連書影都看不到，遑論檢覽原本，故存在鑒定著録問題難以避免。至於《中國古籍總目》，雖然有的參與單位與編目人員也花了不少心血以敬其業，但就整體而言，它是從目録到目録的產物，大部分的著録未能與原書校核，錯誤自然更多。《上海歷代著述總目》的編纂者正是對此有所認知，故力求對所著録的每部書、每個版本都過目核對，從而避免了重蹈《中國古籍善本書目》《中國古籍總目》之誤現象的發生。最值得稱道者，《上海歷代著述總目》並不是一部單純的簡式版本目録，其立意於版本學發展的高度，從實用出發，對現存上海各時代衆多的善本要籍以藏書志體式撰寫成經眼録，從形制到文本進行了詳細著録與考訂，辨識其版本，闡述其源流，發現並揭示了一批具有重要價值却被前人所忽略的珍貴文獻，同時又糾正了不少《中國古籍善本書目》《中國古籍總目》以及其他專門目録的著録訛誤。尤其要指出，編纂者爲了對一部書的版本能有全面的認識，不惜花費巨大的心力，四處搜羅不同的印本，比勘其異同，揭示其優劣。竊以爲，考察一部書的版本，不論同版與否，只要印本不同，形式和内容都可能存在差異。不目睹各本，作仔細觀察、認真比較，就難知其詳。然而囿於識見，或限於條件，或憚於煩難，歷來編撰古籍目録、撰寫藏書志者於此鮮有身體力行。因此，這部《上海歷代著述總目》不僅遠優於舊時上海地方史志目録，即便置之當今各家編撰包括藏書志在内的各種古籍目録，也是處於前沿地位。

最後想談談編纂這部《上海歷代著述總目》的來龍去脉。該目録按時代分爲元代以前、明代、清代中前期、晚清傳統及晚清新學著述五個部分，作者多爲曾經就讀於復旦大學古籍所中國古典文獻學專業的碩士、博士，他們各自所承擔的部分，實際就是以其畢業論文爲基礎修改而成。由於他們對版本目録學頗有興趣，作爲復旦古籍所的兼任教授，我曾多次給他們作有關版本學的講座，或請他們到上海圖書館來，由我就館藏古籍實物講版本鑒賞知識。這樣做雖取得些微效果，但他們終究因缺乏實踐經驗，一時難成氣候。振民兄遂結合教學，委諸生參與編纂《上海歷代著述總目》，使之理論聯繫實際，不數年學得真正本領。我先後參加了該目作者楊婧、杜怡順、曹鑫等同學的論文答辯，看到他們於版本目録學方面所具有的良好素養與追求，不禁爲之擊節叫好。我很清楚，類此古籍編目能否作爲碩博生的論文，在教育界是有争議的；甚至連圖書館界也有人認爲古籍編目不是學問。但振民兄力排異議，矢志於是，最終獲得成功，令人欽佩——這難道不是可資借鑒的一條大學培養版本目録學人才的有效途徑嗎？

庚子二月，於海上學思齋

總序

賀聖遂　錢振民

一個多世紀以來，上海作爲一個國際大都市矗立於世界東方。當我們從文獻學的視角審視其歷史時，會發現它（以現行政區域回溯）不僅僅是一般人心目中的近代新興魔都，亦具有悠久而燦爛的歷史文化。其文化源頭可以追溯至數千年前的馬家浜文化、崧澤文化和良渚文化。就其歷代産生的著者與著述而言，可謂著者林立，名家輩出，著述豐富多彩，影響深遠，爲中華文明建設作出了突出的貢獻。

西晉時期，作爲一代文學名家的陸機、陸雲兄弟，開啓了上海著述的精彩序幕。

元末明初，産生了一批頗有影響文學名家、著名學者與著述。如：文學名家袁凱著有《海叟集》，王彝著有《王常宗集》。文學大家楊維禎（寓賢）著有《鐵崖古樂府》、《復古詩集》等，著名學者陶宗儀（寓賢）著有《南村輟耕録》《説郛》等。

明代中期，隨着社會經濟的發展，這一地區進入了教育與文化繁榮的時代，産生了一大批名家與名著。如文學家、書法家張弼著有《張東海先生集》，文學家、學者陸深著有《儼山集》《儼山外集》等，文學家、名宦顧清著有《東江家藏集》《松江府志》等，學者王圻著有《續文獻通考》《三才圖會》等，文學家歸有光（寓賢）著有《震川文集》等，何良俊著有《四友齋叢説》等。

晚明時期，名家名著湧現，聲名遠播。如書法家、名宦董其昌著有《畫禪室隨筆》《容臺集》等，文學家陳子龍著有《安雅堂稿》《陳忠裕公全集》，編有《皇明經世文編》等，文學家、書畫家陳繼儒著有《陳眉公全集》，文學家「嘉定四先生」程嘉燧（寓賢）、唐時升、李流芳、婁堅著有《嘉定四先生集》（謝三賓合刊）等，農學家、名宦徐光啓著有《農政全書》，譯有《幾何原本》《泰西水法》等。

進入清代，著者激增，大家輩出，巨著疊現。中前期，史學家王鴻緒與張玉書（江蘇人）等共纂《明史》，自纂有《明史稿》；陸錫熊任《四庫全書》總纂官，與紀昀（河北人）等共纂《四庫全書》；史學、漢學大家錢大昕、王鳴盛分别撰有《廿二史考異》《十七史商榷》等考史名著；王昶編撰的《金石萃編》，則是清代金石學史上繼往開來的一部巨著。

晚清以降，西風東漸，新學日興，上海地區的新學著述與傳統著述並駕齊驅，成就了上海作爲中西文明融匯的重要視窗。

如上所述，上海古代著者林立，著述甚富，而到底産生過多少著者和著述，却一直缺少一本明細帳目。現行各種古籍目録，主要爲各圖書館的藏書目録，其體例一般不著録著者籍貫，難以窺見上海地區的著者與著述概貌。全面系統地考察著録這些著者與著述，對於研究整理與保護這些珍貴歷史文獻，對於上海的學術文化乃至全國的學術文化研究，無疑都具有重要意義。

有鑑於此，在初步考察的基礎上，筆者與復旦大學出版社一起於二〇〇九年九月以「上海古籍總目」

之目申報並於二〇一一年四月獲批列入「十二五」時期（二〇一一—二〇一五年）國家重點圖書出版規劃（新出字［2011］93號），此後又獲列入復旦大學「九八五工程」三期人文科學重大項目（2011RWXKZD035）。

項目主題部分設計爲五卷，即《元代以前卷》《明代卷》《清代中前期卷》《晚清傳統著述卷》《晚清新學著述卷》。

項目自二〇一〇年春啓動，先後有復旦大學古籍所中國古典文獻學專業的六位青年學人加盟。《總目》五卷共著録各類著述近一萬三千（其中現存約五千九百）餘種，作者三千二百餘人。對存世的九百五十餘種主要善本、稀見本撰寫了書志體式的經眼録。

《元代以前卷》，楊婧編著[一]。該卷著録了上海元代以前（含元代）各階層著者（含本籍、寓賢、仕宦）撰、注、纂、輯的除單篇以外的各類著述。共考得著者約一百三十四人、著述約三百四十二種。

《明代卷》，孫麒、陳金林、張霞編著[二]。該卷著録了上海地區明代各階層著者（含本籍、流寓、仕宦）撰、注、纂、輯的除單篇以外的各類著述。《現存著述簡目》著録二百二十八人，約一千三百種著述、二千四

[一] 楊婧，復旦大學古籍所中國古典文獻學專業博士，現任上海通志館館員。

[二] 孫麒，復旦大學古籍所中國古典文獻學專業博士，現任上海師範大學圖書館副研究館員；陳金林，上海師範大學圖書館館員；張霞，復旦大學古籍所中國古典文獻學專業碩士，現供職於上海歷史博物館。

百個版本；《未見著述簡目》著録七百三十人、約一千五百種著述；《經眼録》對約三百種著述、四百個版本撰寫了書志體式的經眼録。

《清代中前期卷》，杜怡順編著[一]。該卷著録了上海地區清代中前期各階層著者（含本籍、流寓、仕宦）撰、注、纂、輯的除單篇以外的各類著述。著録著者六百四十人、現存著述一千六百餘種、未見著述三千八百餘種，爲二百六十三種善本或稀見本撰寫了書志體式的經眼録。

《晚清傳統著述卷》，曹鑫編著[二]。該卷著録了上海地區晚清時期各階層著者（含本籍、流寓、仕宦）撰、注、纂、輯的除單篇以外的各類傳統著述。著録著者一千二百餘人、現存著述九百餘種，未見著述一千四百餘種，爲二百〇八種善本或稀見本撰寫了書志體式的經眼録。

《晚清新學著述卷》，欒曉明編著[三]。該卷著録了晚清時期上海地區各類著者（含本籍、流寓、機構）使用漢語撰、注、編、譯的除單篇以外的新學類著作以及單幅或多幅地圖，報紙期刊上連載而未單行刊印者暫不著録。共著録著者約二百二十四人、著述一千八百餘種。

作爲一部地方文獻目録，本總目的注重點主要放在下述五方面。

[一] 杜怡順，復旦大學古籍所中國古典文獻學專業博士，現任復旦大學出版社編輯。
[二] 曹鑫，復旦大學古籍所中國古典文獻學專業博士，現任復旦大學圖書館副研究館員。
[三] 欒曉明，復旦大學古籍所中國古典文獻學專業碩士，現任上海市閔行區圖書館館員。

一、全面考察著録。首次對上海地區的著者和著述進行了全面而深入的考察著録。

本目各位作者既注重使用傳統的方法，又充分利用現代新技術帶來的便利條件，廣搜各種史料和已有的研究成果，全面考察著録了除單篇以外可以考見的全部著述及其版本。本目雖不敢妄言無所遺漏，但無疑可以説，上海地區的歷代著述有了一本可以信賴的明細帳目。

二、以書志體式經眼録、簡目、表格三種體式進行著録。

經眼録是學者閲覽古籍常用的目録學著録體式，其突出特點是靈活性；善本書藏書志是成熟於清代中期的一種目録學著録體式，其最突出的特點是汴重著録的客觀性。限於我國大陸各圖書館現行的古籍管理制度，《總目》各卷的作者在查閲善本時，往往只能閲覽膠捲或掃描版，因而《總目》決定吸收善本藏書志和經眼録之長，爲上海歷代著述中的主要善本和尚未列入善本目録的稀見本撰寫書志體式的經眼録。各卷作者不辭辛苦，親赴各大圖書館察考原書，不能看到原書者，則查閲其縮微膠卷、掃描件、影印本，並搜集研讀學界有關研究成果，在此基礎上撰寫書志體式經眼録。經眼録客觀地著録所閲每一種善本或稀見本圖書的書名、卷數、著者（含籍貫）、版本、册數、行款、版式、牌記（含封面）、序跋、印記等，記述其文本構成，節録其與内容或版本有關序跋中的文字，考辨了部分著述的版本源流，並摘要著録其館藏現狀。希望這一部分文字對於研究、保護上海歷代著述中的珍品能發揮一定作用。《晚清新學著述卷》所著録的著述大多較易見，因而未撰寫經眼録。

簡目是古籍著録中常用的一種目録學體式，簡潔扼要，便於泛覽把握。本目以該體式著録了可以考見現在仍然存世的全部著述及其主要版本。對於每一種著述，著録其書名、卷數、版本、版式行款、依據及館藏等情況；不同版本，分别予以著録。

表格亦是文獻學或史志類著作用以著録圖書的一種體式，直观明瞭，重在統計。大量史料有記載曾經存世而早已亡佚或暫不能確定是否存世的著述，畢竟也是可以揭示曾經出現過的文化繁榮的寶貴資料，本目以表格體式著録之。簡略著録每種著述的書名、卷數、著者、出處等。

如上所述，經眼録、簡目、表格三種體式各有特長。《總目》酌用其特長，以便於更全面、系統、深入地揭示上海地區歷代的著述情況。

三、爲著者撰寫傳略。各卷皆盡可能地搜集史傳、碑銘、方志等資料，以及現當代人的研究成果，爲著者撰寫一傳略，略述其姓名、字號、生卒年、科名、仕履、主要成就等，並注明出處。著者籍貫具體到縣籍，流寓、仕宦類著者于其傳略中略述其流寓信息。凡著者須出現於多處之著者項者，將傳略列於所著録其第一部著述的第一個版本之條目中，《現存簡目》將傳略列於其著述之前，其餘情況採用互見法，説明該著者傳略所在條目。

四、規範體例，注重學術性著録。各時代的著者及其著述各有特點，各卷著録，不强求完全一致，但主要體例，如著録範圍、對象、體式等，則要求一致，注重學術性著録。如對於一些雖有上海地區舊志著録的著述，無論其著者是否名家，但經考辨，没有可靠史料證明其爲本籍或曾寓居過上海地區者，如唐代陸贄、陸龜蒙、元代趙孟頫、明代高啓等，一律不予著録。全目主要著録體例如下：

（一）著録上海地區著者（含本籍、流寓、仕宦）所撰、注、纂、輯的除單篇以外的各類著述。寓賢著述，著録從寬。仕宦者著述，一般僅著録其成書於上海地區之著述；其著述雖非成書於上海，而內容與上海地區有較多關聯者，則酌予著録；上海地區的史志曾經記述的著者，無論是否名家，但經考辨，沒有可靠史料證明其爲本籍或曾寓居過上海地區者，其著述一律不予著録。

（二）每卷主要由《經眼録》《現存著述簡目》《未見著述簡目》三部分構成〔二〕。《經眼録》以書志體式著録筆者所經眼的善本及稀見本，《現存著述簡目》以簡目體式著録可以考見現在仍然存世的全部著述及其主要版本，《未見著述簡目》以表格體式著録已經亡佚或暫不能確定是否存世的著述。

（三）《經眼録》以四部分類法編次，每一類下先本籍，後寓賢、仕宦，各以著者時代先後爲序；《現存著述簡目》以朝代或縣級行政區編次，同一朝代或縣籍的著者先本籍，後寓賢、仕宦，同一類著者以時代先後爲序，同一著者的著述以四部分類法編排。《未見著述簡目》略以著者姓氏之音序編次。

（四）《現存著述簡目》中各縣籍的各類著者首以生年爲序，生年相同或不詳者以卒年爲序，卒年相同或不詳者以科名年份爲序，復相同或不詳者以主要活動時間爲序，活動時間無考者列于該類著者

〔二〕晚清的新學著述現在大多易見，因而《晚清新學著述卷》僅由《現存著述簡目》《未見著述簡目》兩部分構成。

之末。

（五）凡身歷二朝之著者，循陶潛書晉例或學術界慣例，酌予著録。

（六）《經眼録》撰寫主要以實際目驗的古籍刻本及稿抄本（一般不含《四庫全書》抄本）爲依據；部分條目依據縮微膠卷、掃描件、影印本撰寫，皆予以注明。所據個别抄本可以確切考知其所據底本者，僅於其底本之後附加按語，不另立條目。極個别近代才刊刻或抄録成書者，亦注意收録。同一版本，已目驗原書，又有通行影印本者，或影印底本與目驗原書分屬兩家收藏單位，或影印底本即目驗之書，皆以按語形式加以説明。

（七）《經眼録》著録的内容，主要包含五方面：一爲該版本外在特徵，二爲著者傳略，三爲該著述主要内容，四爲序跋中所涉成書及版本源流之文字節録，五爲館藏地信息。同一版本著述若多館皆有收藏，並且有兩種以上影印本者，則盡可能比較不同館藏本之差異。

（八）《經眼録》中描述的版本外在特徵包括書名、卷數、著者（含籍貫）、版本、册數、行款、版式、牌記（含封面）、序跋、目録、印記等項，根據各版本具體情況酌予增損。

（九）《經眼録》中所節録之序跋題記，皆有關於本書之形成原委、版本源流或主要内容等文字。

（十）《經眼録》《現存著述簡目》所涉之《四庫全書》本，若無特殊説明，均指文淵閣《四庫全書》本。

（十一）《現存著述簡目》著録之内容，除筆者實際目驗者外，主要依據近年編纂出版的各種古籍目録以及各藏館提供的目録。包含以下各項：著者、傳略、書名、版本及出處、館藏地。書名項著録書目的書名、卷數，同一種著述有異名者，於書名後加括弧列出異名。版本項著録現存版本的出版時間、出版者、出版地、類型、行款；叢書本只著録叢書名，其版本情況以表格體式列於附録中。出處項以簡稱列於每條目後之括號内，於附録中列出《出處全簡稱對照表》。

（十二）《現存著述簡目》中對於著述方式的著録依各目録著録或原書所題作相應處理：若爲「撰」，一律不著録；若爲「編」、「纂」、「輯」、「注」等，則於標題後加括弧注明。著述若有他人編、輯、注等，則於該書目卷數後空一格著録編、輯、注者之朝代、姓名及加工方式。

（十三）《現存著述簡目》中，凡某館藏本有殘存情況或有他人手書批校題跋，於該館名後加括弧注明。若同一館藏地有多部此類情況之本，其注文相互間以分號隔開；若同一版本含多種此類情況，其注文相互間以逗號隔開。

（十四）著者傳略概述著者生卒年、字號、科名、仕履、主要成就等，主要依據史傳、碑銘、方志等資料綜括而成，並注明主要資料來源。一般以一手材料爲准，部分生平資料較少的著者則適當參考今人研究成果。著者籍貫具體到縣籍，流寓、仕宦類著者于其傳略中略述其流寓信息。凡著者須出現於多處之著者項者，《經眼録》將傳略列於所著録其第一部著述的第一個版本之條目中，《現存簡目》將傳略列於其著述之前，其餘情況採用互見法，説明該著者傳略所在條目。

（十五）叢書編者爲上海著者者，其子目一併著録。

（十六）凡引用文字中的異體字、俗體字，一般轉换爲規範字。避諱字酌予回改。書名、著者姓名、字號及印文等專用名稱，則以宋體保留原字。序跋題記、印記、正文等模糊、破損等不可辨識之處，以「□」標記，疑似文字者，在□後用括弧注明。原爲墨釘或因個人能力不識之處，以「■」標記。題記、印記等多行分欄，以「/」標記。校勘文字，以圓括號「（）」標記删字、誤字，以方括號「［］」標記增字、正字。

（十七）《經眼録》《現存著述簡目》所考察的藏館以國内各大公共圖書館及高校圖書館爲主。對於藏館較多者，僅列五個主要藏館。《經眼録》中對於同一版本有多處館藏者，以筆者經眼而據以著録之本的藏館列於首位。藏書單位正文中使用簡稱，於附録中列出《藏館全簡稱對照表》。

（十八）凡是各館書目著録及各館檢索系統中收録者，《現存著述簡目》全部予以著録。但在實地調閲原書過程中，個别版本不能目驗，或已經散失，或未在架上，或因歷史原因已不在此館收藏，而原始資料尚存者，亦予以著録，並注明館方所回饋的原因。

考慮各時段的著述多寡不一、類型有别，因而要求各卷根據該時段著述的具體情况，在著録時略作調整，並分别於各卷卷首列一大同小異的《凡例》。

五、注重考訂，辨僞正誤。各卷作者在編著過程中，無論是撰寫經眼録、編制簡目，還是爲著者撰寫傳略，皆注重使用一手資料和吸收已有的研究成果，並注意對所用資料的考辨，力求言必有據，客觀準確。實際上在此過程中，發現並糾正了過去一些目録著作、藏書目録，以及史志著作中的記載之誤。例如：

在對圖書的著録方面：上海圖書館藏本王廣心《蘭雪堂詩稿》，《中國古籍善本書目》及該館書目皆著録爲康熙刻本，實際則爲道光間刻本；施何牧的《明詩去浮》，歷來都認爲是康熙四年刻本，實際則爲雍正間刻本；中國國家圖書館藏《三國志辨疑》抄本三卷，該館書目、《中國古籍善本書目》及《中國古籍總目》皆誤爲二卷。

在對著者的著録方面：《松江府志》著録李先芳，字茂實，萬曆己丑進士，撰有《讀詩私記》《諫垣疏草》《李氏山房詩選》。按明代有兩位李先芳，均有名聲。一爲嘉定人，字茂實，萬曆己丑進士，《江南通志》稱其「爲給事中，屢有建白」。此李先芳並無著述傳世。另一爲湖北監利人，其祖遷居濮州，字伯承，號北山，嘉靖二十七年進士。此李先芳以詩名世，其著述有《東岱山房稿》《李氏山房詩選》《江右詩稿》《來禽館集》《讀書私記》《李先芳雜撰》《清平歌集》《十三省歌謡》《周易折衷録》《醫學須知》《急救方》等。本目已將這些誤署嘉定李先芳之書剔除不收；《山暉稿》著者王度即是王鴻緒，《自知集》著者姚廷謙即是姚培謙，《清人別集總目》及《清人詩文集總目提要》皆作爲二人著録；董俞生年諸説不一，本目確定爲天啓七年，並證明諸家説法皆誤。

在本總目各卷的成稿過程中，上海圖書館陳先行先生鼎力相助，提供了寶貴指導性意見以及個人擁有的珍貴資料，並幫助審閲了傳統著述目録的各卷稿件；復旦大學古籍所陳正宏先生、復旦大學圖書館吴格先生多次提供了寶貴指導性意見，並幫助審閲了部分稿件； 上海大學孫小力先生，上海古籍出版社高克勤先生，華東師範大學嚴佐之先生，山東大學杜澤遜先生，浙江大學徐永明先生，南京師範大學江慶柏先生，（美國）佛羅里達大學王嵎先生，復旦大學蘇傑先生、韓結根先生、楊光輝先生、眭駿先生、季忠平先生、王亮先生、樂怡女士，以及至今尚不知尊姓大名的多位盲審專家，都曾幫助審閲了部分稿件，提供了寶貴意見。 復旦大學陳思和先生、上海社科院熊月之先生亦對本總目的編纂出版提供了有力支援。 復旦大學出版社責編杜怡順、顧雷兩位先生爲本總目成書亦頗費心力。 值此出版之際，謹向以上諸位先生致以誠摯謝意。

本總目雖然收獲良多，而遺憾亦不少。 如尚有一些著述的重要善本未能撰寫經眼録； 對有些著述的多種版本撰寫了經眼録，而未能理清其版本源流； 有些條目的著録項待進一步完善……祈方家不吝賜教。

目録

附録

前言

近一百多年來，上海作爲一個國際大都市矗立於世界的東方，關於她這一時期的研究著述亦可謂汗牛充棟。而回溯上海的古代歷史，其實也具有諸多令人稱道的輝煌，僅以其古代史上所産生的各類著述而言，就可發現不少影響深遠的名著，爲中華文明建設作出了不可磨滅的貢獻。然而此方面的研究著述却相對寂寥。因此，本卷首先從文獻學角度，系統地考察上海地區元代以前（含元代）所産生的各類著述，爲進一步整理、利用上海古代著述文獻，更深入地研究上海古代的歷史文化做一些文獻學方面的工作。

一、上海元代以前著述概況

上海市現轄區域自秦朝統一施行郡縣制起，便分屬多個行政區域，其後建置沿革又叠經變遷。大致而言，東漢時期，上海地區皆在吴郡境内，其中今嘉定區西部屬婁縣，今松江區、青浦區及閔行區岡身以西地區屬嘉興縣，今金山區及奉賢區岡身以西地區屬海鹽縣。唐天寶十載，吴郡太守趙貞析崑山、嘉興、海鹽三縣地置華亭縣（今上海市除嘉定、寶山外大多屬之），縣治在今松江區。五代末，於華亭縣内置青龍鎮（今青浦區舊屬青浦鎮），曾繁華一時。北宋初，將吴郡分爲秀州與蘇州，上海地區主要分屬秀州華亭縣、蘇州崑山縣（今嘉定區、寶山區屬之）。南宋初，華亭縣屬嘉興府，崑山縣屬平江府；此時，屬於通州海門縣的姚劉沙、西沙、東沙（今崇明區）已有居民。嘉定十年（一二一七），析崑山縣東五鄉爲嘉定縣（今嘉定區、寶山區），治練祁市。宋末，於華亭縣内設上海鎮。元初，上海地區分屬華亭府（轄地大致同南宋華亭縣）、平江府嘉定縣，以及治所在姚劉沙的崇明縣。前至元十五年（一二七八），改華亭府爲松江府；二十八年（一二九一），將府内華亭縣東北五鄉析爲上海縣（今閔行區、浦東新區南部、青浦區北部、市中心區大部屬之）；其後又陞嘉定縣、崇明縣爲州[一]。

從行政建置的沿革可以看出，如今的上海地區經歷了從外爲吴郡囊括而内爲諸縣分割的零亂狀態，到以華亭縣或松江府爲中心，以嘉定、崇明爲兩翼的漸趨凝聚的過程。這一過程體現了千餘年來，在政治、經濟、文化重心南移的歷史大背景下，該地區在各方面獲得了長足的發展，地位也隨之提高與凸顯。而這一地區的著述作爲當地文化發展的載體和標志之一，也相應地在數量和門類等方面呈現出總體上陞與多樣

[一] 有關上海建置沿革之叙述，主要參考：周振鶴、傅林祥《上海行政建置沿革述略》，《上海研究論叢》第十輯，上海社會科學院出版社，一九九五年，第一三九—一五三頁；周振鶴主編《上海歷史地圖集》，上海人民出版社，一九九九年。

化的趨勢，同時亦形成了自身的發展路徑與特色。

根據上述歷史區域之史料文獻及相關研究成果，茲統計上海元代以前的各個時代，當地鄉賢及寓居、仕宦人士的著述情況并製成三份表格。表格依本卷第二至第四部分《現存著述總目》《未見著述簡目》《存疑著述簡目》，統計標準亦據諸目之凡例而定，具體情況可參看之。需要加以説明的是，著述中凡書名相同者均計作一種，書名稍有差別而内容大致相同者亦視作一種，因這種差別乃是由於單部著述在被傳播與著録的過程中產生了歧變，而并非著者本身編撰了多部著述。

表一：著者情況統計

	本籍	寓賢	仕宦	總計
三國兩晉南北朝	五（三）	一（一）	〇	六（四）
隋唐	（三）	一（一）	〇	一（四）
北宋	六（三）	三	〇	九（三）
南宋	二八（五）	三	一	三二（五）
元	四七（二）	一七（一）	三	六七（三）

注：括號内數字爲存疑著者人數，即對其籍貫或是否曾居留此地有爭議者。

表二：現存著述情況統計

		經	史	子	集	總計
三國兩晉南北朝	本籍	○	三	四（一）	四（一）	一一（二）
	寓賢	○（三）	一	○	○	一（三）
隋唐	本籍	○（一）	○（一）	○	○（三）	○（五）
	寓賢	○	○	○	一	一
北宋	本籍	○	○	○	一	一
	寓賢	○	○	○	一	一
南宋	本籍	二（三）	一（一）	八	八（一）	一九（五）
	寓賢	○	○	○	一	一
元	本籍	○	二	九	一○（一）	二一（一）
	寓賢	○	四（二）	五	三五（一）	四四（三）

注：括號内數字爲存疑著述數量，包括存疑著者之著述與真僞待考之著述。

表三：未見著述情況統計

		經	史	子	集	總計
三國兩晉南北朝	本籍	○	八（二）	一二（二）	六（四）	二六（八）
	寓賢	○	○	○（二）	○	○（二）
隋唐	本籍	○（三）	○（一）	○（一）	○（二）	○（七）
	寓賢	○	○	○	○（三）	○（三）
北宋	本籍	一（四）	一（一）	○（一）	五（三）	七（九）
	寓賢	一	二	○	二	五
南宋	本籍	九（四）	二（三）	一四（一）	二二（五）	四七（一三）
	寓賢	二	一	一	二	六
元	本籍	一二	一二	一五	三四（一）	七三（一）
	寓賢	三（二）	二（三）	○（一）	九（一）	一四（七）

注：括號内數字爲存疑著述數量，包括存疑著者之著述與真僞待考之著述。

通過以上統計可以瞭解到，上海地區在元代以前有大約一百三十四位著者留下過大約三百四十二種著述。從歷史發展的綫索上看，上海自三國東吴時期開始有成部的著述誕生，隋唐五代間著述數量出現了衰落，至南宋方有明顯增長，到元代形成高峰，其數量超過之前歷代總和。這與其地區、人口發展狀況大體相合。東吴、南宋作爲以長江下游爲統治中心的南方政權，在穩定發展時期必然帶動該區域文化水平的明顯提升。而元代政權雖以北方爲中心，卻採用劃分人等，抑制漢人、南人的政策，使得南方人才大多并未北上，而是留下來繼續引領當地文化的發展。加之元末戰亂四起，上海地區反而成爲文士逍遥避世的集聚之所。故而元末寓賢著述的數量有較大的提升。

從著述構成上看，結合表二、表三統計，四部之中以集部著述數量最多，約有一百五十六種，次爲子部，約七十六種。在南宋以後，這兩類著述的發展更趨明顯。

通過統計也可發現，上海元代以前著述的散佚情況較爲嚴重。每一時期的未見著述數量均遠多於現存著述數量，這還是在現存著述包括後人輯本的前提之下。當然，由於年代久遠及行政建置相對駁雜，一定程度上造成了著者實際所在地區判定上的困難，以至於目前的統計尚無法做到精確。

二、上海元代以前著述特點

在總體統計的基礎上，筆者通過對著者及其現存著述的考察，并對現有研究成果加以吸收與借鑒，發現上海這段歷史時期的著述呈現出三大明顯特色。

（一）二陸詩文著述開啓精彩序幕

東漢末年的赤壁之戰劃定了天下三分的格局，上海地區所在的東吴也逐漸進入了一段相對平穩的發展時期。吴主孫權崇尚學問，推重文化。他曾有言：「人長而進益，如吕蒙、蔣欽，蓋不可及也。富貴榮顯，更能折節好學，耽悦書傳，輕財尚義，所行可跡，并作國士，不亦休乎！」〔一〕世家大族子弟由是向學成風。其時，家於吴郡華亭的陸遜官拜大丞相，以所居封華亭侯，後又晉封婁侯、江陵侯。陸氏家族世襲將領，亦綿延了讀書問學的傳統，孕育出許多長於學術與創作的文化名士。如陸遜之從弟陸績，侄兒陸喜、陸凱等，皆有著述問世。而至其孫輩，則出現了兩位文學大家陸機、陸雲，他們的詩文著述在文學史上具有重要價值，對當時和後世産生深遠的影響，成爲西晉文學的傑出代表作之一。

（二）地方望族著述占據重要地位

上海元代以前著述的發展，往往與當地家族的興盛有着密切的關聯。上述的陸氏家族即生産出一批重要的著述。自東晉至唐代，上海地區的著述經歷了一段漫長的沉寂時期。而從唐末開始，北方的

〔一〕《三國志·吴志》卷九《吕蒙傳》内裴松之注，民國間商務印書館《百衲本二十四史》影印南宋紹熙間刻本。

五代疊興，戰亂不斷，使民衆紛紛南遷，開啓了中國古代經濟、文化重心南移的序幕，而宋代皇室的南渡則加劇了這一過程。兩宋至元代中期，這一地區的重要著述往往出自幾個當地的大族，如衛氏、邵氏、曹氏等，而這些家族大多於唐末或北宋之末遷移至此。其中，以連續八代都有著者著述出現的華亭衛氏最具代表性。

衛氏先人於唐末遷至華亭〔一〕，最早見載於史志的是衛至，正德《松江府志》稱其「有文行，嘗舉進士」。其孫公佐字輔之，聚書千卷，禮賢訓子，捐地建華亭縣學，弟公亮、公望并敦行義。則衛氏尚學家風，其來有自。北宋政和八年進士、官至朝奉大夫的衛閌〔二〕，著有《易説》十卷、《論語解》十卷，其他文章甚多，未暇編次。其後，華亭衛氏顯宦倍出，且多致力於撰述。八代之間，有著述可考者達九人，著書十五種〔三〕。這些著述主要形成於宋代，然直至元末，尚有衛仁近輩有文集現世。可以説，華亭衛氏作爲望族引領了當地的文化，爲上海地方著述經歷了唐五代的衰落後逐漸回陞作出了顯著的貢獻。

〔一〕衛涇《先祖考太師魏國公行狀》：「上世齊人，唐末避亂徙錢塘，又自錢塘徙華亭，故今爲華亭人。」《後樂集》卷十七。

〔二〕與衛公佐等同輩，其祖衛淳，與衛至同爲衛允恭子。據清抄本《衛氏世譜》。

〔三〕衛膚敏，衛閌從子，字商彦，有《諫議遺稿》二卷，一名《衛公奏議》；衛涇，衛閌孫，有《後樂集》七十卷；衛湜，衛涇弟，有《禮記集説》一百六十卷《圖説》一卷；衛洙，衛涇從弟，有《登朝録》十卷；衛富益，衛涇裔孫，有《易經集説》《四書考證》《性理集義》等；衛宗武，衛膚敏五世從孫，有《秋聲集》；衛謙，衛宗武子，有《讀易管見》三十卷；衛仁近，衛謙子，有《敬聚齋稿》若干卷。

進入元代以後，上海地區的各類著述數量持續上陞。其中以子部著述較爲突出。如在佛教方面，有釋念常《歷代佛祖通載》、釋覺岸《釋氏稽古略》等兩部佛教史著述，在古代佛教史中都占有一定地位。藝術方面的著述也頗有可稱，有莊肅《畫繼補遺》、夏文彦《圖繪寶鑑》等繪畫著述，以及夏庭芝的藝人傳記《青樓集》等。而隨著元末戰亂之世的到來，避亂寓居此地的文人學者成爲撰述各類著述的重要力量。

（三）元末寓賢著述作出巨大貢獻

自至正八年方國珍起事直到明朝建立的近二十年，是一個戰亂頻仍的年代，韓山童、徐壽輝、張士誠、朱元璋等勢力此起彼伏。而上海地區在這段時期卻相對幸運。至正十六年張士誠佔據松江府後，除有楊完者所率苗兵之亂與錢鶴皋叛亂外，當地局勢基本穩定，使得這一地區成爲一方避難之所、安樂之鄉。元末明初松江寓賢陶宗儀的筆記體著述《南村輟耕録》，其卷二十「真率會」一條曰：「向予避兵雲間時，其地有林泉之勝，而無烽燧之虞。同時嘉遯者，皆文人高士。」在上海地區爲這些寓居文人提供安寧庇護的同時，他們也通過各自的著述爲這一地區的文化添上了華麗的光彩，推動其發展到一個前所未有的高度。元末寓賢的著述不僅數量衆多，成就更堪稱卓著，其中尤以楊維禎等人的詩文著述與陶宗儀成書於元代的兩種著述《説郛》與《南村輟耕録》爲代表。而與楊維禎唱和往還的松江寓賢，其詩文著述大都在不同程度上受到「鐵崖體」的影響。其中較爲出色的，有王逢《梧溪集》、錢惟善《江月松風集》等。

以上所述三大特點，足以證明上海元代以前著述具有堪稱輝煌的成就與相當重要的價值。然而，對這些重要著述的文獻學研究還有許多值得用功之處；而這段時期的許多著述，則尚未經認真梳理探究。因此，本卷致力於展現上海元代以前著述的存佚狀況及具體版本的基本面貌，以期對這段時期的著述情況有更爲全面與深入的把握。

凡例

一、本卷著録上海地區元代以前（含元代）著者（含本籍、流寓、仕宦）所撰、注、纂、輯的除單篇以外的各類著述。流寓、仕宦類著者，一般僅著録其成書於上海地區之著述。但對於寓賢著述中雖非成書於上海，而該著述内容與上海地區有較多關聯者，亦酌予著録。

二、本卷主要由《經眼録》《現存著述簡目》《未見著述簡目》《存疑著述簡目》四部分構成。《經眼録》以書志體式著録筆者所經眼的善本及稀見本，《現存著述簡日》以簡目體式著録可以考見現在仍然存世的全部著述及其版本，《未見著述簡目》以表格體式著録已經亡佚或暫不能確定是否存世的著述，《存疑著述簡目》以表格體式著録雖見載於上海地區歷代方志但目前尚無可信史料可以考定的著述。

三、《經眼録》《現存著述簡目》各按著述産生之時代順序分爲三國兩晉南北朝、唐宋及元代三個時段，同一時段的著者先本籍，後寓賢、仕宦。《現存著述簡目》中各時段的各類著者首以生年爲序，生年相同或不詳者以卒年爲序，卒年相同或不詳者以科名年份爲序，復相同或不詳者以主要活動時間爲序，活動時間無考者列於該類之末。同一著者的著述以四部分類法編排。《未見著述簡目》《存疑著述簡目》以著者時代先後爲序。

四、凡身歷二朝之著者，循陶潛書晉例或學術界慣例，酌予去取。

五、《經眼録》撰寫主要以實際目驗的古籍刻本及稿抄本（不含《四庫全書》抄本）爲依據；部分條目依據縮微膠卷、掃描件、影印本撰寫，皆予以注明。所據個别抄本可以確切考知其所據底本者，僅於其底本之後附加按語，不另立條目。極個别近代才刊刻或抄録成書者，亦注意收録。同一版本，已目驗原書，又有通行影印本者，或影印底本與目驗原書分屬兩家收藏單位，或影印底本即目驗之書，皆以按語形式加以説明。

六、《經眼録》著録的内容，主要包含五方面：一爲該版本外在形制的描述，二爲著者傳略，三爲該著述主要内容，四爲序跋中有關於該書之形成原委、版本源流或主要内容等節録，五爲館藏地信息。同一版本著述若多館皆有收藏，并且有兩種以上影印本者，則盡可能比較不同館藏本之差異。

七、《經眼録》中的版本外在形制描述包括書名、卷數、著者（含籍貫）、版本、册數、行款、版式、牌記（含封面）、序跋、目録、印記等項，根據各版本具體情况略加增損。

八、《經眼録》中，版本源流列於所著録之該著述的第一個版本之下。

九、著者傳略概述著者生卒年、字號、科名、仕履、主要成就等，主要依據史傳、碑銘、方志等資料綜括而成，并注明主要資料來源。一般以一手材料爲準，部分生平資料較少的著者則適當參考今人研究成果。著者籍貫具體到縣籍，流寓、仕宦類著者於傳略中略述其流寓經歷。凡著者需出現於多個條目者，《經眼録》將著者傳略列於所著録其第一部著述的第一個版本之條目中，《現存簡目》將傳略列於其著述之前，其餘情況採用互見法，説明該著者傳略所在條目。

十、《現存著述簡目》著録之内容，除筆者實際目驗者外，主要依據近年編纂出版的各種古籍目録以及各藏館的目録。包含以下各項：著者、傳略、書名、版本及出處、館藏地。書名項著録書名、卷數，同一種著述有異名者，於書名後加括號列出異名。版本項著録現存版本的出版時間、出版者、出版地、類型、行款。叢書編者若爲元代以前上海著者，其子目一併著録。叢書本一般只著録叢書名，其版本情況另製《叢書版本表》列於附録中，然叢書中該著述獨有之特徵，如據另一版本翻刻或重印、某館藏本卷内有手書校跋等，則著録於簡目之相應條目。出處項以簡稱列於每條目後的括號内，於附録中列出《出處全簡稱對照表》。

十一、《現存著述簡目》中對於著述方式的著録依各目録著録或原書所題作相應處理：若爲「撰」，則不贅録；若爲「編」、「纂」、「輯」、「注」等，則於書名後加括號注明。著者爲兩人以上者，則於該條目卷數後空一格著録著者及其著述方式。

十二、《現存著述簡目》中，凡某館藏本有殘存情況或有他人手書批校題跋，於該館名後加括號注明。若同一館藏地有多部此類情況之本，其注文相互間以分號隔開；若同一版本含多種此類情況，其注文相互間以逗號隔開。凡選本、石印本、鉛印本、影印本，若非善本，則只在該著無其他版本時予以著録。

十三、《經眼録》《現存著述簡目》所涉之《四庫全書》本，若無特殊説明，均指文淵閣《四庫全書》本。

十四、《經眼録》《現存著述簡目》所考察的藏館以國内各大公共圖書館及高校圖書館爲主。對於藏館較多者，僅列五個主要藏館。《經眼録》中對於同一版本有多處館藏者，以筆者經眼而據以著録之本的藏館列於首位。藏書單位正文中使用簡稱，於附録中列出《藏館全簡稱對照表》。

十五、凡是各館書目著録及各館檢索系統中收録者，《現存著述簡目》全部予以著録。但在實地調閲原書過程中，個别版本不能目驗，或已經散失，或未在架上，或因歷史原因已不在此館收藏，而原始數據尚存者，亦予以著録，并注明館方所反饋原因。

十六、本卷内凡引用文字中的異體字、俗體字，一般轉换爲規範字。避諱字一律回改。書名、著者姓名、字號及印文等專用名稱，則以宋體保留原字。序跋題記、印記、正文等模糊、破損等不可辨識之處，以「□」標記，疑似文字者，在□後用括號注明。原爲墨釘者，以「■」標記。題記、印記等多行分欄，以「/」標記。校勘文字，以圓括號「（）」標記删字、誤字，以方括號「［］」標記增字、正字。

十七、若遇其餘特殊情況，各出脚注予以説明。

上编

善本經眼録

（一）三國兩晉

陸士衡文集十卷

西晉吴郡陸機撰。清影抄南宋慶元六年華亭郡學刻《晉二俊文集》本，清趙懷玉、翁同書校，清嚴元照批校題跋并録清盧文弨校筆，一册。半葉十一行，行大字二十字，小字雙行同；白口，無魚尾，四周單邊。版心上部影寫本葉字數，下部影寫宋本刻工名：高正、繆中、高惠、高忽、高文、吕椿、朱億、徐詢、冒中、高聰、朱、中、正等。卷端題「晉平原内史吴郡陸機士衡」。卷首有南宋慶元六年徐民瞻序。每卷前有該卷目録，卷内避宋諱至「廓」。卷末有嚴元照手書跋。鈐有「長生老叟翁同書印」白文方、「文弨借觀」朱文方、「芳菽堂印」白文方、「元照之印」白文方、「嚴氏久能」朱文方、「錢塘嚴杰借閲」白文方、「祖庚曾讀」朱文方印等。

陸機（二六一—三〇三），字士衡。祖遜，於漢末避難吴郡華亭谷，後仕吴，官至丞相，晉封華亭侯、婁侯；父抗，爲吴大司馬。陸機爲抗第四子，少有才名，抗卒，領父兵爲牙門將。年二十而吴滅，鄉居讀書十年。太康末入洛，累辟太傅祭酒、太子洗馬、吴王郎中，元康七年（二九七）入爲尚書郎，翌年轉著作郎。趙王倫輔政，引爲相國參軍，賜爵關中侯。八王之亂起，趙王倫篡位見誅，成都王穎免機罪，除參大將軍軍事，表爲平原内史。太安二年（三〇三），以討長沙王乂兵敗見讒，被害於軍中，歸葬華亭横山。機天才綺練，性清厲，言多慷慨。所著除詩文集外，尚有《吴章》二卷、《晉紀》四卷、《惠帝起居注》、《洛陽記》一卷、《晉惠帝百官名》三卷、《晉官署名》四卷、《要覽》三卷等。傳詳唐房玄齡《晉書》卷五十四本傳、南宋朱端常等纂《雲間志》卷上本傳等。

西晉太安元年許，陸雲嘗爲其兄機編訂文集二十卷〔一〕。至東晉，葛洪曰：「余見二陸之文百許卷，似未盡也。」〔二〕唐修《晉書》陸機本傳計其文三百餘篇。《隋書·經籍志》載「晉平原内史陸機集十四卷」，下注「梁四十七卷，録一卷，亡」。《舊唐書·經籍志》《新唐書·藝文志》均著録「《陸機集》十五卷」。綜上而觀，陸機詩文最先應由其弟陸雲編集，嗣後又補入不少，東晉時已得近五十卷。然至唐代僅存十餘卷，或在梁末至隋唐之間頗遭散佚。

南宋慶元六年，華亭知縣徐民瞻自鄉里及秘書省分獲陸機、陸雲集各十卷，刻於縣學，題《晉二俊文

〔一〕見《陸士龍文集》卷八《與兄平原書》，《中華再造善本》影印南宋慶元六年華亭郡學刻本。劉運好《陸士衡文集校注》考證該書撰於太安元年許，第一一四七—一一四八頁。

〔二〕《北堂書鈔》卷一百引《抱朴子》，清光緒十四年萬卷堂刻本。

集》。《郡齋讀書志》著録陸機集十卷，「今存詩、賦、論、議、箋、表、碑、誄一百七十餘首，以《晉書》《文選》校正外，餘多舛誤」，當即該本；《直齋書録解題》及《宋史·藝文志》亦著録該本。今宋刻《陸士衡文集》十卷已不可見。清影宋抄本《晉二俊文集》，經趙懷玉、翁同書、嚴元照等批校，其《陸士衡文集》當爲現存最接近宋本者，清嘉慶間阮元所獻《宛委别藏》本《陸士衡文集》亦從此本出[一]。明正德十四年，吴郡陸元大據宋本翻刻《晉二俊文集》（以下簡稱「正德本」），二集卷末各有都穆撰後序一篇。其後明末徐日曦刻本即翻刻此本。明萬曆間，新安汪士賢校刻《漢魏六朝諸家文集》（又稱《漢魏六朝諸名家集》），含《晉二俊文集》二十卷。該刻有都穆題記，應爲翻刻正德本，而其編排較正德本又有變化，如將原在各卷前之目録統一調至卷首，又《陸士龍文集》卷首增唐太宗御撰《陸雲傳》一篇，等等。該刻又有翻刻本多種，今所知者，有瑞桃堂本、某無序跋刻本、翁少麓與葛寅亮後印無序跋刻本等。清咸豐四年，錢培名編刻《小萬卷樓叢書》，内有《陸士衡文集》十卷附《札記》一卷、《逸文》一卷。《札記》以正德本爲底本，又以《文選》《晉書》《藝文類聚》《太平御覽》等相校而成[二]，同時備注前人辨僞成果[三]。《逸文》則從《三國志》裴注、《文選》、《晉書》、《北堂書鈔》、《初學記》、《藝文類聚》、《太平御覽》、《古

[一] 詳見楊明撰《論〈陸士衡文集〉之〈宛委别藏〉本》，《中華文史論叢》二〇一二年第一期。

[二] 該書卷末鎸咸豐二年錢培名題識云：「此本乃明正德陸元大重刻，後有都穆跋……今重校繡梓，凡確見爲寫刻之誤者，徑改之，其義可兩通者及他書所引有異同者，著之札記。」光緒四年金山錢氏重刻本。

[三] 如附注清顧炎武《金石文字記》、趙紹祖《金石文抄》對本集卷十《晉平西將軍孝侯周處碑》的辨僞之説。

詩紀》等書輯出佚文三十六條，兼辨《文選》《太平御覽》等引文之誤。清末王仁俊輯編《經籍佚文》一百二十一卷，其稿本存世，中有《陸士衡集佚文》一卷，全襲錢培名之《逸文》。此外有清光緒四年長沙寄生草堂校刻本、宣統三年無錫丁氏排印《漢魏六朝名家集初刻》本等，均屬十卷本系統。又晚清藏書家陸心源以所藏正德本內之陸貽典校筆彙刻於《群書校補》第六十七卷，後收入《潛園總集》。

該十卷本在明清兩代的流傳過程中，又衍生出八卷本與二卷本。八卷本爲明天啓、崇禎間張燮編刻《七十二家集》本《陸平原集》，該本所收詩文較十卷本多三十四篇，少四篇，所缺四篇均係十卷本誤收。明末張溥編《漢魏六朝百三家集》所收《陸平原集》二卷，乃以《七十二家集》本爲底本，合并、改换卷次而成。清乾隆間編纂《四庫全書》，收入《漢魏六朝百三家集》一百三十卷，將《陸平原集》改頭换面，更名爲《陸機集》，列爲第四十八、四十九卷，并用汪士賢校本及《文選》《晉書》《藝文類聚》《賦彙》《西晉文紀》等書加以校勘，部份校勘記留存於四庫館黄簽官王太岳等編《四庫全書考證》第九十五卷中〔一〕。

是本版式、文字一仍宋本，可藉以略觀宋本原貌。按文體編次，卷一至四賦，卷五四言、五言詩，卷六擬《古詩十九首》之十二題及樂府，卷七樂府，卷八《演連珠》五十首及《七徵》，卷九、卷十爲文。

〔一〕關於《七十二家集》本、《漢魏六朝百三家集》本與十卷本之間篇目編次之異同，所缺四篇詩文之辨僞情況，以及四庫館臣校勘《漢魏六朝百三家集》本之情況等，詳參錢振民先生所撰《〈四庫全書〉中所收的陸機詩文集》一文，《薪火學刊》第七卷，復旦大學出版社，二〇二一年。

徐民瞻序曰：「因訪其遺文於鄉曲，得《士衡集》十卷於新淮西撫幹林君，其首篇冠以《文賦》。《士龍集》十卷則無之。明年，移書故人秘書郎鍾君，得之於册府，首篇《逸民賦》，悉如所聞。亟繕寫，命公鋟之木以行，目曰《晉二俊文集》。」

是本最早批校者爲趙懷玉，其批語均在天頭，共八十餘條[一]，以《文選》與他本陸機集等爲據，所正誤字多較爲明顯。如卷一《文賦》「浮漂而不頤」眉批「『頤』《文選》作『歸』」，卷九《晉劉處士參妻王氏夫人誄》「蟋蟀宵吟」眉批「『宵吟』一本作『吟懦』」；卷十《辨亡論上》「躡運而發」眉批「『躡運而發』下別本多『卒散於陣民犇於邑』八字」；卷四《羽扇賦》「移圓根於正體」，「移」字上有補入符號，眉批「當補『憲靈樸於造化，審真則而妙覩』二句」。此類校文有同於正德本者，亦有同於《七十二家集》本《陸平原集》者。

嚴元照録盧文弨校筆大多旁注於行間，共五十餘處，其中部分校筆不同於大多數二陸別集，當係盧氏採用他校或理校之成果。清嘉慶間阮元進呈抄本中有《陸士衡文集》十卷，即《宛委別藏》本，其底本即爲是本，且幾乎全盤吸收盧校成果[二]。卷内天頭又有少量嚴元照自校批語。卷末題識曰：「仲冬初七日，以抱經學士所校者謄録，小跋見下册士龍集後。」

[一] 趙批條數引自楊明《論〈陸士衡文集〉之〈宛委別藏〉本》一文。

[二] 《論〈陸士衡文集〉之〈宛委別藏〉本》一文中詳細探討盧校與他本異同及《宛委別藏》本《陸士衡文集》吸收盧校之情況，今參鑒之。

翁同書校箋亦書於天頭，多有考訂之語，或辨趙懷玉校語之非。如卷六《擬行行重行行》「玉鮪懷河岫」，眉批「同書案：玉當作王，張衡賦『王鮪岫居』，《博物志》『河陰岫穴出王鮪』」。又卷九《吴丞相江陵侯陸公誄》眉批曰：「同書案：此篇中語皆見士龍所作《吴故丞相陸公誄》中，蓋類書摘漫叙之，而編士衡集者誤收之。」文内「无玉隕難……戎漢時殪」，趙懷玉眉批「『无』當作『元』，『漢』當作『漠』」，翁同書案曰：「《士龍集》作『元王』；至『戎漢時』與《士龍集》同，似又誤，非謂朔漠、大漠也。」其餘亦多有可採者。

國圖藏。

陸士衡文集十卷

西晉吴郡陸機撰。清抄本，佚名批校，一函二册。半葉十一行，行大字二十字，小字雙行同，無欄綫。卷端題「晉平原内史吴郡陸機士衡」。每卷前有該卷目録，卷内避宋諱至「擴」，兼避清諱至「弘」（顒、琰二字未見）。卷末粘箋紙三張，録阮元《揅經室外集》卷一《陸士衡文集十卷》提要并題識。鈐有「岑仲陶藏書印」朱文方、「揚州阮氏文選樓墨莊藏書印」朱文方、「東壁圖書」朱文方印等。

是本曾經阮元家藏，其文字與《宛委别藏》本大致相同。差異之處，一則保留《宛委别藏》本所回改之宋諱字，如殷、廓等；二則對當時違礙字眼如「胡馬」、「醜虜」、「陵夷」等，并未如《宛委别藏》本一般改作他文。則是本當與《宛委别藏》本同源自清影宋抄本，而或較之更早抄成。

卷末録阮元提要，見於《揅經室外集》。其後有題識：「此條當録冠卷端，晁、陳諸家及各史志之文，亦當采録。憶《百三名家》有《平原集》，而閣本未據著録，甚不可解。文達所云周處碑之誤，壽曾前讀《百三名家》，曾糾駁，暗與之合。亟請兄硯人影寫一本見付。擬先用張本一校，然後再及唐宋類書。《北堂書抄》未删本，惟省中有也。」按，晚清經學家劉壽曾，與阮元同鄉，又其祖劉文淇即岑仲陶之師，此處「壽曾」或即此人。

卷内天頭、行間有朱筆批校，以《太平御覽》校《文賦》《招隱》及擬古詩等二十二篇，以《文選》校《辨亡論》上下篇。統觀之，與原文差異較著者有：卷四《浮雲賦》「寥廓」下補「若靈園之列樹攢寶耀之炳粲」，「玉葉散」下補「龍逸蛟起熊厲虎戰」；《羽扇賦》首行眉批「《御覽》七百六十六無『山西』以下十一字」；《桑賦》首行眉批「《御覽》九百五十五無『皇太子』以下十二字」；卷六《長安有狹斜行》「鳴玉皆俊」朱筆改作「冠冕無醜士長纓皆儁」；卷七《挽歌三首》眉批「《御覽》五百五十二載《挽歌辭》三首，『中闈』以下八句及後『重阜』一首并載，餘異」。《櫂歌行》眉批「《御覽》三十無後四句」。卷九《吊魏武帝文一首》首行眉批「《御覽》六百八十二引曰『今爲著作郎，遊秘閣，見魏武遺令』，又九百八十一作『余爲著作郎，遊秘閣，見魏武帝令曰』云云」，下一葉又批「『吾歷官』以下十九字，《御覽》作『吾衣裳可爲一藏，歷官所著諸綬内藏中』」；《辨亡論上》「躡運而發」下補「卒散於陳民奔於邑」。

復旦藏。

陸士衡文集十卷

西晉吴郡陸機撰。明正德十四年（一五一九）陸元大刻《晉二俊文集》本，民國五年（一九一六）傅增湘跋并録清陳鱣過録清陸貽典校筆，二册。半葉十行，行大字十八字，小字雙行同；白口，單魚尾，左右雙邊。卷端題「晉平原内史吴郡陸機士衡」。卷首鎸徐民瞻序，每卷前有該卷目録。卷末鎸明正德十四年六月都穆題記，後有傅增湘手書跋。鈐有「沅叔手校宋本」朱文方、「沅叔」朱文方、「沅叔」朱文橢圓、「傅」白文方、「增湘」白文方、「雙鑑樓」朱文橢圓、「藏園」朱文方、「二十年中萬卷書」朱文長方、「三十年前舊史官」白文方印等。

卷末都穆題記謂正德十四年吴人陸元大假其家藏南宋華亭郡齋刻本翻雕。清康熙六年（一六六七），陸敕先借得汲古閣藏宋刻本以校正德本，其校本後爲陸心源所得，今存日本静嘉堂文庫[一]。清中期，陳鱣、黄丕烈分别於己藏正德本上過録陸校。陳録本今藏臺圖；黄録本僅有士衡集十卷，今藏國圖[二]。

[一]《皕宋樓藏書志》卷六十七録陸敕先校書跋三段，其二云：「丁未立春，從何子道林乞得此本，黼季出示宋刊，既與黼季校一本，隨又校得此本，凡皆校過兩次，宋本譌字亦俱勘入，其餘當亦無遺。惜宋本殘缺，不能無恨耳。」清光緒八年十萬卷樓刻本。又《静嘉堂秘籍志》著録是本。

[二]《士禮居藏書題跋記》卷五載該本題跋：「陸校《晉二俊文集》，士衡與士龍俱有。余向藏此本，止有士衡，且失徐民瞻序，想因其無士龍集而去之也。兹余臨校陸校本，但臨校士衡，難爲兩美之合矣。校畢，復翁記。」清光緒十年滂喜齋刻本。

民國五年，傅增湘從陳鱣校本過録陸校於是本之上。卷首徐民瞻序後有其題識：「宋板一葉七行，宋板《陸士衡集》闕七卷首四葉，《士龍集》闕六卷第三葉至十卷第七葉，筆畫不能悉正，聊改一二，以該大全。」卷内校字旁注於行間，每卷末録陸校所記宋本該卷所占葉數及行數，如卷一末：「宋板八葉四行。又校一過。敕先。」是本有校筆數十處，表明正德本對宋刻本若干訛脱處加以訂正。如卷八《演連珠》第五首「臣聞禄放於寵」，宋刻本作「臣聞五臣本施於寵」，係因六臣注《文選》而衍「五臣本」三字。又卷九《漢高祖功臣頌》，宋刻本無序文，正德本據他書補刻。然亦有宋刻正確，而正德本生誤者。另宋刻避諱至「廓」，是本則將諱字改回。

卷末傅增湘手書跋：「陳仲魚手校此集，乃傳録陸敕先所校宋本。丙辰殘臘，假之文友堂，除夕前日寫畢。增湘記。」

國圖藏。

陸士衡文集十卷

西晉吴郡陸機撰。明崇禎間徐日曦刻本，二册。半葉七行，行大字十八字，小字雙行同；白口，單黑魚尾，左右雙邊（卷十葉十七、十八四周雙邊）。卷端題「晉陸機士衡著，明徐日曦闇仲閲」。卷首鐫徐民瞻序、《晉書》本傳（含陸機、陸雲傳）。每卷前有該卷目録，正文闕卷九葉十六。鈐有「涇縣洪氏義學所藏」朱文方、「時敏堂」白文方、「長樂鄭振鐸西諦藏書」朱文方、「長樂鄭氏臧書之印」朱文長方印等。

徐日曦，字瞻明，西安人，天啓二年（一六二二）進士。崇禎初任松江府推官，有佳政，後卒於官[一]。是本應爲其在松江府推官任上所校刻。

是本在形制及内容上均接近正德本，而與明萬曆間汪士賢校刻本有别。如每卷目録在該卷首，而非統編於全書卷首，又卷二目録「懷土賦」，汪校本「土」誤作「士」，正德本與是本均不誤。則是本當據正德本翻刻。

而是本亦有異於正德本處。目録更爲詳細，如擬古十二首、樂府十七首均列出子目，正德本即無；又正德本墨釘處，是本或有字。

國圖、上圖藏[二]。

陸士衡文集十卷

西晉吴郡陸機撰。明萬曆間汪士賢校刻《漢魏六朝諸家文集》本，二册。半葉九行，行大字二十字，小字雙行同；白口，單魚尾，左右雙邊。卷端題「晉吴郡陸機著，明新安汪士賢校」。卷首鎸徐民瞻序、都穆題記、目録。無鈐印。

[一] 清沈翼機等纂［雍正］《浙江通志》卷一百七十，臺灣商務印書館影印清文淵閣《四庫全書》本。

[二] 國圖有徐日曦刻本兩部，其網絡檢索目録將其中一部著録爲「明刻本」，另一部著録爲「明末刻本」。

該叢書卷首有《漢魏六朝諸家文集》總目，共二十家，士衡集列第八家，士龍集列第十家。二集以正德本爲底本，正德本對宋刻之校正均爲是本承襲。所不同處，是本將各卷目録統編於卷首，非似正德本一般卷各爲目。另有個別文字差異，且是本較正德本多墨釘十餘處，蓋其底本流傳已久較爲漫漶之故〔一〕。

國圖、北大、社科院等處藏〔二〕。

陸士衡文集十卷

西晉吴郡陸機撰。明天啓間翁少麓編《漢魏諸名家集》翻刻汪校本之後印本，一册。行款及卷端題署同《漢魏六朝諸家文集》本。内封題「徐民瞻先生訂正/陸士衡集/南城翁少麓梓」，有書根字「漢魏諸名家集/陸士衡集」。卷首鎸徐民瞻序、目録。鈐有「嘉惠堂藏閲書」朱文長方印。

汪士賢校刻本在明末有翻刻數種，版式、字體等皆極爲相似，僅能通過刊記、序跋或版框斷口等信息加以甄别。有瑞桃堂刻本，内封題「瑞桃堂精梓」，行款及卷端題署同《漢魏六朝諸家文集》本，士衡集卷首

〔一〕陳先行等編《柏克萊加州大學東亞圖書館中文古籍善本書志》第五四六條著録明末葛寅亮刻本《陸士龍文集》十卷，述及汪校本與正德本差異，可資參詳。上海古籍出版社，二〇〇五年，第二五五頁。

〔二〕北大藏本，《北京大學圖書館藏古籍善本書目》集部總集類著録爲「漢魏六朝諸名家集二十三種，明汪士賢編，明汪士賢刻本，兼用明寶訓堂及程榮《漢魏叢書》等舊版」，北京大學出版社，一九九九年。經目驗原書縮微製品，其《晉二俊文集》爲是本。又《四庫全書存目叢書補編》影印中國社會科學院文學研究所藏《漢魏六朝二十一名家集》，亦爲同版。

有徐民瞻叙、目録，卷末鐫正德本都穆後記，士龍集卷首有唐太宗御撰《陸雲傳》，目録，卷末有刊記「錢塘郭志學寫」〔一〕。又有一種無序跋之本，其版框斷口及魚尾情況與《漢魏六朝諸家文集》本或瑞桃堂本均不相同〔二〕，而是本實爲該刻本之後印本。

是本不同藏館著録名稱有異，或稱《漢魏諸名家集》本，或稱翁少麓刻本，或稱葛寅亮刻本（因全集卷首鐫葛寅亮序）。是本與上述無序跋本之主要區别，一爲卷首有序跋及傳，二爲彼本墨釘處，是本往往有字，且與同葉其他字筆劃風格有别，當爲翁少麓收無序跋本板片後補刻。如是本卷九《漢高祖功臣頌》「隨難上陽」，《漢魏六朝諸家文集》本與瑞桃堂本「上」字均作墨釘，而影抄宋本該字作「滎」。參諸上下文，是本之字恐爲臆填。

南圖、國圖、上圖、美國柏克萊大學加州分校等處藏。

陸平原集八卷附録一卷〔三〕

西晉吴郡陸機撰。明天啓、崇禎間張燮編刻《七十二家集》本。半葉九行，行大字十八字，小字雙行同；白

〔一〕瑞桃堂刻本上海圖書館有藏，陳先行等編《柏克萊加州大學東亞圖書館中文古籍善本書志》第五四六條著録葛寅亮本《陸士龍文集》，述及該本。

〔二〕該本國圖、復旦均有藏。

〔三〕是篇據《續修四庫全書》影印本撰寫。

口，單魚尾，左右雙邊。卷首有《陸平原集目録》。卷端題「晉吴郡陸機士衡著，明閩漳張燮紹和纂」。無鈐印。

是本按文體編次，卷一、卷二賦，卷三樂府，卷四詩，卷五表、箋、書、七、連珠，卷六論、議，卷七頌、贊、箴、策文、傳，卷八碑、誄、吊文、哀辭。卷末《附録》一卷，含唐太宗撰《陸機傳》，唐陸龜蒙，宋唐詢、王安石等題詩，及《遺事》《集評》與《糾謬》等相關材料。其中《糾謬》辨十卷本卷九《晉劉處士參妻王氏夫人誄》之僞。

較之十卷本，是本各文體之次序大致相同，然卷内多收詩文達四十一篇：賦多《祖德賦》《述先賦》《别賦》《感丘賦又》《鼓吹賦又》，共五篇；樂府多《吴趨行》第二首「置滿蓋重奩……何見早還時」、《飲酒樂》第一首「飲酒須飲多……莫厭管弦歌」兩篇；詩多《贈弟士龍十章有序》、《赴洛二首》之第二首「羈旅遠遊宦……羡爾歸飛翼」、《園葵詩二首》之第二首「翩翩晚凋葵……但陽知命難」、《贈波丘令馮文羆》、《贈顧彦先》、《贈紀士》、《贈潘正叔》、《尸鄉亭》、《二月三日》、《春詠》、《詠老》、《講漢書詩》、《秋詠》、《失題二首》，共二十四首；表多《薦賀循郭訥表》《見原後謝表》《薦張暢表》，共三篇，箋多《與趙王倫薦戴淵箋》《同前》二篇，書多《與弟雲書四首》四篇，策文多《策秀才文六首》六篇，傳多《顧譚傳》一篇。

是本所收詩文較十卷本又少《招隱二首》其二中之六句「朝採南澗蕊……回芳薄秀木」〔二〕及《當置

〔二〕是本及十卷本中各有招隱詩二題三首。是本前一題《招隱詩》實同十卷本後一題《招隱》「明發心不夷……税駕從所欲」。是本後一題《招隱二首》之第一首同十卷本前一題《招隱》之第一首，第二首則較十卷本前一題《招隱》之第二首少「朝採南澗蕊……回芳薄秀木」六句。

酒》《吊丞相江陵侯陸公誄》《晉劉處士參妻王氏夫人誄》三篇。除《招隱二首》之六句爲是本失收外，其餘三篇均係十卷本誤收：《當置酒》據《樂府詩集》，應爲梁簡文帝蕭綱詩；《悲哉行》據《樂府詩集》《藝文類聚》等，應爲謝靈運之作；《吊丞相江陵侯陸公誄》實爲陸機弟雲之文《吴故丞相陸公誄》之片段，全文見於士龍集中；《晉劉處士參妻王氏夫人誄》據《藝文類聚》當題《晉劉處士參妻王氏夫誄》，乃王氏爲其夫劉參而作，是本於卷末《附録》之《糾謬》中辨其僞。

是本文字上接近十卷本之正德本。以卷七《漢高祖功臣頌》爲例，十卷本卷九載此文，而影宋抄本闕篇首之序，汪校本「隨難滎陽」之「滎」字作墨釘，唯正德本兩相完全，是本則與之同。按，《七十二家集》頗重輯佚、校勘，其卷首《凡例》曰：「完製無多，碎金仍瑣，每翻《藝文》《御覽》諸書，割截太過，不無遺恨。然苟非割截之遺，則并此零星亦歸烏有矣。吉光片羽，足占五德，死馬之骨，臺上亟收。或同此題目而他書所載一二語，凡彼書所無，則題一『又』字，另附於後。」「古詩文散見諸處，苦無善本，即諸史所載，已覺魚魯間出，況其他乎？傳訛者殆不勝指矣。余每參合數本而裁定之。」故是本總體上應較十卷本更爲完備。

國圖藏。

陸平原集二卷

西晉吴郡陸機撰。明張溥編《漢魏六朝一百三家集》本，明末婁東張氏刻本，一册。半葉九行，行大字十八字，小字雙行同；白口，單白魚尾，左右雙邊。内封題「晉二十二人／第四十四册／陸平原集」。卷首有《陸平原集題詞》、目録，卷末附録《晉書》陸機本傳。無鈐印。

該集係改編明張燮編《七十二家集》本之《陸平原集》八卷而成。亦以文體分次，將詩歸爲一卷，其他體裁歸爲一卷，而各體裁之篇章順序全同《七十二家集》本。其卷一爲賦、表、箋、書、七、連珠、論、議、頌、贊、箴、策文、傳、碑、吊文、哀辭，卷二爲樂府、詩。

《漢魏六朝一百三家集》在明時有婁東張氏刻本、八閩徐博翻刻本。清乾隆時編《四庫全書》，收入該叢書并將之統編成一百八十卷，而將該集更名爲《陸機集》，列於第四十八、四十九卷。四庫館臣并以《文選》《西晉文紀》《古詩紀》及汪士賢校刻本《陸士衡文集》等校勘該集，其成果見於纂修官王太岳等編《四庫全書考證》第九十五卷。清末又有刻本多種，如光緒三年（一八七七）滇南唐氏壽考堂刻本、光緒五年（一八七九）彭氏信述堂刻本等。

是本卷内文字亦大體同《七十二家集》本，然將彼本卷四《答賈謐》後附之《潘岳爲賈謐作贈陸機十一章》、《贈潘尼》後附之《潘尼答陸士衡》、《答潘尼》後附之《潘尼贈陸機出爲吴王郎中令》及卷七《策秀才文六首》後附之《紀瞻對策六首》皆删去，即不收他人贈答陸機之作。是本卷一末無卷題，卷二末有「陸平原集卷之一終」一行，當屬刊誤，八閩徐博翻刻本沿之。

上圖藏。

陸士龍文集十卷〔一〕

西晉吴郡陸雲撰。南宋慶元六年（一二〇〇）華亭縣學刻本，明項元汴跋，五册。半葉十一行，行大字二十字，小字雙行同；白口，單魚尾，左右雙邊。版心上鎸每葉字數，下鎸刻工名。每卷前有該卷目録，卷内避宋諱至「廓」。卷末有明萬曆二年項元汴手書跋。鈐有「項元汴印」朱文方、「子京所藏」白文方、「墨林父」白文亞形、「墨林山人」白文方、「天籟閣」朱文長方、「檇李項氏士家宝玩」朱文長方、「項墨林鑑賞章」白文長方、「項子京家珍藏」朱文長方、「子京父印」朱文方、「子京」朱文葫蘆、「項墨林秘笈之印」朱文長方、「鴛鴦湖長」白文長方、「子孫永保」白文方、「項叔子」白文方、「寄敖」朱文橢圓、「退密」朱文葫蘆、「净因庵」白文方、「净因庵主」朱文方、「沮溺之儔」白文方、「博雅堂寶玩印」白文長方、「西儔耕耦」白文方、「會心處」白文方、「唐白虎」朱文方、「瀞」朱文方、「仁龢朱澂」白文方、「朱學勤印」白文方、「修伯過讀」白文方、「結一盧藏書印」朱文方、「趙氏子印」朱文方、「辛夷館印」朱文方、「五峰樵客」白文方、「玉蘭堂」白文方、「梅谿精舍」白文方、「徐健庵」白文方、「乾學」朱文方、「翠竹齋」白文方、「季振宜字詵兮號滄葦」墨文方、「振宜之印」墨文方、「滄葦」墨文長方、「聽雨樓查氏有圻珍賞啚書」、「徐乃昌讀」、「建生字笠雲一字律昀」朱文方、「植槤客印」朱白文方、「平生真賞」朱文方、「遐庵眼福」朱文長方印等。

〔一〕是篇據《中華再造善本》影印本撰。

陸雲（二六二—三〇三），字士龍，陸機弟。少與兄機齊名，時人以文章不及機而持論過之，并稱「雲間二陸」。入洛後，以公府掾爲太子舍人，出補浚儀令，官至中書侍郎。八王之亂時，爲成都王穎表爲清河太守，後因兄機牽連被誅。所著有《陸子》（或名《新書》）十卷、文三百四十九篇。傳詳唐房玄齡《晉書》卷五十四本傳、南宋朱端常等纂《雲間志》卷上本傳等。

陸雲集之散逸情況不至如陸機集一般嚴重。《晉書》陸雲本傳言其「所著文章三百四十九篇」，《隋書·經籍志》載「晉清河太守陸雲集十二卷」，下注「梁十卷，録一卷」。《舊唐書·經籍志》《新唐書·藝文志》均著録十卷，《郡齋讀書志》《直齋書録解題》及《宋史·藝文志》著録卷數亦同。南宋慶元六年華亭郡學刻本《晉二俊文集》之《陸士龍文集》內含詩文二百餘篇，徐民瞻序謂陸雲集得於內府，其卷數又與兩《唐志》所載相合，則十卷本《陸士龍文集》或自唐五代時已成形。宋刻今存一部，藏於國圖，又有明長洲吴氏叢書堂抄本、孫原湘跋明抄本、清影宋抄本等，均據宋刻抄寫。其後有明正德本、徐日曦刻本、汪士賢校刻本、清《四庫全書》本《陸士龍集》、清光緒四年長沙寄生草堂校刻本、宣統三年無錫丁氏排印《漢魏六朝名家集初刻》本等，均屬十卷本系統。臺灣圖書館藏明嘉靖刻本一部，今人劉運好疑其即正德本[一]。清《四庫全書》本所據蓋爲汪士賢校刻本；又有明編《六朝詩集》本《陸士龍集》四卷，實爲十卷本之前四卷。又晚清藏書家陸心源亦以所藏正德本內之陸貽典校筆彙刻於《群書校補》第六十七卷，然其家宋本闕卷七至卷十第九葉，不得校對。

[一] 詳見《陸士龍文集校注》前言，第四四頁。

《七十二家集》本《陸清河集》八卷，較十卷本唯多兩篇。《漢魏六朝百三家集》亦有《陸清河集》二卷，所據仍爲《七十二家集》本。《四庫全書》亦收入《漢魏六朝百三家集》本二卷，更名《陸雲集》，置於該叢書第五十、五十一卷，并以汪士賢校本、《賦彙》、《晉書》、《西晉文紀》等書校勘。

是本卷一賦、箴，卷二至四詩，卷五至十文，其中卷七爲離騷體。《四庫全書總目提要》言該集編輯之失：「蓋宋以前相傳舊集久已亡佚，此特裒合散亡，重加編輯，故叙次頗叢雜。如《答兄平原詩》二首，其『行矣怨路長』一首乃機贈雲之作，故馮惟訥《詩紀》收入機詩内，而此本誤作雲答機詩。又『緑房含青實』四語及『逍遥近南畔』二語，皆自《藝文類聚》芙蕖部、嘯部摘出，佚其全篇，故《詩紀》以爲失題，繫之卷末，但注見《藝文》某部。此乃直標曰『嘯』，殆明人不學者所編，又出《詩紀》之後矣。」[一]按，《藝文類聚》「緑房含青實……」一詩題「晉陸筠《芙蕖詩》」，「逍遥近南畔……」則未標題。唯此二首宋刻中已有，非明人之誤。又，該集卷六《登遐頌》中《王子喬》一首之「遺形靈嶽，顧景亡歸」與「承雲倏忽，飄飖紫微」二句，見於《陸士衡文集》卷九《王子喬贊》，又《孔仲尼》一首，《陸士衡文集》卷九題作《孔子贊》。以該集此二首文字較士衡集更全，且納入組詩之中，其作者或應屬之陸雲[二]。

[一]《四庫全書總目提要》卷一百四十八集部別集類。

[二] 又，俞士玲《陸雲〈登遐頌〉考釋——兼論〈陸機集〉卷九〈孔子贊〉、〈王子喬傳〉非陸機作》一文，從神仙家對孔子、王子喬的看法出發，輔以陸雲《與兄平原書》第十六通述《登遐頌》爲己作之文，定此二首皆陸雲之作，較有説服力，可參詳之。《古籍整理研究學刊》二〇〇五年第四期。

以是本與正德本對照，可知正德本基本沿襲宋刻，僅有少量異文。差異最著者爲卷八《與兄平原書》錯簡。正德本誤將宋刻第三至第八葉「引甚單常欲更之未得……歌亦平平」與第九、十兩葉「遊仙詩故自能……體中佳者可并思諸應作傳及作」順序顛倒，導致有三封書信形成了錯簡。嗣後徐日曦刻本、汪士賢校刻本、《七十二家集》本《陸清河集》等均沿其誤，至清人校勘時方纔發現。

卷末項元汴手書跋：「宋板晉陸雲文集五册，墨林項元汴珍秘，明萬曆二年秋八月重裝於天籟閣中。」按，影宋抄本士龍集卷末録宋刻刊記，有「二俊文集一部共四册」之語，又其後正德本、汪士賢校刻本等士龍集皆爲二册，則是本原帙或亦爲二册，經改裝成五册。又是本於近代曾經潘宗周收藏，中國人民共和國成立後由潘氏後裔捐與國圖〔一〕。

國圖藏。

陸士龍文集十卷

西晉吴郡陸雲撰。清影抄南宋慶元六年（一二〇〇）華亭郡學刻本，清趙懷玉、翁同書校并跋，清嚴元照批校題跋并録清盧文弨校筆，一册。半葉十行，行大字二十字，小字雙行同；白口，無魚尾，四周單邊。卷端題「清河内史吴郡陸雲士龍」。版心上部影寫本葉字數，下部影寫宋本刻工名：高正、繆中、高惠、高

〔一〕參考《古逸叢書三編》本《陸士龍文集》函内所附薛殿璽撰《影印本〈陸士龍文集〉説明》，中華書局，二〇〇四年。

忽、高文、吕椿、朱僖、徐詢、冒中、高聰、朱、中、正等。每卷前有該卷目録。卷末有乾隆五十一年（一七八六）趙懷玉手書跋，其後録宋刻本刊記「二俊文集以慶元六年二月既望書成縣學職事校正刊者三員題名於後／縣學司計進士朱奎監刊／縣學直學進士孫垓校正／縣學學長鄉貢進士范公衮校正」，其後有乾隆五十九年嚴元照手書跋，後録宋本記所費紙張工錢等數，後有嘉慶四年嚴元照手書跋，後有咸豐九年翁同書手書跋。卷内避宋諱至「廓」。鈐有「文弨借觀」朱文方、「芳蕤堂印」白文方、「元照之印」白文方、「嚴氏久能」朱文方、「錢塘嚴杰借閲」白文方、「何元錫借觀印」朱文長方印等。

是本版式、字體、内容均同宋刻，而卷末所録刊記及所費紙張工錢等數爲今存宋刻所脱，頗有價值。趙懷玉校筆如卷一《愁霖賦》「白日之寸眙」眉批「『眙』别本作『脛』」，《歲暮賦》「渚於川盼」眉批「川字上有脱字」等。卷末跋文：「二俊文集計二十卷，知不足齋所藏影宋抄本也，頃從主人借閲，因爲粗校一過。其誤處往往與它本相同，蓋南宋刊本不能無舛，翻雕者不加覆勘，率以宋本爲據，遂不免襲訛滋惑爾。是編如以『二俊』命名之雅及後幅所據諸條，猶可想見當時承印官書之式，俱俗本所無，宜主人之十襲也。乾隆丙午元日，懷玉記」。

嚴元照録盧文弨校筆較士衡集爲少，如卷一《歲暮賦》「涕垂顔以交頽兮」，「顔」旁注「頤」；《喜霽賦》「鳥■林而朝隮」，盧校墨釘作「望」，「油油稻■」，盧校墨釘作「糧」；《南征賦》「■天維以籠世」、「■珍禾之神穎」，盧校墨釘分别作「恢」、「發」。卷末有其於乾隆五十九年所識：「《晉二俊文集》二十卷，鮑丈以文藏本，余借讀匝月，訛脱頗多，雖宋本殊未盡善。武進趙味辛舍人曾爲校勘，亦未能精細。

重陽後，盧抱經先生過余芳茮堂，借去重校，凡補正處，爰用條紙夾出。余因爲度録於行間，稍便觀覽。」

翁同書批校多有考訂之語。如卷一《南征賦》「介天揮戈」，眉批「同書案：介天疑是介夫之誤」，并舉《禮記・檀弓》「陽門之介夫死」之注「介夫，甲衛士」爲證。卷四《答兄平原二首》之第二首「行矣怨路長……契闊成腓服」下批：「同書案：此士衡贈弟詩也，見《士衡集》。『腓』當從《士衡集》作『騑』；『指途』，《士衡集》作『指迷』，非。」卷末有其咸豐九年手書跋，謂是本乃下屬陳錦所贈。

國圖藏。

陸士龍文集十卷

西晉吴郡陸雲撰。明正德十四年（一五一九）陸元大刻本，三册。半葉十行，行大字十八字，小字雙行同；白口，單魚尾，左右雙邊。卷端題「晉清河内史吴郡陸雲士龍」。每卷前有該卷目録，卷末鎸明正德十四年六月都穆題記。鈐有「徐肅」朱文方、「敏則有功」白文長方、「陸靖伯珍藏印」朱文長方、「曾在沈芳圃家」朱文方印等。

卷末都穆題記謂是本刻於士衡集刊畢後，亦取其家藏本爲底本。

除上述卷八《與兄平原書》錯簡外，正德本與宋刻猶有少許異文。如卷一《喜霽賦》宋刻「油油稻■」，正德本闕處作「糧」，與影宋抄本同（按，《初學記》引此文該字作「粱」[一]）；正德本卷一末沿宋本

[一] 「中國基本古籍庫」所製宋刻配抄補本電子書影。

鎸校正監刊人姓名「二俊文集以慶元六年二月既望書成縣學職事校正刊者三員題名於後/縣學司計進士朱奎監刊/縣學直學進士孫垓校正/縣學學長鄉貢進士范公衮校正」，宋刻校正監刊人姓名則在集末；卷二宋刻《征東大將軍京陵王公會射堂皇太子見命作一首》，正德本「征東」作「征西」；卷二《大將軍宴會被命作一首》其六正德本「顔下風■」，宋刻墨釘作「俯」；卷六《登遐頌》第一首《郊間人》「浩若無津」下直接「王喬淵嘿」，而據宋刻，「王喬淵嘿」應爲第二首《王子喬》之首句[一]；卷六《牛責季友》正德本「洪波吐■辭」，宋刻墨釘作「事」。等等。

上圖藏。

陸士龍文集十卷

西晉吴郡陸雲撰。明崇禎間徐日曦刻本，二册。半葉七行，行大字十八字，小字雙行同；白口，單黑魚尾，左右雙邊（卷十葉十七、十八四周雙邊）。卷端題「晉陸機士龍著，明徐日曦闇仲閲」。每卷前有該卷目録。鈐有「涇縣洪氏義學所藏」朱文方、「時敏堂」白文方、「長樂鄭振鐸西諦藏書」朱文方、「長樂鄭氏臧書之印」朱文長方印等。

[一] 正德本有一部存卷四至卷七，民國五年傅增湘跋并録清陳鱣過録清陸貽典校筆。其中有傅氏眉批「浩若無津乃頌郊間之末句，不應加入王子喬下，孔子贊誤與此同」。國圖藏。

是本蓋以正德本爲底本。其證如卷一《歲暮賦》「渚於川盼」，是本同，而汪校本作「■於川盼」且爲雙行小字，卷二《懷土賦》，汪校本「土」誤作「士」，而是本不誤。

其異於正德本處，如宋刻及正德本士龍集卷六《祖考頌》「■雄」，是本墨釘作「姿」；正德本卷九《言事者啓》「州閭一■」、「蹀闇」，是本墨釘作「介」、「蹀」作「踈」，與《七十二家集》本相同。

國圖、上圖藏。

陸士龍文集十卷

西晉吴郡陸雲撰。明萬曆間汪士賢校刻《漢魏六朝諸家文集》本，民國傅增湘、季振常校并跋，一册。半葉九行，行大字二十字，小字雙行同；白口，單魚尾，左右雙邊。卷端題「晉吴郡陸雲著，明新安汪士賢校」。卷首鎸唐太宗御撰《陸雲傳》、目録。卷末有傅增湘手録正德本士龍集都穆題記、陸敕先跋，民國五年傅增湘手書跋，及民國二十二年季振常手書跋。鈐有「振常手校」白文方印。

是本之校筆，前五卷爲傅增湘過録陸敕先校宋本，後五卷爲季振常校宋本。卷末傅增湘題識：「丙辰殘臘，文友堂持校本二俊文集來，謂是陸敕先手校，細審，實是陳仲魚所傳録，因臨寫士龍集於此本，其士衡集則移録正德本上，其原底本固正德本也。丁巳上元日，沅叔識。」季振常題識：「癸酉秋七月，從南海潘氏借得結一廬舊藏宋本陸（氏）［士］龍集，補校第六至第十共五卷訖。悸隱識。」由此可知是本庶幾與宋刻完整校過，因緣巧合，實爲幸事。

傅氏校筆體例同上述《陸士衡文集》正德本。季氏則或在校勘基礎上加以考辨，如於卷八《與兄平原書》錯簡處，將宋刻葉號一一標出，以存其真。然季氏主張以是本爲正，謂宋本書口號碼誤刻。

國圖藏。

陸士龍文集十卷

西晉吴郡陸雲撰。明天啓間翁少麓編《漢魏諸名家集》翻刻汪校本之後印本，一册。行款及卷端題署同《漢魏六朝諸家文集》本。内封題「徐民瞻先生訂正/陸士龍集/南城翁少麓梓」，有書根字「漢魏諸名家集/陸士龍集」。卷首鐫天啓六年王元懋撰《陸士龍集序》、唐太宗御撰《陸雲傳》、目録。鈐有「嘉惠堂藏閲書」朱文長方印。

是本亦存在汪校本作墨釘，而是本補刻文字之情況。如卷九《諫吴王起西園第宜遵節儉啓》「聖德炳然」，《漢魏六朝諸家文集》本與瑞桃堂本「德」字均作墨釘，而宋刻本該字作「旨」。

國圖、北大、社科院等處藏。

陸清河集八卷附録一卷〔一〕

西晉吴郡陸雲撰。明天啓、崇禎間張燮編刻《七十二家集》本。半葉九行，行大字十八字，小字雙行

〔一〕是篇據《續修四庫全書》影印本撰寫。

同；白口，單魚尾，左右雙邊。卷首有《陸清河集目録》。卷端題「晉吴郡陸雲士龍著，明閩漳張燮紹和纂」。無鈐印。

是本按文體編次，卷一賦，卷二、卷三詩，卷四騷、啓疏，卷五、卷六書，卷七頌、贊、箴、碑，卷八誄、文。卷末《附録》一卷，含唐太宗撰《陸雲傳》，宋林景熙、元劉子青題詩，及《集評》《遺事》等相關材料。是本較十卷本多《泰伯碑》《春節帖》二篇，其中《泰伯碑》實爲南朝梁陸雲公作〔一〕；較十卷本少《嘯》一首，又卷二《答兄平原》八首、卷三《答兄平原》一首均删去陸機原詩。又是本卷一《羊腸轉賦》，十卷本誤列於《與兄平原書》第二十二通〔二〕。然是本《與兄平原書》一仍正德本之錯簡，是其未盡善處。

國圖藏。

陸清河集二卷

西晉吴郡陸雲撰。明張溥編《漢魏六朝一百三家集》本，明末婁東張氏刻本，一册。半葉九行，行大

〔一〕劉運好《陸士龍文集校注》録該文并於《存疑》辨其僞。

〔二〕此文確爲賦體，然十卷本夾雜於諸書之中，起首并有「雲再拜」三字。明梅鼎祚《晉文紀》將之移入第二十通「兵真凶事……」一書後，并作小字。梅氏於文後加注云：「按，此有韻之文，頗大類賦，不知首何以云『再拜』爲書也。前書有云『此中語於諸賦中何如』，且篇内有『羊腸轉時』之語，則此爲賦明甚。然特言兵旅，豈所謂『羊腸轉者』或是陣法如率然邪？當以此附書後，并呈平原，後人混寫耳。」

字十八字，小字雙行同；白口，單白魚尾，左右雙邊。内封題「晉二十三人/第四十五册/陸清河集」。卷首有《陸清河集題詞》、目録，卷末附録《晉書》陸雲本傳。無鈐印。

該集改編自明張燮編《七十二家集》本之《陸清河集》八卷。卷一爲賦、啓疏、書、頌、贊、箴、碑、誄、文、騷，卷二詩。各體裁之篇章順序全同《七十二家集》本。該集版本源流同《漢魏六朝一百三家集》本《陸平原集》，清《四庫全書》本中該集列於第五十、五十一卷。《四庫全書考證》第九十五卷有該集校記若干條，所據有《賦彙》《西晉文紀》《古詩紀》及汪士賢校刻本《陸士龍文集》等，并吸收明凌義渠等編《湘煙録》中對《與楊彦明書》一文之辯證成果。

是本將《七十二家集》本原含他人贈答陸雲之作盡數删去，如《贈鄭曼季四首》後無《鄭曼季答陸士龍四首附》，《答孫顯世十章》後無《孫拯贈陸士龍十章附》，卷一《諫吴王起西園第宜遵節儉啓》後無《吴王晏答陸雲令附》，其後四啓疏亦均不附吴王答令。此外更正《七十二家集》本中一些誤字，如彼本《贈弟士龍》（「行矣怨路長」）中「弟」誤作「第」，是本則不誤。

上圖藏。

（二）唐　宋

本　籍

祛疑説一卷

南宋嘉興府華亭縣儲泳撰。南宋刻《百川學海》本，一册（丁集第三種）。半葉十二行，行大字二十字，小字雙行同；白口，雙魚尾，左右雙邊。版心頂部鎸該葉字數，兩魚尾間鎸「祛疑説」及葉號。卷端題「雲間儲泳」。鈐有「涉園珍秘」朱文方、「蘭泉」白文長方、「季印振宜」朱文方、「滄葦」朱文長方、「劉占洪少山氏珍藏」朱文方、「春草堂印」白文方、「季振宜臧書」朱文長方印等。

儲泳（約一一〇一—一一六五）〔一〕，字文卿，號華谷，居華亭周浦村。時人衛宗武有《挽儲華谷四首》，謂之安貧樂道，長於吟詠，好養生之術〔二〕。其作今多散逸，南宋陳起編《江湖後集》存詩二十二首，又《宋詩紀事》從《詩家鼎臠》等處輯得三首，均不見於《江湖後集》。又撰雜著多種，除是書外尚有《儲氏易説》《道德經注》《參同契説》《陰符經解》《崔公入藥鏡説》《悟真篇説》等，惜今俱未

〔一〕上海市南匯縣縣志編纂委員會《南匯縣志》第三十二編《人物》，上海人民出版社，一九九二年，第六六二頁。
〔二〕《秋聲集》卷三，臺灣商務印書館影印清文淵閣《四庫全書》本。

見。傳詳弘治《上海志》卷八、光緒《南匯縣志》卷十三等。

是書以儒家誠意正心之學與陰陽五行之説、道家内修之法相互參合，以辟邪妄之術，間傳醫方與雜藝。《四庫全書總目》卷一百二十一該書提要評「其言皆平易切實，足以警醒世俗」。《四庫全書總目》卷九十三《辨惑編》提要云：「昔宋儲泳作《祛疑説》，原本久佚，惟左圭《百川學海》中載其節本。」南宋刻《百川學海》本即今見是書最早版本。現存南宋刻《百川學海》全本二部，分藏於國圖、日本宫内廳書陵部。國圖藏本及後世明弘治十四年（一五〇一）華珵翻刻本中，《祛疑説》見於丁集；宫内廳藏本中則見於戊集。〔一〕其後諸本繁簡，昌彼得《説郛考》所述甚精當，迻録如下：「全書凡三十六篇，今傳之《百川學海》《學津討源》《青照樓叢書》諸本一卷，又錢熙祚刻《藝海珠塵》壬集爲清朱清榮重訂本四卷。此本（按，《説郛》一百卷本）僅録十二篇，《稗海》及《説海》彙編本删削十五篇，僅載廿一篇；明末重編《百川學海》及重編《説郛》兩本《丹藥》篇『冀其補助，蓋方』以下，即接刻《龜卜説》篇『而變五鄉之用』句，計脱《丹藥》篇後半、《論男女之分生殺之兆》篇，及《龜卜説》篇前半。所脱適當弘治十四年（一五〇一）錫山華氏刻本《百川學海》第十九、廿兩頁。此諸本則皆非

〔一〕宫内廳藏本序目見傅增湘《藏園群書經眼録》卷十一，中華書局，二〇〇九年，第七六七頁。據該書及陶湘影宋刻本序，宫内廳藏本序次當爲原貌。國圖藏本則經散亂、重訂，已失原本序次。參考久保輝幸《左圭〈百川學海〉版本流傳考》，《圖書館雜志》二〇一八年第八期。

完帙。」[一]

是本計三十六篇，《丹藥》篇「冀其補助，蓋方」之後至《龜卜説》篇「而變五鄉之用」之前文字俱全。

國圖藏。

祛疑説一卷

明末刻本，一册。半葉九行，行大字二十字，小字雙行同；白口，單魚尾，左右雙邊。版心上鎸「祛疑説」。卷首有墨筆抄《四庫全書總目》該書提要。卷端題「雲間儲泳著，陳夢蓮校閲」。鈐有「嘉惠堂丁氏藏書之記」白文方、「兩江總督端方爲江南圖書館購臧」朱文長方、「四庫著録」龍形白文長方印等。

是本係《祛疑説》少見之單行本，計三十六篇，闕《丹藥》篇「冀其補助，蓋方」之後至《龜卜説》篇「而變五鄉之用」之前。明末重輯《百川學海》本與是本版式行款皆同，惟卷端無「陳夢蓮校閲」諸字。校閲者陳夢蓮，晚明華亭書畫家陳繼儒長子，嘗編《眉公府君年譜》。

南圖藏。

[一]《説郛考》下篇《書目考》，臺灣文史哲出版社，一九七九年，第三五一頁。

易裨傳一卷外篇一卷

南宋嘉興府華亭縣林至撰。抄本[一]，佚名校，一册。半葉九行，行大字二十字，小字雙行同；白口，單魚尾，左右雙邊。卷首有林至自序、元至正十四年（一三五四）劉貞題識。卷端無題名。鈐有「鐵琴銅劍樓」白文長方印。

林至，字德久，生卒年未詳。南宋淳熙二年進士登第，與同邑衛涇、朱端常、胡林卿等同年。官至秘書郎。登朱熹之門，與潘柄、董銖同得易學，皆有成書，而今唯林著存世[二]。朱熹有《答林德久書》，與其探討性體之論。著述除是書外尚有《釋騷》及《林德久文集》，惜今皆未見。傳詳是本劉貞題識、正德《松江府志》卷三十等。

是書《直齋書録解題》《文獻通考》均著録「二卷外篇一卷」，《宋史・藝文志》則著録爲一卷。今所見之本正文皆爲一卷，分作「法象」、「極數」、「觀變」三篇，外篇一卷則論反對、相生、世應、互體、納甲、變爻、動爻、卦氣八事。其論立足《易・大傳》，主糾時治象數者專囿四象、圖書、挂扐等後起之説而失卦畫陰陽本原之偏弊。《四庫全書總目》卷三該書提要評曰：「今觀其書，雖未免有主持稍過之處，而所

[一] 國圖著録爲「清抄本」，然是本卷内不避清諱，《鐵琴銅劍樓藏書目録》亦僅著録爲「舊抄本」，實未詳抄寫年代。北京圖書館編《北京圖書館古籍善本書目》經部易類著録：「《易裨傳》一卷《外篇》一卷，清抄本，一册」，書目文獻出版社，一九八九年，第二一頁。

[二] 詳見是書《通志堂經解》本卷首康熙十六年納蘭成德序。

論多中説《易》之弊。其謂《易》道變化不窮，得其一端皆足以爲説，尤至論也。」

元至正十四年（一三五四）陳泰刻是書，爲初刻本。清《通志堂經解》收入是書，卷首康熙十六年（一六七七）納蘭成德序謂「曩之雕本，今又不可得矣」，然未言其本所據爲何。《四庫全書》本與《通志堂經解》本差異甚微，蓋據之抄寫。

是本原文蓋同以上二本，而卷内墨筆批校，時見異文。如《法象》篇内「後天震居東方，萬物出生之地」與「巽居東南，萬物潔齊之地」之間，批校補「離居南方，萬物想見之地」。因原本上下文所述八卦居八方，獨闕南方，批校所補應屬確切。又《外篇》「卦氣」之「秋分」下原文有「蟄蟲培户」，批校改「培」作「壞」，此字《四庫全書》本作「壞」而《通志堂經解》本作「培」。

卷首林至自序論撰述之發意。其後劉貞題識則述是本刊刻原委：「是書乃庸田使康公出授士子，今太守劉公命鋟梓於嘉興郡學，傳示學者云。康公名閔里不花，字溥修，康里人；劉公字廷榦，海岱人。至正十四年十月朔日識。嘉興路儒學教授陳泰至正十五年刊置。提調官亞中大夫嘉興路總管兼管内勸農事知渠堰事劉貞。」

按，是本曾經常熟瞿氏家藏，《鐵琴銅劍樓藏書目録》卷一著録是書，論其書名涵義及撰者籍貫頗有創見，茲録如下：「《易裨傳》二卷，舊抄本，宋林至撰并自序。其書主於發明《大傳》，題曰『裨傳』者，蓋取《史記》『騶衍傳裨海』之義，謂《大傳》若大瀛海，此如小海之分列九州。《索隱》注：裨，小海也。……秘書爲松江人，而《書録解題》稱爲『檇李』，檇李是嘉興舊名，或疑其異然。考《中興館閣續録》，林至嘉興府華亭人。蓋華亭在宋爲縣，屬兩浙路嘉興府，元陞縣爲華亭府，尋改松江，是宋稱檇李、元稱松江，皆具其郡言之，初非有異，而《館閣續録》則尤爲詳核焉〔一〕。」

國圖藏。

雲間志三卷續入一卷〔二〕

南宋華亭縣知縣楊潛修，華亭縣民朱端常、林至、胡林卿等纂，明抄本，清黄丕烈跋，一函四册。半葉九行，行大字二十字，小字雙行同；無欄綫。卷首有紹熙四年冬楊潛序。卷上爲封域、道里、城社、鎮戍、坊巷、鄉里、學校、版籍、姓氏、物産、廨舍、場務、倉庫、税賦、橋梁、亭館、人物、古跡，卷中爲仙梵、寺觀、祠廟、山、水、堰閘、冢墓、知縣題名、進士題名，卷下爲賦、詩、墓志、記、序、説、箴。《續入》有魏了翁《華亭縣建學記》、王遂《華亭縣建學記》、胡林卿《記縣學序拜儀》、樓鑰《南四鄉記》等篇。鈐有「鑒人」白文方、「秦鑑私印」白文方、「黄丕烈印」白文方、「李氏玉陔」朱文方、「明墀之印」白文方、「李盛鐸印」白文方、「木犀軒臧書」朱文長方、「麐嘉館印」朱文方、「木齋審定」朱文方、「廬山李氏山房」朱文長方、「木齋審定善本」朱文方、「李少微」朱文方印等。

〔一〕《鐵琴銅劍樓藏書目録》卷一，清光緒常熟瞿氏家塾刻本。
〔二〕是篇據北京大學圖書館藏原本縮微製品及《續修四庫全書》影印本撰寫。

楊潛，字號不詳，義烏人。乾道八年（一一七二）進士，紹熙元年（一一九〇）任華亭縣知縣，後仕直秘閣朝議大夫。傳見嘉慶《義烏縣志》卷十。

林至生平見本編《易裨傳》經眼録，修志時仕信州州學教授。

胡林卿，淳熙十四年（一一八七）甲科進士，與史彌遠同年，然惡其弄權誤國，終身不登其門。修志時任迪功郎、饒州州學教授。傳詳正德《松江府志》卷三十。

朱端常，華亭人，博雅能文，登淳熙進士第。修志時任從事郎、差監行在太平惠民南局，後於嘉定間知延平州，爲政寬和，嘗創惠民倉，歉歲民賴以濟。傳見正德《松江府志》卷二十八、嘉靖《延平府志》卷四、康熙《松江府志》卷四十等。

是志開華亭縣專志之首，備載該縣地理、名物及鄉賢傳略，又彙集南宋以前先賢詩文，足資考鑑，體例繁簡亦得其宜。《宋史·藝文志》史部地理類著録「楊潛《雲間志》三卷」，蓋元以後人補《續入》一卷，又補《知縣題名》至淳祐八年、《進士題名》至寶祐元年姚勉榜[一]。元至元時所修《嘉禾志》、明正德間《松江府志》、清乾隆《華亭縣志》及《雲間志略》《淞故述》等當地志傳，於是志均有所採擇。

據卷首楊潛序，是志於紹熙四年修成後即行付梓，然原刻早已不傳。明抄本（即是本）爲今見最早版本。清嘉慶間，阮元進呈抄本一部，收入《宛委别藏》。又沈恕自袁

[一] 阮元所撰《雲間志》提要已指出後人續補之處，見《宛委别藏》本卷首，江蘇古籍出版社，一九八八年影印本，第四三册。

廷壽家得錢大昕抄本，延顧廣圻補正闕訛後付孫星衍，於嘉慶十九年（一八一四）刻諸金陵[一]，堪稱精校精刻；光緒二十年（一八九四）《觀自得齋叢書》本乃據之翻刻。另有國圖藏清抄本、首圖藏民國鹿嚴精舍抄本等存世。

現存《雲間志》除《續入》外，本三卷内亦有後世補入内容，如阮元所撰提要言：「書成於紹熙四年。而《知縣題名》載至淳祐八年而止，則張穎以下三十人是後人所續。又《進士題名》載至寶祐元年姚勉榜錢拱之而止，則慶元五年趙汝詒以下二十四人亦後人續入也。」[二] 現存各本間亦有異文。以是本較諸沈刻本：除内容基本相同外，其上、中二卷均沿避宋諱，且避諱方式同爲以雙行小字注出所犯帝諱及廟號，卷下則是本未避諱，沈刻本僅避清諱。唯是本卷下末接魏了翁《華亭縣建學記》、王遂《華亭縣建學記》二篇，其後爲《續入》，至《南四鄉記》「其將來可謂」止；而沈刻本卷下之後即爲《續入》，《南四鄉記》「其將來可謂」後猶有「曲當矣……汪立中立石」數段，其後再接魏了翁《華亭縣建學記》、王遂《華亭縣建學記》二篇。又沈刻本補正是本卷内數處闕訛，且卷末多錢大昕、顧千里題識。《宛委別藏》本僅避清諱，《續入》篇次同沈刻本，然該本卷内所補闕文有與沈刻本相異處。如卷中《仙梵》之「心鑑禪師」條，「明年」至「再住明州棲心寺」間是本闕數字，沈刻本補作「歸姑蘇」，而《宛委別藏》本補作

[一] 見沈刻本卷首嘉慶十九年王芑孫、孫星衍二序。

[二] 《揅經室外集》卷五，鄧經元點校《揅經室集》，中華書局，一九九三年，第一二八三頁。

「自洛歸姑蘇」[一]。

楊潛序：「華亭爲今壯縣，生齒繁夥，財富浩穰。南距海，北瀕江，四境延袤，視偏壘遐障所不逮。質之《寰宇記》《輿地廣志》《元和郡國圖志》，僅得疆里大略，至如先賢、勝概、户口、租税、里巷、物産之屬，則闕焉。前此邑人蓋嘗編類，失之疏略，續雖附見於《嘉禾志》，然闕遺尚多，□□觀覽。余謬領是邑，雖日困於簿書期會，而此心實拳拳，今瓜代有期，不加討論以詔來者，則鞅鞅不滿，若將終身焉。於是□邑之博雅君子，相與講貫，疇諸井里，考諸傳記，質諸故老[二]，有據則書，有疑則闕，有訛則辨，凡百里之風土，粲然靡所不載。至若前輩詩文，散落於境内者非一，姑摭南渡以前者，附於卷末。書成而鋟墨，公帑匱而莫能舉，又得邑之賢士大夫鳩工助成。是書也，雖一邑之事，未足以廣見聞，異時對友朋則可以資譚麈，事君父則可以備顧問，孰謂其無補歟？」

中卷末有黄丕烈題識二通。其一：「楊潛《雲間志》三卷，余見諸五硯樓，係新□□，後歸松江沈氏。頃坊友□舊抄本見示，□番餅五枚易之，補余所藏舊志之闕。潛研老人云宋人縣志存於今者，唯《剡録》與此爾。今余所收二志皆舊抄，可謂幸事。歲莫無聊，藉此消遣悶緒。庚午季冬月二十日，復翁識。」其二：「辛未夏仲，沈綺雲以五硯樓本屬爲校勘，余倩陸子東蘿任其事。此本較佳，間有一二字可證□誤者，

[一] 江蘇古籍出版社一九八八年影印《宛委別藏》第四三册，第六九頁。

[二] 「諸」字是本闕，據沈刻本補。

以墨筆作蠅頭字書於上方。校畢□□□□□補識。」卷内有朱、墨筆批校，當即陸東蘿、黄丕烈手筆。朱筆多調整格式，墨筆則改正文字或作備注，如卷下蘇軾《題李景元畫》題下有黄丕烈批注「白龍潭題李景元畫竹」。

北大藏。

華亭百詠一卷

南宋嘉興府華亭縣許尚撰。清文淵閣《四庫全書》本。朱絲欄，半葉八行，行二十一字，小字雙行同；白口，單魚尾，四周雙邊。卷端題「宋許尚撰」。

許尚，其字不詳，號和光老人，能詩文。淳熙間，作《華亭百詠》詩一卷，明張之象、董宜陽、劉邦輔等皆和之。傳見正德《松江府志》卷三十、乾隆《婁縣志》卷二十一等。

是集取華亭山澤寺廟等古跡景觀一百處，各以五言絶句詠之。其中五十五首題下有注〔一〕，略釋該地方位、由來、史事等。所紀雖多爲傳説，其中地名如金山城、前京城、砂岡、滬瀆等，亦有資於史乘。故至元《嘉禾志》將其全部採入。《四庫全書總目》記有「浙江鮑士恭家藏本」，又《文選樓藏書記》卷六著録抄

〔一〕《四庫全書總目》卷一百六十一該書提要云：「然百篇之中，無注者凡二十九，而其中多有非注不明者。以例推之，當日不容不注，殆傳寫佚脱歟。」然今見之本無注者達四十五首，或提要依據底本有所不同。

本一種、《增訂四庫簡明目録標注》著録小山堂抄本一種[一]，然今皆未見。所見國圖藏清抄本，卷首録有四庫提要。則是本或爲今存較早之本。

是本《蘇州洋》《趙店》有闕文，至元《嘉禾志》亦不能補。而志中《前京城》詩句、《秀道者塔》詩序之闕文，是本則全。

臺北故宫藏。

後樂集二十卷存十七卷

南宋嘉興府華亭縣衛涇撰。清抄本，衛壽金、潘道根、季錫疇手書題識，存卷一至八、十一至十七、十九至二十，十册。半葉八行，行大字二十一字，小字雙行同；無欄綫。版心上書「後樂集」。卷首有《四庫全書總目》該集提要，卷末有南宋紹定五年（一二三二）衛樵《原跋》、清咸豐六年（一八五六）二月衛涇之十八世孫壽金手書題識、咸豐八年（一八五八）二月潘道根手書題識、咸豐八年十二月季錫疇手書題識。卷端題「宋衛涇撰」。卷内避諱至「旻」、「寧」。鈐有「稽瑞樓」白文長方、「菘耘」朱文方、「錫疇之印」朱白文方印等。

衛涇（一一五九—一二二六），字清叔，初號拙齋居士，改號西園居士、後樂，謚文節，追封秦國公。其

[一]《增訂四庫簡明目録標注》，上海古籍出版社，一九七九年，第七四九頁。

先祖於唐末避亂南遷至華亭，至祖父闐占籍崑山〔一〕。淳熙十一年（一一八四）擢進士第一，旋授承事郎添差鎮東軍簽判。慶元三年（一一九七）出使金國，旋因言事開罪韓侂胄等被黜，隱居崑山十年，取范文正公言，名其堂曰「後樂」。開禧元年復起，後與史彌遠合計誅韓侂胄，累官至參知政事。衛涇以文學知名於世，又與朱熹有交承之好，熹歿後，爲之刊諸經、《四書》傳注。傳詳正德《松江府志》卷二十八、清光緒八年友順堂活字印本《後樂集》卷首《文節公年譜》、清光緒七年（一八八一）衛元相修《衛氏續修宗譜》等。

該集原本七十卷，爲衛涇子樵所編，南宋紹定五年刻於永州。元至元年間重鐫時，僅得五十卷，正德《松江府志》著録之〔二〕，後又散佚。清乾隆間，其十四世孫棡重加裒集，刊爲十卷，《四庫全書總目》列入存目：「別本《後樂集》十卷附録二卷，江蘇巡撫採進本。……此本乃其十四世孫棡所輯，以志乘諸傳及遺像弁卷首，而以廷試策爲卷一，奏疏爲卷二至卷九，各以時代編次，其末卷則涇與人往還書及所題詩，而以後人詞記之類附焉。」〔三〕今十卷本未見。而入《四庫全書》者，乃館臣自《永樂大典》中輯出編次，共

〔一〕康熙《松江府志》卷四十名臣志衛涇本傳對其籍貫有所考辨：「雲間舊志云衛文節公生於蕭塘，今爲崇福寺。又《崇福寺記》云涇以故第益之。然則徙于崑山僅同寄籍，而涇生長固在華亭矣。」清康熙刻本。按，蕭塘在今上海市閔行區境内。又，《後樂集》卷十七《先祖考太師魏國公行狀》：「公諱某，字致虛，上世齊人，唐末避亂徙錢塘，又自錢塘徙華亭，故今爲華亭人。」可證衛涇亦自認爲華亭人。

〔二〕卷二十八衛涇傳：「所著文五十卷，曰《後樂集》。」

〔三〕《四庫全書總目》卷一百七十四集部別集類存目一。

二十卷，卷末有衛樵原跋。其後有抄本數種，蓋皆祖此本〔一〕，是本亦然。又今上圖藏有咸豐八年潘道根抄本，係據是本轉録。至清光緒八年（一八八二），乃有衛涇之十九世裔孫華福等據二十卷抄本重加校訂并附入前刻序跋、像贊、年譜等，以活字擺印行世。

是本卷一、卷二爲外制，卷三至五内制，卷六至八表狀，卷十一至十三奏議，卷十四申狀、牋、書，卷十五書，卷十六啓，卷十七策問、序、跋、行狀，卷十九祭文、祝文、雜文，卷二十詩。按，檢諸《四庫全書》本，闕卷九、十應爲奏議，卷十八應爲墓志。各種文體之篇章大致以年代爲序，可考者蓋起進士及第，迄寶慶元年（一二二五）理宗登極，轉官致仕，撰者生平大事及交遊遂昭然可揭。

卷末衛樵跋：「先公參政文字七十卷，皆樵執簡膝下，隨録日稿，襲藏者也。……樵茲來守永，偶公暇，因以所藏者纂數校讎，又命館賓嘉興貢士常南仲相與覆校，敬鋟諸木，而以櫟齋叔父湜所編年譜冠諸帙首。伊欲罄先公之遺文俱載備録，以至行述、謚議、史傳、隧碑，并俟它日續鋟木云。」

衛壽金題識：「先文節公《後樂集》七十卷，公子朝奉公諱樵於紹定壬辰刊於永州，其本已佚，迨後七世孫承議公諱楫搜采掇拾成十卷鋟木行世，亦不獲見。其著録四庫書目者，乃館臣從《永樂大典》採出，集成爲二十卷，雖非原本，而各體皆備，已爲完帙矣。壽金訪之有年，今偶於邑中龐氏見之，亟以厚值購歸，蓋即《愛日精廬藏書志》所著録者。先公爲南宋名臣，忠貞直諒，具見集中奏議，惜《宋史》不列傳，

〔一〕如清抱經樓藏黄氏抄本，及愛日精廬、皕宋樓遞藏文瀾閣傳抄本等。

幸有此集流傳，猶存梗概。後有重修宋史者，當不之遺也。噫，世人見公集者猶知寶貴，況爲其子孫乎！惜壽金無力，未能付梓以揚先烈，姑藏之以俟異日。聊述數語於後，以志得書爰起云。」按，是本内無張金吾藏書印，恐非愛日精廬舊物；據卷内鈐印，當係與張氏同時之常熟另一藏書名家陳揆所有。

季錫疇題識：「是本舊藏張氏，著録《愛日精廬藏書志》，公世孫少芝以重值購得之。少芝爲余故友韻和之子，善書法，多技能，家雖貧而知愛重先澤，必能束躬自好，不愧明賢之子孫矣。出示屬題，謹書數語於後，既幸獲讀公文，并喜故人之有子也。」

潘道根跋述衛涇朝堂論對，參與謀劃開禧北伐、弾劾韓侂冑及遭史彌遠劾去等事，以彰鄉賢高節。其後粘簽：「《水利全書》載衛涇《上東南水利狀》，見第十三卷，又《與提舉鄭霖論水利書》，第十七卷。」按，《水利全書》乃謂明張國維纂輯之《吴中水利全書》，卷内確有此二篇，而前者大致同《後樂集》卷十三《論圍田劄子》之二，後者則較《後樂集》卷十五《鄭提舉劄》删削太半。

卷内又有粘簽批校。如卷六《浙東提舉到任謝表》，原文「守掘每忘」，粘簽曰「『掘』係『拙』字之誤」，核之《四庫全書》本該集，當以「拙」字爲確。

南圖藏。

後樂集二十卷

南宋嘉興府華亭縣衛涇撰。清光緒八年（一八八二）友順堂活字印本，一夾十册。半葉九行，行二十一字，小字雙行同。白口，單黑魚尾，四周雙邊，版心上印「後樂集」，下印「友順堂」。内封題「衛文節公後樂集」，封背牌記「光緒八年歲在壬午仲春月刊」。卷首依次爲《欽定四庫全書總目》該集提要、光緒七年十月彭慰高《重刊衛文節公後樂集序》、乾隆十七年（一七五二）冬沈德潛《宋衛文節公别本後樂集原序》、明錢士陞《南宋史補》衛涇本傳、《蘇州府志》宦績傳衛涇本傳、《宋資政殿大學士謚文節衛公涇像》并《文節公像贊》《文節公年譜》《壙志》《後樂集目録》；卷末有紹定五年衛涇子樵《原跋》、光緒八年十九世裔孫華福《後序》、二十世裔孫若金《跋重校先文節公後樂集後》。卷端題「宋衛涇撰」。每卷末印有「二十世孫若金、二十一世孫恩祥校字」諸字。鈐有「王氏二十八宿硯齋藏書之印」朱文方印。

衛涇於嘉定八年知隆興府時，寧宗以其三世同居，有堂曰「友順」，御書二字賜之，子孫遂世代沿用。是本以衛華福從友人李陞蘭處所獲抄本爲底本，其源亦出《四庫全書》本，然闕訛實多，遂由衛若金、衛恩祥重加校訂。正文卷次同《四庫全書》本，又宋刻原本中衛涇弟湜爲之所編年譜亦佚，是本中年譜乃從其十六世裔孫號雨莊者所編家譜録出。家譜中猶有奏議四首、詩二首爲《四庫全書》本所無，亦補入是本，奏議《去國有懷疏》《上寧宗皇帝求賢疏》《論劾韓侂冑陳自强疏》《上太皇太后謚議》補於卷十二末，詩《過澱山湖》《題無相寺壁》補於卷二十末。按，劾韓侂冑等疏全文又見於南宋葉紹翁《四朝聞見録》卷五戊集，然題曰《臣僚雷孝友上言》〔一〕，而《後樂集》卷十九《祭雷參政孝友文》亦有辭：「開禧之末，於

〔一〕清乾隆間知不足齋刻本。

赫陽剛，公於是時，白簡凝霜。」則此疏或爲雷氏所撰。

卷内衛若金校跋所及卷二、卷七及卷八之闕文，《四庫全書》本皆全。然是本亦有可資增補之處，如《四庫全書》本卷二《内侍吴回等各降兩官制》，此本題作《内侍吴回來安世堦官横行上各降兩官制》；卷八《皇太后上尊號賀皇帝表》中《四庫全書》本「聖而有□，聿新南面之儀」，此本闕處作「母」。

衛華福後序：「己卯秋，李孝廉陞蘭以抄本《後樂集》二十卷見遺，始知原本七十卷，乃公子山父公樵刻之永州，至元時鐫板，僅得五十卷，而巽齋公所刊，已非是書之舊矣。……因命從侄若金、族孫恩祥亟加校勘，且又質之諸同志，互相考訂，訛者易之，疑者闕之，而卷首則仍冠以公《南宋史補》本傳、《蘇州府志》宦績傳，及壙志、遺像等篇。其年譜一卷，係公弟櫟齋公湜所編，久佚無考，因以家譜中年譜補之。既成帙，華福因與從兄桂墀商諸族中諸昆季，謀續刊之，第卷帙浩繁，經費支絀，……因命工用聚珍板排印，以廣其傳，俾我子孫咸得披讀。」

衛若金校跋：「是本蓋即四庫館中所録出之本也，但出自抄胥，訛脱舛謬不可勝計。若金時一批讀，偶有所見，隨即標志，以俟參考。辛巳秋，族侄恩祥校核一過，彭觀察慰高爲之序，既而錢農部禄泰、蔣明經、席茂才彬迭爲考訂。今春二月，家嚴與從叔議付剞劂，族多韙之，於是定議，權撥義莊公款，用聚珍版排印，而命若金董其役。特是書雖屢經校讎，未免尚多遺誤，且卷之二内闕八頁、卷之七内闕六頁、卷之八内闕數十餘字，倉猝從事，不及再覓副本，茲故就其存者刊之，其闕者附以空頁以俟補刊，其錯誤而顯而可見者易之，而意義可疑者則仍之，至字畫漫滅而不可辨識者，則仍闕之。……又按，《四庫全書》載別本《後樂集》十卷，乃嘉定支巽齋公楫所刊，沈文愨公德潛序之，曾伯祖雨莊公嘗選二卷編入家譜，而全本亦不可見，惟沈序尚存。……其外又有奏議四首、詩兩首，集中所無而見於舊譜者，今亦補入。」

又卷内有夾簽：「癸酉十月，欣夫爲購婁韓氏所藏叢書堂抄本《陸士龍集》。余乃適得葉文莊公稿本《石浦衛族考》及《衛族雜抄》明寫本，附以此集，雖不及五十年而傳本亦稀。既以前二書入善本目，而此則歸南宋集類。」末署「殷泉」，即王欣夫先生之兄長王蔭嘉。

復旦、北大藏。

禮記集説一百六十卷

南宋嘉興府華亭縣衛湜撰。南宋嘉熙四年（一二四〇）新定郡齋刻本，卷三十四至四十、九十三至九十五、一百至一百零六墨筆抄補，四函二十四册。半葉十三行，行大字二十五字，小字雙行同；白口，雙魚尾，左右雙邊。版心下鎸刻工名：告、信、森、翁、和父、余、范、方、淮、峦、行、張、葉、分、羽、文、亮、松、江、徐仁、曹杲、王俊、葛楷、吴中、王大用、熊昌、昌、鴻、虞秀、斌、仁、杲、于淮、俊、鄭、梁、友、杉、直、楊佖、李、崇、吴、孚、劉、儀、秦、元、淳、吴地興、人、余斌、吴怡、方元、魏信、元木、葉端、同泳、李榮、陳彬、王、葛、同愈、同士元、李用、泳、奇、江淮、方淳、蔣松、吴峦、吴亮、吴兵、公、元興、蔣、方元、大人、鄭浚、仲、仁仲、仲仁、安、宋、楷、張友直、蔡、余咊父、士元、同士元、蔡友、吴怡、吴木、劉孚、大用、周松、思、禧、林紹、董。抄補葉行款同，版心無刻工名。卷首鎸魏了翁序（唯餘末半葉左下角）、《集説名氏》、《統説》；卷末鎸寶慶二年（一二二六)、嘉熙四年衛湜後記二段,真德秀致衛湜函一通。卷内避諱至「鈞」,抄補葉亦有諱字。鈐有「錫山秦氏珍藏書印」朱文長方、「秦氏封峰」朱文方、「秦蕙田印」白文方、「田耕堂藏」朱文方、「秦蕙田味經氏」白文長方、「大司寇之章」白文方、「閬源真賞」朱文方、「汪士鐘印」白文方、「郁松年印」白文方、「泰峰審定」白文方、「祛溪草堂」朱文方、「祛谿」白文方、「東萊劉占洪字少山藏書之印」朱文方、「劉占洪少山氏珍藏」朱文方、「華亭朱氏珍藏」朱文方、「宗伯」朱文方印等。

衛湜,字正叔。好古博學,酷嗜書,有藏舍曰櫟齋,因以爲號。除太府寺丞、將作少監,皆不赴;後官終朝散大夫、直寶謨閣學士、知袁州事。彙編《禮記集説》一百六十卷,另有《圖説》一卷,明《文淵閣目録》猶著録,其後未見[二]。傳見正德《松江府志》卷二十八衛涇傳附。

該著以小戴《禮記》四十九篇爲次,取鄭注、孔疏以下一百四十四家注及他書之涉於《禮記》者,薈萃成編。卷首《集説名氏》,備録各家姓字籍貫,間爲其注本作簡明提要。《統説》一篇,擇録孔穎達、張載、朱熹等八家述《禮記》要義之文。卷内每篇首列各家詮釋該篇大義之文,其後每句下低一格録各家對該句之注解。

該著初成於寶慶二年,衛氏表進之。紹定四年(一二三一),資政殿大學士趙善湘出資刊刻。其後衛氏又披閲增删九載。嘉熙四年,復刊於新定郡齋。今傳明抄本二種,均依嘉熙刻本。至清康熙間,納蘭性

[二] 卷一地字號第四厨書目「禮記」:《禮記》衛湜集説一部四十二册、《禮記》衛湜圖説一部一册。

德編刻《通志堂經解》，收入該著，然其所據抄本頗有缺，又將嘉熙刻本各卷末補遺羼入本卷，頗亂序次。《四庫全書》收録該著，用《通志堂經解》本，亦承其弊。清王太岳《四庫全書考證》卷十三據嘉熙刻本改正《四庫全書》本訛誤多條。

是本卷七十四至七十七、九十二、九十四、九十六、九十七、九十九、一百二十三、一百二十五至一百二十八、一百三十一、一百三十三、一百三十五等十七卷末各有「補遺」若干條，當即九年内所增。

卷末寶慶二年衛湜後序：「予舊集諸家訓解，每病世儒勦取前人之説以爲己出。……此予之所慨嘆，而《集説》所由作也，固不敢謂此編能盡經旨。後有達者，果得新意，何嫌論著，謹無襲此編所已言没前人之善可也。」

嘉熙四年後序：「紹定辛卯歲，湜備員江東漕筦，大資政趙公善湘以制帥攝漕事，見予《集説》，欣然捐資鋟木，以廣其傳。次年秋，予秩滿而歸。迨嘉熙己亥夏，首尾閲九載矣。中雖倅金陵、叨綸院，僅食年餘之禄，餘悉里居需次，因得徜徉於書林藝圃，披閲舊帙，搜訪新聞，遇有可採，隨筆添入，視前所刊增十之三，間亦删去冗複。揭來嚴瀨適繼郡，計空竭之後，廉勤自力，補苴培植，粗可支吾。乃撙節浮費，别刊此本，期與學者共之。庚子六月書於新定郡齋。」

真德秀致衛湜函乃答謝其贈給《禮記集説》，并表歎賞之情。

是本前端護葉有粘簽三張。其一白箋朱絲欄，其上墨筆書：「《禮記集説》一百六十卷，《彙刻書目》第十二葉後半張，在通志堂内所載。宋衛湜。《集説》從兩抄本付刻，皆未盡善，伊人分校成部，大有乖誤。

後數年，有項氏宋本爲骨董家所得，中缺十餘卷，其版最精，且多魏鶴山序一首。屢勸東海借校并補刻魏序，未之從也。其書今在金陵，應物色得之，真至寶也。伊人擅亂補遺卷數，另疏别紙。」鈐有「味經窩藏書印」朱文長方印。其二：「衛湜《禮記集説》廿四册，無襯厚帙，一百六十卷。何焯《經解目録》注云有項氏宋本，中闕十餘卷，其版最精，即此是也。内缺十七卷：卅四後缺七卷，九十三後缺三卷，一百後缺七卷，俱舊時抄補。」其三：「鶴山書院印序卷一至卷六，計壹佰叁拾捌卷。」

國圖藏。

禮記集説一百六十卷

南宋嘉興府華亭縣衛湜撰。明抄本，民國李盛鐸題識，八函四十册。行款同嘉熙刻本，無欄綫。卷首有南宋寶慶元年（一二二五）十一月魏了翁《禮記集説序》，寶慶二年十月衛湜《進禮記集説表》，寶慶二年七月衛湜《禮記集説序》、《統説》、集説名氏；卷末有寶慶二年、嘉熙四年衛湜後記二段。鈐有「季振宜印」朱文方、「季振宜藏書」朱文長方、「滄葦」朱文方、「蔣季卿」朱文方、「維培印」雙龍白文方、「蔣氏求是齋藏書印」朱文方、「木齋宋元秘笈」朱文方、「李盛鐸印」白文方、「李氏玉陔」朱文方、「明墀之印」白文方、「木犀軒藏書」朱文長方、「李滂」白文方、「德化李氏凡將閣珍藏」朱文方、「少溦」朱文方、「木齋審定」朱文長方、「木齋審定善本」朱文方、「木齋真賞」朱文方印等。

魏了翁序：「平江衛氏世善爲禮，正叔又自鄭注、孔義、陸釋以及百家之所嘗講者，會粹成書，凡一百六十卷。如范甯、何晏，例各記其姓名，以聽覽者之自擇。此非特以備禮書之闕也。洒掃應對，進退恭敬，辭遜撙節，非由外心以生也，非忠信之薄也，非人情之僞也，凡皆人性之固有，天秩之自然，而非有一毫勉强增益也。學者誠能即是僅存而推尋之，内反諸心，隨事省察，充而至於動容周旋之會，揖遜征伐之時，則是禮也，將以宅天衷而奠民極，豈形器云乎哉！正叔名湜，自號櫟齋，今爲武進令云。」按，是本該序行草大字，半葉六行，行十二字，蓋摹嘉熙刻本手書上板。

是本第一百卷末有補遺一段，爲嘉熙本所未載，蓋抄補遺漏。又嘉熙本内墨釘處是本或有字，如卷八葉六下行二「居中以■四方」，是本墨釘作「名」。按，南圖藏明抄本與《通志堂經解》本該字亦皆作「名」。

是本前端護葉有黄紙粘簽，李盛鐸手書題識於上：「衛正叔《禮記集説》刻入《通志堂經解》，何義門稱其從兩抄本付刊，皆未盡善。又七十三等卷補遺在卷數後，爲顧伊人擅亂，散入卷中，是《經解》之刻，未爲此書定本明甚。曩閲豐順丁氏藏有宋刻，即義門所稱項氏宋本者，後閲丁氏書目，果有是書。卷首魏鶴山序已缺，僅存『了翁』二字，較義門所見又經剥蝕矣。今余得此抄本，魏序巍然獨全，且玩其字體，是從宋刻摹出，中間補遺均在每卷之末，確係宋本傳抄。每半葉十三行，每行廿五字，間有多數字者。丁氏書目不載宋刻行款，未知與此合否。抄手雖不甚精要，是明末國初人手筆，有季滄葦圖記。此書得之吴興蔣氏，昔以通志堂本詳校一過。棘人李盛鐸。」按，卷内確有朱筆校字，所正訛誤多較爲明顯。

北大藏。

畫繼補遺二卷

南宋嘉興府華亭縣莊肅撰。清乾隆五十四年（一七八九）黄氏醉經樓刻本，與清黄錫蕃輯《英石硯山圖記》合一册。半葉十行，行二十三字；黑口，單魚尾，左右雙邊。版心下鎸「醉經樓正本」。卷首鎸元大德二年（一二九八）莊肅《畫繼補遺序》，卷末鎸乾隆五十四年竹房吾後序、乾隆五十四年黄錫蕃後序。鈐有「長樂郑振鐸西諦藏書」朱文方印。

莊肅，字幼恭，一字恭叔，號蓼塘。南宋時嘗爲秘書小史，宋亡，隱居不出。家中蓄書至數萬卷，其餘古畫名跡亦復不少，爲其時江南收藏之著者。嘗自編書目，以甲乙分十門。所著又有《藝經》，已不可見。傳詳陶宗儀《南村輟耕録》卷二十七「莊蓼塘藏書」條、正德《松江府志》卷三十等。

是書續南宋鄧椿《畫繼》而撰，輯録北宋末至南宋德祐間畫家小傳。卷上載縉紳釋道，共二十三人；卷下載畫院衆工，共六十一人[一]。其中有已見於《畫繼》者，如趙伯駒、趙令穰、趙令松等，而互有詳略，文辭殊異，且令穰、令松爲皇室後裔，是書則置於卷下之末，或爲補録。其立傳重門户傳承、所擅題材及畫法，兼帶品評，多一家之見，與時評有别。傳末間及撰者家藏其人畫作，有蔡肇《早行圖》、蕭太虚《四友圖》、李唐《胡笳十八拍》等，多爲古今書畫目録所不載，明汪砢玉《珊瑚網》、清康熙御定《佩文齋書畫譜》等

[一] 人民美術出版社，一九六三年初版、二〇〇五年重印之標點本《畫繼補遺》，卷首有《〈畫繼補遺〉簡介》一文略述是書内容及版本源流，下文相關部分對其有所參考。又該標點本統計是書所含畫家數爲上卷二十二人，下卷六十二人，恐誤，今據原本縮微製品重新統計。

所列莊肅藏畫目亦無，可補其缺。

是書又名《畫繼餘譜》《畫紀補遺》《畫記補遺》等〔一〕。陶宗儀《南村輟耕録》著録一卷，清《四庫全書總目》題作「《畫紀補遺》二卷《元畫紀》一卷，浙江范懋柱家天一閣藏本」，然皆不著撰人〔二〕。檢之清范邦甸《天一閣書目》，亦不著撰人〔三〕。《浙江採集遺書總目》庚集著録寫本二卷，言其「有明人小序，云嘉興吴景長所記，……紀宋代畫家凡九十有九，元代諸家附焉」〔四〕。阮元《文選樓藏書記》卷四題作《畫記補遺》，所述幾同《浙江採集遺書總目》〔五〕。該寫本及明人序文今未見，吴景長亦莫詳其人〔六〕。是本則爲清黄錫蕃據明人羅鳳抄本所刻。考元華亭夏文彥撰《圖繪寶鑒》，其傳蔡肇、郭思、楊季衡、僧超然、李嵩、徐珂等，文字大致同是書。其卷三蔡肇傳除「予家亦有早行圖」句外，皆同是書；又同卷郭思傳「崇、

〔一〕正德《松江府志》卷三十莊肅傳云：「所著有《藝經》《畫繼餘譜》，傳于時。」其餘二名出處見下文。

〔二〕按，《四庫全書總目》卷一百十四該書提要云：「載宋高宗以後、元至正以前諸畫家，頗多舛錯。如馬遠之父名公顯，兄名逵，乃以逵爲遠之弟，以公顯爲逵之孫。」今驗是書，所述皆合，則該提要所著録者當即是書。至於《元畫紀》一卷，或爲後人增補。

〔三〕卷一之一，清嘉慶間文選樓刻本。

〔四〕《海王邨古籍書目題跋叢刊》影印清乾隆三十九年王亶望刻本，中國書店，二〇〇八年，第二三七頁。

〔五〕據「中國基本古籍庫」所製清越縵堂抄本電子書影。

〔六〕上述二目録引「明人小序」既未言吴景長所處朝代，則其似應爲明人。今可考得「吴景長」者有二：一爲明初人，名遷，字景長，曾於明洪武二十八年抄録《金匱要略》三卷，該抄本今藏上圖；另一約與徐渭同時，《徐文長逸編》有《除夕通宵飲吴景長宅時久繫初出》《五十生辰吴景長携諸子弟餉予園中》。未知孰是。

觀中應制畫《山海經圖》」，是書此句上有「予嘗見其」四字〔一〕。凡此可證《圖繪寶鑒》乃出是書之後而襲其文，唯將所述家藏之語删去，則是書成於元末之前明矣。顧「吴景長所記」者，畫家人數較是本爲多，且附元代諸家，或爲明人增補之本。

卷首莊肅自序：「予自齠齔及壯年，嗜書成癖。每見奇蹤古蹟，不計家之有無，傾囊倒篋，必得之而後已，否則惙惙若有所遺失，至爲親朋之所竊笑。今老矣，平生所藏固不多，而所見亦不少。第恨炎宋中興以後，畫手率多務工取巧，而行筆傅彩，不逮前人。然姓氏科目，安可廢而不書。矧唐有《畫録》《畫品》《畫斷》，五代有《畫補》，宋有《畫評》《畫志》《畫史》《畫譜》《畫繼》，不特徒識姓名，其間亦寓貶獎。予不自揆，輒作《畫繼補遺》，斷自紹興，終底德祐，分爲二卷，上卷載縉紳暨諸僧道士庶，下卷載畫院衆工。貽諸同好，不無脱略，幸博聞君子爲補成之。大德二年戊戌立夏一日，吴郡蓼塘莊肅幼恭序。」

卷末竹房吾序：「黄君椒陞以明人羅汝文所書《畫繼》及《補遺》一書示予，予以汲古閣本略校一過。其《補遺》二卷，《津逮秘書》所無，乃大德間莊肅幼恭所著者。……其中有與《畫繼》相同者，如千里、晞遠、令穰、令松之屬，其説不妨兩存。余既抄録以附公壽《畫繼》之後，并從臾黄君付諸剞劂，以公同好焉。」

黄錫蕃序：「《畫繼》已有刊本行世，而《補遺》一書向無傳本，即諸家書目中亦未之見。戊申秋仲，借抄於查氏顧顧齋，爲明人羅鳳汝文手抄本也。其自序云……下卷載畫院衆工，然畢生以下諸人似非畫院

〔一〕以上所引《圖繪寶鑒》之文據「中華再造善本」影印上圖藏元至正二十六年刻本，北京圖書館出版社，二〇〇五年。

中者，乃列下卷之末，疑有錯誤，今無别本校正，不敢妄爲改易云。」

國圖藏。

秋聲集六卷

南宋嘉興府華亭縣衛宗武撰。清文淵閣《四庫全書》本。朱絲欄，半葉八行，行二十一字，小字雙行同；白口，單魚尾，四周雙邊。卷首有四庫提要、元前至元甲午（一二九四）張之翰序及衛宗武自序（未署撰時）。卷端題「宋衛宗武撰」。鈐有「文淵閣寶」白文方、「乾隆御覽之寶」朱文方等印。

衛宗武，南宋高宗朝刑部侍郎华亭衛膚敏五世從孫〔一〕，字淇父，號九山。生年不詳，蓋卒於元前至元二十四年（一二八七）。南宋淳祐間任尚書郎，出知常州，後罷歸，閒居三十餘載，以詩文自娱。著有《秋聲集》。傳見正德《松江府志》卷三十等。

《秋聲集》原本久已失傳。明萬曆間《内閣藏書目録》卷三載「《秋聲集》三册全，元至元間衛宗武著，凡十卷」〔二〕；清黄虞稷《千頃堂書目》卷二十九亦著録十卷〔三〕；而明焦竑《國史經籍志》卷五著録

〔一〕元王逢《梧溪集》卷一有《奉題高宗答刑部侍郎衛膚敏詔後爲其七世孫仁近賦》，仁近爲謙子、宗武孫，則宗武即膚敏之五世孫。然據清抄本《衛氏世譜》，衛宗武爲衛公亮之六世孫，而衛膚敏爲公亮弟公望之子。

〔二〕「中國基本古籍庫」製清遲雲樓抄本電子書影。

〔三〕民國二年（一九一三）刻《適園叢書》本。

僅八卷〔一〕。清乾隆間，四庫館臣自《永樂大典》輯出六卷，收入《四庫全書》，爲現存最早、最善之本。另法式善從四庫稿本中抄出前四卷，編入存素堂抄本《宋元人詩集》〔二〕。

是集以文體編次，卷一五言古詩，卷二七言古詩，卷三五言律詩、七言律詩，卷四五言絶句、七言絶句、詩餘，卷五序、記、墓志銘，卷六雜著。卷内留存華亭文士及其著述資料多條，如儲泳《祛疑説》、陸鵬南《候鳴吟編》、柳月澗《吟秋稿》前後二編、錢竹深（即釋窋古）吟稿等。卷首提要評價是集「大都氣韻冲澹，有蕭然自得之趣，蓋胸襟既别，神致自殊，品究在江湖諸集上，且眷懷故國，匿跡窮居，其志節深有足取」。

張之翰序云：「始余爲行台御史道松江，會九山衛公洎其子謙，才一杯而别。後十年來牧是郡，訪九山墓，宿草已六白矣。謙出公《秋聲集》求序，許而未作。又旬歲，屬者暇愈少，請愈力。因思古今騷人多寓意秋聲中，由宋玉《九辨》而下，如李太白有『紫極宫何處聞秋聲』詩，劉禹錫、歐陽永叔有《秋聲賦》，率皆悲時之易失，嗟老之將至，狀其凄清蕭瑟而已。今九山之集取名雖同，而實又有所不同者。昔在淳祐

〔一〕「中國基本古籍庫」製明萬曆三十年（一六〇二）刻本。

〔二〕清存素堂抄本《秋聲集》四卷卷首有法式善《宋元人集抄存序》：「宋元人集，明初流傳各本至今多不可得見，蓋兵火摧殘書之厄亦云甚矣。乾隆三十七年詔開四庫館，各省疆吏所搜采、江浙藏書家所納以及紳士詞臣所進，殊寥寥焉。繼允學士朱筠請，就《永樂大典》各韻採綴成書，而宋元人集著稱於當時者，遂復顯于今之天下。……法式善備員編纂，十年中三役其事，因得借稿本，廣付抄胥，有關繫而世罕傳本，又篇葉較少、易於藏功者，先録之。……閲十五年，得宋人集八十九家，七百七十七卷。」

間，公起喬木世臣，後班省、閫鎮、藩輔，無施不可，此時不獨無此作，亦未嘗有此聲也。及時移物换，以故佚退處於家，不求聞達，舍大篇短章，何以自遣？蓋心非言不宣，言非聲不傳，是知聲之秋即心之秋，心之秋即江山之秋，江山之秋即天地之秋也，聲無窮，秋亦無窮。彼觀是集、讀是序，見山谷所云『末世詩似候蟲聲』，便謂誠然。正所謂癡人前不得説夢，豈真知公者乎。九原有靈，或聞斯言。公諱宗武，字淇父，官至朝請大夫，九山其自號云。至元甲午重九日，張之翰序。」由是推知衛宗武卒年。

衛宗武自序大率發文以載道、不必雕飾以求辭達之旨，繼云：「凡如此者十餘篇，姑附卷末。讀先聖之書，業先儒之業，顧弗克以一語鳴道，化今而善俗，垂後以行遠，乃爲是瑣瑣，且慮其槁之淪腐，而欲與吟編並傳，可憐也已。……」則該序當撰於前四卷已編成而欲增附第五、六兩卷之際。

臺北故宫藏。

流　寓

機緣集二卷

唐吴郡華亭縣寓僧釋德誠等撰。元至治二年（一三二二）法忍寺釋坦等刻本，有抄配葉，一册。半葉六行，行十五字；白口，雙魚尾，左右雙邊。書衣有墨筆書「船子和尚撥棹歌」。卷首鎸元天曆二年靈隱寺住持釋善慶序、元釋坦《華亭朱涇船子和尚機緣》。卷末鎸北宋大觀四年（一一一〇）吕益柔跋、《諸祖贊頌》、南宋嘉熙元年（一二三七）無準叟跋、元至治二年虚谷叟跋、至元三年（一三三七）釋正印跋、釋曇静詩、釋□本詩、釋北磵撰《西亭蘭若記》、釋幻住《推蓬室記》。鈐有「庚申以後次侯所得」朱文方印。

釋德誠（七六九前—八三六）〔一〕，原籍四川遂寧府。師事藥山惟儼禪師三十年，後至華亭，日泛小舟朱涇上，垂釣渡人，因號「船子和尚」。嘗囑同門道吾尋機敏者以傳生平所得。數年後，道吾薦夾山善會禪師往華亭見之。德誠盡傳其道，乃覆舟而逝。傳見南唐釋静等《祖堂集》卷五、北宋釋道原《景德傳燈録》卷十四、南宋釋居簡《北磵集》卷四《西亭蘭若記》、元釋坦撰《華亭朱涇船子和尚機緣》、元釋覺岸《釋氏稽古略》卷三等。

該集首卷爲《撥棹歌》，載釋德誠所撰歌詩三十九首，多爲「七七三三七」句式，與唐張志和《漁父》詞同，間有七言絶句三首。此三十九首最初爲北宋華亭人吕益柔從其父遺編中撿得，刻於華亭風涇之石上。元至治二年法忍寺首座釋坦輯刻本，除收此三十九首外，又以宋投子青、覺海元等禪師及黄庭堅、趙孟堅等人詠船子和尚之詩八十一首彙爲《諸祖讚頌》一卷，附於後。《機緣集》有明萬曆四年（一五七六）華亭超果寺釋智空重刻本。崇禎十年（一六三七），法忍寺釋澄徹又重刻之，增入明幻住禪師、陸樹聲等詠船子詩數首。清嘉慶九年（一八〇四），法忍寺釋漪雲重刻明刊本，又輯《續集》二卷，卷上爲自唐至清諸家詠船子詩，卷下爲自宋至清法忍寺諸禪室碑記，末附釋漪雲自撰《推篷室詩稿》。當代詞學家施蟄存於所藏清嘉慶刻本中録出德誠所

〔一〕今人高慎濤《釋德誠〈船子和尚撥棹歌〉考論》一文，據《祖堂集》《釋氏稽古略》等考釋德誠卒年爲開成元年（八三六），兹從其説。該文又以《祖堂集》卷五考道吾生於大曆四年（七六九），因據同卷「華亭處長，道吾居末」一句，考德誠生於大曆元年（七六六）。兹未知其何以知德誠長道吾三年，姑謂其生於大曆四年前數年。文載《江漢論壇》二〇一〇年一一月刊。

撰三十九首，載於《詞學》第二輯[一]。

釋善慶序：「藥山和尚嗣法者有六人，船子誠師其一也。……朱涇法忍坦、寶二上人以師機緣洎前輩名尊宿偈贊出示，欲余語叙其端。」

吕益柔跋：「雲間船子和尚，法嗣藥山，飄然一舟，泛於華亭、吴江、朱涇之間，夾山一見悟道。常爲撥棹歌，其播傳人口者，才一二首。益柔於先子遺編中得三十九首，屬辭寄意，脱然迴出塵網之外。……因書以遺風涇海惠卿老，俾鑱之石，以資禪客玩味云。」

是本爲該集最早刻本，較之施蟄存所録清刻本，《撥棹歌》諸詩順序不同，且略有異文。如卷内三首七言絶句，是本分别排在第二、第三十八、第三十九首，而清刻本編爲前三首。按，是本第三十八首「二十年來江上遊……」與第三十九首「三十餘年坐釣臺……」似爲德誠總結以往尋覓可傳道者而不遇之經歷，是本置於編末，自有道理。清刻本唯以句式爲據置諸編首，恐不盡適當。又清刻本對個别字句之改動，亦恐有失原味。如是本第一首「有一魚兮偉莫裁，混虚包納信奇哉」，卷首《華亭朱涇船子和尚機緣》所引同，清刻「偉莫裁」作「日迴溯」；又是本「　片江雲倏忽開，翳空朗日若爲哉」，卷首《華亭朱涇船子和尚機緣》所引亦同，清刻改「朗」作「晴」，改「若爲哉」作「絶氛埃」。

另，施蟄存從明楊慎《升庵集》中録《撥棹歌》不載之詩「本是釣魚船上客……」一首。按，此詩宋

[一] 題《漁父撥棹子》，華東師範大學出版社，一九八三年，第一七五—一七八頁。

釋重顯《祖英集》卷上、釋行秀《從容庵録》卷四并引，均署玄沙和尚撰，當爲楊慎誤録。

上圖藏。

邵氏世譜一卷家譜一卷外譜一卷先世遺事一卷先塋志一卷

南宋嘉興府華亭縣寓賢邵桂子編。元刻本，二册。半葉十一行，行大字二十字，小字雙行同；白口，單魚尾，左右雙邊。版心下間有每版字數。《邵氏世譜》卷端題「東陵六十四世孫前進士桂子述」，《邵氏家譜》卷端題「十三世孫前進士桂子述」，《邵氏外譜》卷端題「前進士桂子述，延祐丁巳」。無鈐印。

邵桂子（一二四一—一三二〇）[一]，字惪芳，一字一之，號玄同子，別號雪舟，原籍浙江淳安。咸淳六年（一二七〇）領鄉薦，翌年登張鎮孫榜進士，授修職郎、處州教授。景炎元年（一二七六）解官而歸，以郡守發薦剡關，陞文林郎。宋亡不仕。因娶華亭曹澤之女，移家松江華亭小蒸里之蒸溪，爲斯文領袖者四十年，子孫遂居之。著述猶有《雪舟脞語》（又名《甕天脞語》《雪舟脞談》等）、《雪舟脞録》、《雪舟脞稿》等。《脞語》爲陶宗儀編《説郛》摘録，餘者今未見[二]。傳詳明刻本《邵氏宗譜》卷三、正德《松江府志》卷三十一、嘉靖《淳安縣志》卷十二等。

[一] 正德《松江府志》卷三十一邵桂子傳謂其壽八十二，今以明刻本《邵氏宗譜》載其生卒年爲準。

[二] 《華東師範大學圖書館善本目録（古籍部分）》著録清鮑楹輯《青溪先正詩集》三卷，其中有《青溪玄同子雪舟脞詩》一卷，然該本今不見。華東師範大學圖書館一九六四年鉛印本。

是書卷首有元延祐初年（一三一四）九月邵桂子編《世系表》并跋文，繼爲《邵氏世譜》《邵氏家譜》《石頭源譜》《邵氏外譜》，外譜末有元至大三年（一三一〇）邵桂子撰《故宋承務郎東西運管邵公偕安人吴氏阡表》，繼爲《先世遺事》《先塋志》。以其除本族譜系兼含他系支譜系及表文，且題署年月自至大三年至延祐三年，歷時七載，是書當爲邵桂子所編纂關乎本姓之文獻彙編。元末松江寓賢王逢《梧溪集》卷三有《題邵氏家譜》一首，詩序有「又十一世名桂子，爲宋處州教授，……孫亨貞出示族譜，逢敬題是詩」云云〔一〕，疑所題即是書。

《世系表》末跋文：「九世祖十八□□□□諫村遷居開化鄉之石頭源，五傳至今十四世，十世至十一世猶歲與宗會。舊譜闕而不書。今得宗道應原二第録至圖譜，遂附入，以傳不朽云。延祐初元甲寅秋九月既望，從姪孫桂子拜手書識。」

《邵氏世譜》卷首叙邵氏由來，遠溯周武王時之召康公爲始祖，至漢文帝時名平者凡五十世。正文自邵平起依世叙述，至第一百世唐末時名淵者終。卷末有跋文：「宋初吴越錢王納士，邵氏子孫以其先世唐尚書左僕射易直處州刺史思括……等官誥詣寅卜呈帖，授衣冠，户户在清溪鄉，時宋開寶八年也。」

《邵氏家譜》則係邵桂子本族譜系，自始遷祖名旺者始，至邵桂子之孫亨貞止，凡十五世，每人有小傳，略述生卒年、仕履、婚姻、子嗣等。如世祖旺於唐末自清平鄉富洪里遷居太平之諫村，曾任招官大理評事。

〔一〕 清道光三年知不足齋刻本。

又邵桂子妻華亭曹氏生子名慶孫，出繼舅氏。按，曹慶孫與其祖名應符者，均有著述，閱是譜乃知其家系實不相同，亦可知是譜編於邵氏移居華亭之後。

《石頭源譜》自始寄居開化鄉石源莊之九世祖名誠者叙起，至十四世充、芸等止。《邵氏外譜》含數條邵氏支系，有汪村系、楊村系、龍山系等。

《先世遺事》分篇叙述邵桂子之祖評事公及其父、母、叔等之生平軼事及家中田産樓祠等，描摹先人起居習慣及喜好細致入微，筆端充溢親情。

《先塋志》首有皇慶二年（一三一五）四月邵桂子序，志内詳述其先人塋墓之方位、狀貌等。

國圖藏。

（三）元代

本籍

水利集十卷[一]

元松江府上海縣任仁發編撰，明抄本。半葉十行，行二十四字；無欄綫。卷首有至大元年（一三〇

[一] 是篇據《續修四庫全書》影印本撰寫。

八）二月《浙西水利序》、趙孟頫跋、延祐二年（一三一五）六月許約《跋水利書後》。卷末有佚名題識（闕後半）。鈐有「滄葦」朱文方、「季振宜印」朱文方印等。

任仁發（一二五四—一三二七），字大垚，一字子明，號月山道人。世居華亭縣青龍鎮，元前至元二十九年（一二九二）該鎮劃歸上海縣。宋咸淳三年（一二六七），中鄉試。入元辟宣慰掾，累官浙東道宣慰副使，曾主持疏導吴淞二道及大盈、烏泥二河等。致仕後，筑來青樓、覽輝閣於青龍江畔，遂終老焉。工詩善畫，所繪《九馬圖》《春水鳧鷖圖》等，至今猶存。傳詳其墓志銘〔一〕、元王逢《梧溪集》卷六《謁浙東宣慰副使致仕任公及其子台州判官墓》後序〔二〕、弘治《上海志》卷八、正德《松江府志》卷廿八、清柯紹忞《新元史》卷一百九十四本傳等。

是書各卷大致關乎興繕水利之事，然内容實較駁雜。卷一含大德二年至八年（一二九八—一三〇四）、泰定元年至三年（一三二四—一三二六）間有關設立都水庸田使司、行都水監及開江立閘、添加人力等事之咨文，均非任仁發所撰，蓋因其主事而録入。卷二爲任仁發所撰之《水利問答》，擬問答二十條以明辨修浚吴淞江及設立行都水監之必要性與方法，所謂「治水三要」即見於此篇〔三〕。卷三起首摘録《尚書》及《周禮》

〔一〕銘文見宗典《元任仁發墓志的發現》，《文物》一九五九年第一一期。

〔二〕該序誤任仁發名作「霆發」。

〔三〕卷二内容之概括參考劉春燕《元代水利專家任仁發及其〈水利集〉》一文，《上海師範大學學報》二〇〇一年第二期。

中關乎治水之片段，其下爲至元二十八至三十年（一二九一—一二九三）臣僚建言水利事之奏疏等。卷四、卷五爲大德八年至十一年（一三〇四—一三〇七）任仁發所主水利工程之相關公文奏議，其中大德八年疏浚澱山湖、大德十一年疏浚太湖及增添人力之奏疏當出任仁發之手，卷五末附入至大二年（一三〇九）浙東道宣慰使李中奉言吴淞江利病文一篇。卷六、卷七爲宋人關於浙西水利之史料摘録，有出自范成大《吴郡志》、蘇軾奏進之單鍔《吴中水利書》以及《宋會要》等之文，卷七末附《浙西切要河港》。卷八復爲水利相關之公文，上至前至元三十一年（一二九四），下迄大德十一年，蓋非任仁發所擬。卷九《稽古論》擇録兩宋人有關治水、修塘、圩田等事之詩詞雜文，而其首論歷朝治水得失一段當爲任仁發所撰。卷十《營造法式》實爲任仁發之治水工程方法論，多引《周禮·考工記》《唐六典》等書之記載，并結合實際經驗。

是書多見異名。正德《松江府志》、《千頃堂書目》等著録爲《水利書》。明《文淵閣書目》卷四有「水利集十册」、「水利集七册」，或即佚名題跋所謂閣中之抄本及元刻者。《内閣藏書目録》卷五著録：「《水利文集》十卷，全。元大德間都水少監任仁發以吴松江故道堙塞、震澤泛濫爲浙西害，乃上疏條利病疏導之法，凡十卷。」〔二〕《欽定四庫全書總目》卷七十五史部地理類存目則曰：「《浙西水利議答》十卷，《永樂大典》本，一名《水利文集》。……明梁惟樞《内閣書目》云『大德間都水少監任仁發，以吴松江故道堙塞，震澤泛濫，爲浙西害，乃上疏條利病疏導之法，凡十卷。前有仁發自序，又有許約、趙某二跋，末附

〔一〕「中國基本古籍庫」所製清遲雲樓抄本電子書影。

宋郟亶及其子喬水利議』。」

今觀是本，《水利答問》僅占一卷，不過五六千字，所謂「治水三要」已見於其中，且任仁發自跋、趙孟頫跋皆未云有十卷，或其本身實爲一篇長文。則是書或爲後人取《水利答問》一文與其餘文稿、摘録兼與其相關之公文材料，編次而成十卷。元代有刻本，今則未見。

任仁發序：「三江達海之道，堙塞不通。浙西數郡之内，每遭雨溢，則江湖數百里膏腴之水田，皆爲魚鱉之鄉，或值旱乾，則枕江千萬頃沃湖之陸地，盡作蒿萊之境。蓋無河港、圍岸、牐竇爲之隄防蓄洩之備也。……大德八年，設立行都水監，朝廷以爲利，群議以爲害，工役未興，謗議先起，形聲附和，沮撓百端，不容盡人力而爲之。未及三年，卒廢弗置。……舍本不爲，愚甚惑焉。故摭議者之論而爲之鈞，以俟明識之士，倘推由己之，必授極溺之乎？覽其辟而惟其意，取至有利於民者，舉而行之，非惟浙右之奉〔一〕，亦國家天下之大幸也。」

趙孟頫跋：「都水少監任公出示《水利議答録》，似讀數過，蓋摭議者之言，答議者之問，講究精詳，議論超卓，治水之方略，井井有條。……録中所載治水之法，其要有三，一曰濬江河以洩水，二曰築堤岸以障水，三曰置牐竇以限水，……捨此三者而言治水，未之信也。……僕嘗詳閲水利議答之録，推原當時開江之榮，事未成而謗興，事已遂而利博。……今日佩都水印綬者，能以任公憂民之心爲心，以任公治水之法爲法，倣而行之，守而勿失，千載猶一日也，何患不能久乎？故并及之，以俟來者。」

〔一〕「奉」，疑當作「幸」。

許約跋：「是書爲導江澤，爲世法。水利邊防，胡學設科條以誨人，良有以也。」

佚名題識：「《水利集》十卷，前七卷是元刻，後三卷即閣中亦是抄本矣。江南頻年數水旱，今上七年至今，其有年不過三四年耳，其盡天災耶，亦人事不修之故也。錢氏、趙氏立國江南，其勤於水利，無怪矣。自鐵木氏起於朔野，胡漢一家，無有邊費，則貊道也，雖不講治水亦無不可，乃張官置吏，專董其役，至興千萬之功，費百萬之□，以從事於溝洫，使民得粒食。我國家以□□爲根本，輒數十年不理江南水道，致令歲歲苦於乾潦，非徒病民，抑亦屬國矣。録一册歸，以示先憂如文正者。時□（按，以下闕）」

上海師大藏。

佛祖歷代通載二十二卷

元松江府華亭縣釋念常撰。元至正七年（一三四七）釋念常募刻本，二十册。半葉十行，行大字二十字，小字雙行同，黑口，雙魚尾，左右雙邊，部分葉有天頭欄。版心上鎸每版字數。卷首鎸元至正元年（一三四一）六月虞集撰《佛祖歷代通載序》、至正七年五月念常自撰《佛祖歷代通載略例叙》。各卷卷首有目録。卷末鎸《至元法寶勘同總録》序言一篇，撰者似爲元平江路卧佛寺住持釋傳教，然未知與是書有何關聯。後鎸元至正三年釋本無、釋正印及徑山守忠所撰《佛祖歷代通載後序》。虞集序末有刊記「板留嘉興城東／雲門庵印行」；卷一首葉首行又有「吴郡宋顯卿刊」一行。卷端題「嘉興路大中祥符禪寺住持華亭念常集」。卷一至十七每卷末有「比丘一清書」一行，鈐有「安樂堂藏書記」朱文長方、「明善堂所見書畫印記」白文長方、「東郡楊氏宋存書室珍藏」白文方、「紹和筠岩」朱白文方、「宋存書室」朱文方、「東郡楊紹和彦合珍藏」朱文方、「瀛海僊班」白文方，正文卷一首葉鈐「東郡宋存書室珍藏」朱文長方、「彦合珍玩」朱文長方、「東郡楊氏鑑藏金石書畫印」白文長方、「楊保彝藏本」朱文方印等。

釋念常（一二八二—？），本華亭黄氏子，出家後號梅屋，臨濟宗楊岐派大慧宗杲系僧人。年十二，依圓明院僧體志出家，元貞元年（一二九五）薙髮受具，弱冠時遊江浙大叢林，博究經律。至大元年（一三〇八），往杭州净慈寺，拜入佛智晦機和尚門下。延祐三年（一三一六）始任嘉興路大中祥符禪寺住持。至治三年（一三二三），應選赴京繕寫金字藏經，是書即於寫經之暇始編。後至萬壽寺説法，至正初尚在焉。傳詳元釋覺岸《華亭梅屋禪師本傳通載序》、明釋明河《補續高僧傳》卷十八《護法篇》釋念常本傳等。

是書爲通代編年體佛教史籍。卷一轉録《景德傳燈録》中之《七佛偈》、元帝師八思巴撰《彰所知論》之《器世界品》與《情世界品》，卷二自太古諸君、三皇、五帝至西周武王，卷三自西周昭王至東周威烈王二十三年，卷四自東周威烈王二十四年至東漢明帝，卷五自東漢章帝至三國末，卷六自西晉始至東晉簡文帝，卷七自孝武帝至東晉末，卷八爲南朝宋、齊，卷九梁，卷十陳、隋，卷十一至十七爲唐、五代，卷十八至二十爲兩宋，末二卷爲元朝，至元順帝後至元四年止。據考證，其中自卷三起述達摩以前之西天二十八祖，悉抄《景德傳燈録》，自漢明帝至五代一段，史料及叙論又大多抄自南宋釋祖琇所撰《隆興釋教編年通論》，其所自纂者，僅宋元兩代耳。然則是書自成體例，統以干支紀年，又爲佛教傳承中重要僧侣人物作傳，并存録大量佛教相關之碑銘序記等史料，補充政教史事，抄録前人著作時亦自行調整增删，總體仍可稱完備〔一〕。念常生長華亭，於華亭寺廟僧侶亦多留意，如北宋釋惠辯、南宋釋可觀等生平事蹟，均賴是書以知。

是書自至正七年初刻後，有翻刻本數種。現知最早爲明宣德五年大慈恩寺刻本，嘉靖二十四年李元善重修此本〔二〕。其後有萬曆四年吴郡壽山庵刻本及萬曆六年釋性月募刻本，其底本均爲宣德刻本或更晚之本。明永樂十八年至正統五年編刻之《永樂北藏》收入是書，重分爲三十六卷，此後收入是書之《大藏經》，如《嘉興藏》《清藏》《頻伽藏》及《續藏經》等，均沿襲該分卷系統。清《四庫全書》收入是書二十二卷本，然無天頭欄，僅留虞集序，其餘序跋、牌記皆撤去，卷内亦多有删削，末卷至至順三年（一三三二）臨壇大德律師條即止，《四庫簡明目録》謂其以萬曆五年釋性月募刻本爲底本。

卷首虞集序：「記載之書，昔有寶林等傳，世久失傳，而《傳燈》之録，僧寶之史，僅及禪宗。若夫經論之師，各傳於其教，宰臣外護，因事而見録，豈無遺闕。近世有爲《佛祖統紀》者，擬諸史記，書事無法，識者病焉。時則有若嘉興祥符禪寺住持華亭念常，得臨濟之旨於晦機之室。禪悦之外，博及羣書，乃取佛祖住世之本末，説法之因緣，譯經弘教之師，衣法嫡傳之裔，正流旁出，散聖異僧，時君世主之所尊尚，王臣將相之所護持，論駁異同，參考訛正，二十餘年，始克成編，謂之《佛祖歷代通載》。」

〔一〕關於是書來源、體例及内容之論述評價，參考陳垣《中國佛教史籍概論》，中華書局，一九六二年，第一四五—一五〇頁；陳士强《大藏經總目提要・文史藏》，上海古籍出版社，二〇〇八年，第二〇二—二一〇頁。

〔二〕參見沈津《美國哈佛大學哈佛燕京圖書館中文善本書志》中該重修本之書志，上海辭書出版社，一九九九年，第四九九頁。

念常自序：「至治癸亥應選赴京，繕寫金字藏經，觀光三都之勝，游禮五台，竊謂衰晚，無庸遯跡，閒散暇日，檢閲内外典籍，概念宗門紀載之書散雜浩繁，可知次序，故以時君年代紀教門事實，世道污隆，法運通塞，如指諸掌，庶便討論。敬輯帝師所説《彰所知論》冠於篇首者，尊今也。吾佛未生以前時代，本不與書，欲便初學，故自太古始。其於帝王即位、改元、崩殂、僭國之君及宰臣護教尊法者，略見始末，餘不書。帝王於聖教有所御製，及大臣碩儒撰述，其間有關涉教門者，亦皆具載，其於僧道對枏論辯，詳書以備參考。世尊示滅凡百年一書，栴檀像及教流東土之年仿此，以至佛祖傳法偈，或疑無翻，蓋未之考，今詳著於梁大同六年之下。若夫教門事要，異同訛正，略加考定，存其信實，芟其浮僞。據諸書摭集，統而成編，命曰《佛祖歷代通載》，一依本傳，不以私臆謬加論辯一二。」

卷末釋沙門、釋正及徑山守忠後序，大體皆謂是書事要該備，有補於法門。

念常序後及卷一、十五、十九、二十、二十一末録募刊及助刊者。如念常序後爲：「比丘念常回施平江路治中也先不花相公看藏經寸錢壹拾定，刊《通載》一卷，功德祝貢相公辛巳本命星官、夫人忽都的斤壬午本命星官、合家本命星官，伏願紫綬金章，永股肱於王室，芝蘭玉樹，盈軒蓋於高門。」其餘助刊者有平江路舍人文壽、中吴萬壽寺住持釋良弼、寶幢寺住持釋紹隆、惠日住持釋明玉、龍興寺住持釋慶閒、平江路妙湛寺住持釋如海、釋智深等。

是本天頭欄内容主要有三。一爲干支紀年，一般爲陽文，凡遇「甲子」或「甲」輒刻作陰文。一爲注音，以同音字注或反切方式。一爲重大事件提示，如卷二帝舜有虞氏「丙辰攝位」、卷三周昭王二十五年

（前九七六）「世尊右肋而生」等，蓋爲提綱挈領，便於初學。

卷十八葉一上、葉十二上有手書眉批。前者頂端遭裁切，蓋述宋真宗大中祥符五年爲聖祖玄郎及聖母加尊號事；後者引《宋史》列傳，述秦王廷美改封魏王事，糾《通載》以魏王爲太祖少子德芳之誤。

國圖藏。

佛祖歷代通載二十二卷存十九卷

元松江華亭釋念常撰。明宣德五年（一四三〇）大慈恩寺翻刻元至正七年（一三四七）刻本，存卷一、卷四至卷二十一，十四册。行款及卷端題名俱同至正刻本，天頭欄略有不同，如至正本卷一葉一、二有天頭欄而是本無。卷首鐫至正元年六月虞集《佛祖歷代通載序》、至正四年（一三四四）三月釋覺岸《華亭梅屋常禪師本傳通載序》、《佛祖歷代通載凡例》、《佛祖歷代通載目録》。卷端題「嘉興路大中祥符禪寺住持華亭念常集」。鈐有「四明沈氏雙泉草堂珍賞印」朱文方、「吴興抱經樓藏」朱文方、「古司馬氏」朱文方、「天一閣」朱文方、「涵芬樓藏」白文方、「慈溪氏鑒藏書畫之章」朱文方、「慈溪沈德壽鶴年氏甲申以來所見之書畫藏於雙泉草堂及□□載中」朱文方印等。

是本内容基本同元至正刻本，二本之區别：第一，是本卷首增覺岸序及凡例，而無念常自序及卷末《至元法寶勘同總録》序言；第二，是本虞集序末、正文首葉皆無刊記，僅卷四末有「比丘一清書」，蓋爲誤存；第三，是本二十二卷目録統一置於卷首，而非如至正刻本分於每卷之前，且排版、文字均有出入，如至正本卷一目録「情世界總有六種」下有小字注「地獄餓鬼傍生人道非天天道」，是本則無，又至正本卷二於「有巢氏」、「燧人氏」等題下皆注傳承世數，是本亦無；第四，正文亦有不同，如至正本卷一葉七下天頭欄有音注「搋，特計」，是本無，又是本卷八末增《貫休禪師題十八賢影堂詩》一首，卷十九末增「夫自古世間之事無有大如生死者，若欲免之，在修乎六度萬行，而能廣之者，惟佛與祖也，佛祖之要，先賢集以成書，目之曰《通載》，庶募之者循而行之，至乎死生之際，得其自在矣，可不信歟」及宣德五年六月永寧寺住持釋大海題識一段；第五，助刊者異於至正刻本，如卷一末鐫「南閩雲水比丘止德助利」及「宣德五年歲次庚戌十月初吉日大慈恩寺首座比丘廣議洪興謹募衆緣重刊流通」，卷四、五、六、十二、十三末亦鐫助刊者。

卷十九末釋大海題識：「聖朝鎮朔將軍總兵官榮禄大夫譚公月庭……聘余於吴興弁山白蓮隱居來主永寧之席。會公於宣府，乃言及京都善信重刊《通載》板，乏力未克就。公即欣然施財，完此卷至乎末卷。予觀公之見義勇爲，可謂不忘佛之付囑金湯吾教者也。因筆其概，爲後之勸云。」

是本凡例共十二條，其中第二至第八條及第十一條語句與至正刻本内念常自撰略例甚爲相似，或爲翻刻者據該序加以總結，又忖覺岸傳序及凡例既可概括念常自序内容，故將自序删去。凡例第一條：「世祖皇帝玉音一百段，出《弘教集》，實帝師大臣欽承對旨，謹置於編。」第九條：「諸祖事實備載於示寂之年，仿先經終義之例。」第十條：「屏山居士《鳴道集》説凡二百一十七篇，今録一十九篇，蓋彰其見識耳。」第十二條：「太史公《史記》稱黄帝三十八年命風后定甲子，始因而編之，隨年列爲横曆於上。」

卷末有墨筆手書題識：「《佛祖通載》二十二卷，余甲申仲冬在吴越所得，餘二十一卷，尚缺一卷，一十五册，此書於世所罕見，故以存之。 皕叢主人。」則其藏時卷二、三尚在。

國圖、山東藏[二]。

佛祖歷代通載二十二卷

元松江華亭釋念常撰。 明萬曆四年（一五七六）吴郡王明義刻本，二函十六册。 半葉十行，行大字二十字，小字雙行同； 白口或黑口（黑口有： 陸光祖序，卷一葉一、二，卷二葉八、十三、十四，卷二十葉一、二、七至十二，卷廿一葉二十四、二十五），單魚尾，左右雙邊，正文每葉均有天頭欄。 版心下偶鎸刻工名： 陸光祖序第一葉「吴郡王明義刻」； 卷一葉一「王刻」； 卷十五葉廿六「沙門法振助」。 卷首有明隆慶四年（一五七〇）二月朔陸光祖撰《贈真空上人募緣重刻佛祖通載序》、元至正元年（一三四一）六月虞集《佛祖歷代通載序》、萬曆六年（一五七八）陸光祖與性月往還書信、至正四年（一三四四）三月釋覺岸《華亭梅屋禪師本傳通載序》、《佛祖歷代通載凡例》及《佛祖歷代通載目録》。 卷端題「嘉興路大中祥符禪寺住持華亭念常集」。 卷末鎸至正三年（一三四三）十月沙門本無《佛祖歷代通載後序》，至正三年比丘正印、徑山守忠題識。 卷一、卷二、卷十三、卷十八、卷二十至二十二末分别有刊刻牌記[三]，所記助刊人有吴郡壽山庵沙門性月、釋

[二] 山東省圖書館著録該本爲元至正刻本，郭立暄據《山東圖書館館藏珍品圖録》該本書影與國圖藏至正刻本比對，鑒定該本乃宣德翻刻本。 詳見《明代的翻刻及其收藏著録》，《文獻》二〇一二年第四期。

[三] 上圖藏本卷一後半葉被割去，卷二、卷十三、卷十八末牌記模糊，下文所記均參照國圖藏本。

通印、朱海滔、臥佛寺住持德性、徑山傳衣庵沙門明得、平湖天心院居士陸光宅、□□□章志同其妻孫氏、壽山庵沙門法振、信女趙氏、信士馮時康、信童馮祖劉、信士蔣紹文、信女張氏、朱氏、信童馮翰、馮志、馮翹、馮翔、周官、阿住滿郎、平湖信官陸光祖等。

卷一末蓮花座牌記：「隆慶五年歲次辛未正月吉日，吴郡壽山庵沙門性月同徒孫通印、道友朱海滔、臥佛寺住持德性同出己貲，助刻第一卷，永遠流通。」

卷二十二末王明義刊刻牌記：「吴郡城西濠南壽山庵比丘性月，以僧臘垂邁，於衆善奉行南京太常平湖陸公一日偶過精舍，談道之餘，論刻《佛祖通載》，蒙出俸錢相助。因募十方財施并抖青囊藥資，校讎刊印，版留本庵。伏願十方緇素、四衆智愚，皆超法海之波瀾，同到菩提之彼岸。時萬曆四年五月穀旦也，邑人王明義刻。」

陸光祖《贈真空上人募緣重刻佛祖通載序》：「書舊刻於嘉興祥符寺，今不傳。余方外友明得禪師有藏本，以畀姑蘇月上人。上人復假得善本校定，將募緣重梓，而乞言於余。」

陸光祖與性月書：「承上人勤作佛事，廣饒利益，既刻《金剛》《楞嚴》《禪源》《止觀》諸經，書聞復發願，將刻《佛祖通載》。若上人者，真今世緇門之麟鳳矣，敬服敬服。有家藏書本奉往抄録，内多脱逸及訛字，幸更覓善本校正之。書計廿二卷，作十册，草草不備。」性月復書：「性月夙生有幸，得預空門，……向刻《楞嚴》諸典，然《佛祖通載》未嘗見焉。承今太常陸翁親製募文，復出玆典，捐俸樂助工完，仍將示翰續於序後。展卷諸賢，當知陸翁拳拳護法之心，唐宋裴、張亦莫逾其右者。」書末有「長洲郭昌言梓」

一行。

按，是本當據明宣德五年刻本翻刻，目録、正文均與之同。元至正本卷一葉七下天頭欄音注「㨖，特計」是本亦無，而是本卷八末亦有《貫休禪師題十八賢影堂詩》一首，卷十九末亦有「夫自古世間之事……可不信歟」一段及宣德五年六月永寧寺住持釋大海題識。另，是本卷二十二「癸酉，今上皇帝萬萬歲，六月初八日登寶位，改元統元年，札請公哥兒監藏班藏卜爲帝師」條後爲「旃檀瑞像自周穆王庚寅止元統元年計二千三百二十四年、世尊示滅自周穆王壬申止元統元年計二千二百八十二年、大教東被自東漢明帝戊辰止元統元年計一千二百六十六年」三行，即爲卷二十二末，異於元至正刻本。

上圖、國圖藏〔一〕。

佛祖歷代通載二十二卷

元松江華亭釋念常撰。清抄本，清康熙二年（一六六三）翁澄批注，十六册。第一册書衣題「佛祖通載十六册」。半葉十行，行大字二十字，小字雙行同，無欄綫。版心無字。卷首有元至正元年（一三四一）六月虞集《佛祖歷代通載序》、明隆慶四年（一五七〇）二月陸光祖《贈真空上人募緣重刻佛祖通載序》、

〔一〕是本上圖書目著録爲「明隆慶四年至萬曆六年釋性月募刻本」，國圖書目著録爲「明萬曆四年吴郡壽山庵刻本」，實爲同版，今據卷末萬曆四年王明義刊刻牌記著録。

萬曆六年（一五七八）陸光祖與性月往還書信、至正四年（一三四四）三月釋覺岸《華亭梅屋禪師本傳通載序》、《佛祖歷代通載凡例》及《佛祖歷代通載目録》。卷端題「嘉興路大中祥符禪寺住持華亭念常集」。卷末有元至正三年（一三四三）十月沙門本無《佛祖歷代通載後序》，至正三年比丘正印、徑山守忠題識，其後有清康熙二年（一六六三）翁澄手書題識。卷二、卷十三、卷十八、卷二十至二十二末分別有刊刻牌記，同萬曆四年（一五七六）王明義刻本。鈐有「趙不騫印」白文方、「次侯所藏」朱文方、「舊山樓」朱文方、「曾在海虞沈氏希任齋」朱文方、「彦民過眼」朱文方印等。

卷末翁澄題識：「康熙二年癸卯六月七日，常熟翁澄閲。」是本當據萬曆四年王明義刻本所抄，除釋性月書信後無「長洲郭昌言梓」、卷一末無助刊牌記外，其餘内容蓋與彼本相同。卷内有朱筆圈點及朱筆、墨筆批校，多補正史實，以字跡而觀均爲翁澄手筆。如卷四「甲申劉盆子」下原注「太山式人，陽城王章之後，憲武侯萌之子。初與樊崇起莒，皆朱眉，破莽，建武三年降於光武，遂封趙王」，朱筆補充作：「太山式人，城陽王章之後，祖憲爲式侯，父萌。嗣位，莽時國除，與樊崇起莒。天鳳三年立爲帝，年十五，改元建世，入長安，殺更始。建武三年降於光武，以爲趙王郎中。」又卷廿二原文「（至治三年）八月四日上崩（按，謂元英宗碩德八剌）」，墨筆改「上崩」爲「御史大夫帖失等弑帝」。後一行「甲子改泰定」墨筆於其下注「泰定帝也孫帖木兒立，甘麻剌長子，襲父封晉王。帖失等伏誅。召圖帖睦爾還，封懷王，從雲南。」又後一行天頭補「乙丑，命懷王出居建康」。所注之史事，多爲正史所不載者。

上圖藏。

佛祖歷代通載三十六卷[一]

元松江華亭釋念常撰。明永樂十八年（一四二〇）至正統五年（一四四〇）刻萬曆續刻《永樂北藏》本，「畝」至「黍」函。每版五分葉，每分葉五行，行大字十七字，小字雙行同；上下單邊。單數葉第一分葉後鐫葉數，雙數葉第二分葉後鐫葉數。卷首鐫元至正元年六月虞集《佛祖歷代通載序》、至正四年三月釋覺岸《華亭梅屋禪師本傳通載序》、《佛祖歷代通載凡例》。卷端題「嘉興路大中祥符禪寺住持華亭念常集」。

《大藏經》系統本以是本爲開端。其分卷以二十二卷本之目録爲卷一，卷一爲卷二，卷十一以下每卷分爲二卷，卷二十二分爲三卷。卷内無刊記、牌記、音注及大事提要等。卷八末無《貫休禪師題十八賢影堂詩》，卷十九末無「夫自古世間之事……可不信歟」一段及宣德五年六月永寧寺住持釋大海題識，卷二十二末爲「癸酉，今上皇帝萬萬歲，六月初八日登寶位，改元統元年，札請公哥兒監臧班臧卜爲帝師」條及「旃檀瑞像字周穆王庚寅止元統元年計二千三百二十四年、世尊示滅自周穆王壬申止元統元年計二千二百八十二年、大教東被自東漢明帝戊辰止元統元年計一千二百六十六年」三行。

故宫、中國佛教圖書文物館、北京廣化寺、天津、太原崇善寺等處藏。

[一] 是篇據綫裝書局二〇〇八年影印北京故宫博物院藏《永樂北藏》第一百九十、一百九十一册撰寫，原帙行款據第一册楊牧之《〈永樂北藏〉重印序言》，第三頁。

青樓集一卷

元松江府華亭縣夏庭芝撰。清初錢氏述古堂抄本，與《教坊記》《北里志》合一册。烏絲欄，半葉十行，行十八字；白口，無魚尾，左右雙邊，欄外鎸「錢遵王述古堂藏書」。卷首有元至正二十四年（一三六四）郝經序，卷末有元至正二十六年（一三六六）夏邦彦跋。卷端題「雪蓑釣隱輯」。鈐有「黄氏如斑之印」朱文橢圓、「鐵琴銅劍樓」白文長方、「稽瑞樓」白文長方、「席復滉字元韓」朱白文長方印等。

夏庭芝（一三二五？—一三八九？）[一]，字伯和，號雪蓑。華亭富家子，後經張士誠據吴之亂，家漸敗。性慷慨，千金買笑，風流蘊藉。好藏抄書籍，其書室號「自怡悦齋」，世亂後更號「疑夢軒」。文章妍麗，所作以樂府爲多，惜大多散佚，獨存其爲當世諸藝人所撰傳略《青樓集》。傳見明無名氏撰《録鬼簿續編》，及《青樓集》卷首郝經、張擇等人序。

該著共一百一十餘條，或人各一條，或數人合爲一條，記元時戲曲演藝者近一百二十人之生平事跡，而

[一] 夏庭芝生年有争議。陸林《夏庭芝生年及〈青樓集〉寫作時間考》一文據《青樓集》諸序及明陶宗儀詩《正月二十有六日余與邵青溪張林泉會胡萬山夏雪蓑俞山月高彦武張賓暘于佘北踰嶺而南訪陳孟剛席上分韻得船字》等材料，綜合判斷夏約生於一三二五年，而《青樓集》約成於一三五九年，立論頗爲翔實，今從之。《中華戲曲》二〇〇二年第二期。關於夏之卒年，陸林《夏庭芝生年及〈青樓集〉寫作時間考》一文通過對上述陶宗儀詩中「三老」與「多士」生活年代之考證，認爲夏於一三八六年尚在世。馬素娟、趙晶《夏庭芝的生卒年及〈青樓集〉的成書時間考》一文在陸文基礎上補充了昌彼得《説郛考》中關於陶宗儀與「多士」之一胡萬山主要交往時間在一三八九年左右這一證據，從而認爲夏於一三八九年尚在世。《國家林業局管理幹部學院學報》二〇〇六年第四期。

着重於其所擅角色、演技，與《録鬼簿》同爲元代戲曲研究之珍貴史料。夏氏自撰《青樓集志》述該著緣起：「仆聞青樓子芳名艷字，有見而知之者，有聞而知之者，雖詳其人，未暇記録。乃今風塵澒洞，郡邑蕭條，追憶舊遊，恍然夢境，於心蓋有感焉。因集成編，題曰《青樓集》。遺忘頗多，銓類無次，幸賞音之士，有所增益，庶使後來者知承平之日，雖女伶亦有其人，可謂盛矣。」[一] 可知其著成於亂後，并經增訂，而揚州夢覺之意，自在集外。

該著初成約在張士誠據吴後不久，定稿約在至正二十六年[二]。今見抄本若干種，主要可分爲兩個系統。其一，明佚名輯《説集》本與清趙魏抄校本。該二本均共七十條，記一百二十人事跡，卷内文字亦較相似。而清趙魏抄校本較《説集》本多明張肯叙一篇，且卷首《青樓集志》題署時間與《説集》本不同。其二，明陸楫輯《古今説海》本、《説郛》百二十卷本、《緑窗女史》本、《續百川學海》本、清初錢氏述古堂抄本、清葉德輝編刻《雙楳景闇叢書》本。其中《説郛》《緑窗女史》《續百川學海》本實爲相同版片所印。此諸本所載共七十三條，記一百一十七人事跡，與上述二本序次有所不同，各有未見載於對方

〔一〕録自孫崇濤等箋注《青樓集箋注》，中國戲劇出版社，一九九〇年，第四三—四四頁。

〔二〕《青樓集》成書之年亦有爭議。明抄《説集》本《青樓集志》末署「至正己未春三月望日録此」，孫楷第《元曲家考略》以「己未」爲「乙未」即至正十五年末，然其時張士誠尚未據吴，與該集撰著緣起不合。陸林《夏庭芝生年及〈青樓集〉寫作時間考》據清趙魏抄校本《青樓集志》末署「至正庚子」即至正二十年，提出「己未」或爲「己亥」之誤，即該集初稿或成於至正十九年，可備一説。而張擇序、夏邦彦跋均撰於至正二十六年，觀其文意，是時該集已然定稿。

者若干條，均載者文字差異亦較顯著；且較上述二本卷首少張擇序、夏庭芝自撰《青樓集志》，卷末少朱武跋文。除二系統外，明梅鼎祚編《青泥蓮花記》亦擇録該著共十七條，其文字與以上二系統各有異同，可資校勘〔二〕。

是本《鐵琴銅劍樓目録》著録，謂其楮墨精絶。較之《雙梅景闇叢書》本，文字大致相同，其異處如是本「南春宴」後「李心心」等文另作一條，又是本「趙偏秀」，彼本「秀」作「惜」，等等。而較之《説集》本，多于盼盼、閩童、鸞童、李真童、一分兒、燕山秀、荆堅堅、孔千金等人事跡，另《説集》本「袁當兒」一條有目無文。此外有較多異文。如卷首郲經序，「百年未幾，世運中否」下，是本作「士失其業，志則鬱矣，酤酒載嚴，詩禍叵測，何以紓其愁乎？小軒居寂，惟夢是觀」，而《説集》本作「黠堅稱爵，鴟義賞功，岩駭林竅，嘉遯無所，故眥者賈焉，曠者變焉，恥言乎而舉同流俗矣」；又「且徵序引」下是本多「其志言讀之，蓋已詳矣，余奚庸贅」，按，此處「志」蓋指《青樓集志》。卷内「朱錦繡」條記朱氏夫侯要俏，有「侯又善院本，時稱負絶藝者」句，《説集》本不見；又「李嬌兒」條，是本「姿容姝麗……至今歌館以爲盛事」，《説集》本作「姿容風格，妙於一時……張奔兒爲『温柔旦』，李嬌兒爲『風流旦』」，此或爲初稿

〔二〕版本源流參考中國戲曲研究院編《中國古典戲曲論著集成》之《青樓集》提要（中國戲劇出版社，一九五九年，第二册，第三—一三頁）及孫崇濤等箋注《青樓集箋注》前言（第一—二〇頁）。

與改稿之異，而兩處文字實各有價值[一]。

卷首郗經序：「商顔黄公之裔孫曰雪蓑者，携《青樓集》示余，且徵序引。其志言讀之，蓋已詳矣，余奚庸贅。竊惟雪蓑在承平時，嘗蒙富貴餘澤，豈若杜樊川贏得薄倖之名乎？……揚州舊夢，尚奚憶哉？今雪蓑之爲是集也，殆亦夢之覺也。不然，歷歷青樓歌舞之妓，而成一代之豔史傳之也。雪蓑於行，不下時俊，顧屑爲此，余恐世以青樓而疑雪蓑，且不白其志也，故并樊川而論之。」卷末夏邦彦跋：「羅春伯《聞見録》載陳了翁《題蔡奴像》，曰：『觀全盛時風塵中人物尚如此，嗚呼盛哉。』余於青樓集不無感云爾。」

國圖藏。

青樓集一卷[二]

元松江府華亭縣夏庭芝撰，明佚名輯，明抄《説集》本。藍行格，半葉十一行，行二十四字，黑口，雙魚尾，四周雙邊。卷首有郗經序、至正二十六年（一三六六）張擇序、夏庭芝《青樓集志》[三]；卷末有朱武

[一] 是本與《説郛》本之異文情況，參考《中國古典戲曲論著集成》本《青樓集》及孫崇濤等箋注《青樓集箋注》之校勘成果。

[二] 是篇據《續修四庫全書》影印中科院藏明抄《説集》本撰寫。

[三] 影印本未見二序及志，兹據《中國古典戲曲論著集成》第二册《青樓集提要》等資料著録。

跋。無鈐印。

是本較上述另一系統本多記賽金帶、張順童、末里吟、芙蓉、瓊花旻、小國秀、張森奴、張童童、王玉英、重陽景等人事跡。其餘條目中較另一系統本者多出文字，如《珠簾秀》條「故馮以簾寓意」下是本多「關已齋亦有《南吕》數套，梓於《陽白雪》，故不録出」，又《聶檀香》條多「小踼官埸，世爲魁首，吕寶相二舍爲妾」一句，等等。

卷首張擇序述夏庭芝生平頗詳，其中言其「方妙歲」後「厥一紀」恰逢「東南兵擾」，成爲考證夏氏生年之重要依據。

夏氏自撰《青樓集志》略叙自唐至元之戲曲源流及元雜劇之主要角色、劇目，其後述該著緣起。

中科院藏。

圖繪寶鑑五卷補遺一卷續補一卷

元松江華亭夏文彦撰。元至正二十六年（一三六六）刻本，清葉德輝題識，四册。半葉十一行，行大字二十字，小字雙行二十或四十字；黑口，雙魚尾，左右雙邊。卷首鎸元楊維禎《圖繪寶鑑序》（闕第四葉）、元至正二十五年（一三六五）七月夏文彦自序。卷端題「吴興夏文彦士良纂」。鈐有「王洄之印」白文方、「王宛仲」朱白文方、「桐溪」朱文長方、「書月齋」朱文長方、「程氏家藏」白文方、「别是閒滋味」朱文橢圓、「郎園」朱文方、「葉德輝」白文方、「葉德輝鑒藏善本書籍」朱文方、「雙劍誃」白文方、「于省吾印」

朱文方、「省吾私印」白文方、「未兆廬藏書」朱文方、「芙蓉江上人家」白文方印等。

夏文彦，字士良，號蘭渚生。生卒年不詳，約較楊維禎稍晚，而與陶宗儀同時。其先世爲湖州長興人，自其祖夏椿始遷至華亭，因救濟邑民，朝廷表其門曰「義士」并旌其家，世遂以「雲間義門夏氏」稱之〔一〕。夏文彦承襲家藏書畫名跡，故深好之，且精於賞鑒。曾任忠翊校尉、紹興路同知餘姚州事〔二〕，後隱居松江泗涇，筑「寶墨齋」，是書即撰成於此。傳詳元陶宗儀《南村輟耕録》卷十八「叙畫」條、元楊維禎《圖繪寶鑑序》等。

是書卷一起首有畫論六篇，述繪畫方法、避忌、鑒賞及裝褫知識，繼爲「叙歷代能畫人名」，列自上古軒轅起至唐代善畫者姓名；卷二至卷五則條述自三國吴起至元末善畫之人，并及日本、高麗等外國畫家，共一千三百餘人；卷末補遺從南朝宋至元代，又添一百餘人；續補又添五人〔三〕。各人名下俱有小傳，略叙其字號履里，及擅長之題材、畫法等。陶宗儀述是書採擇來源：「取各畫記、《圖畫見聞志》《畫繼》《續畫記》爲本，參以《宣和畫譜》、南渡七朝畫史，齊、梁、魏、陳、唐、宋以來諸家畫録，及傳記、雜説、百氏之書，搜潛剔秘，網羅無遺。」〔四〕然其卷一畫論諸條，除「三品」外，皆襲自北宋郭若虚《圖畫

〔一〕詳見元鄧文原爲夏椿撰《旌表義士夏君墓志銘》，正德《松江府志》卷十七引。

〔二〕元貢師泰《玩齋集》卷十《元故處士夏君墓志銘》：「華亭夏處士諱濬，字景深。……子男三人：長文舉；次文彦，忠翊校尉、紹興路同知餘姚州事；……」據「中國基本古籍庫」所製明嘉靖刻本電子書影。

〔三〕近藤秀實、何慶先《〈圖繪寶鑒〉校勘與研究》於各卷校勘之綜述部分統計該卷所録人數，今據之合計。江蘇古籍出版社，一九九七年。

〔四〕《南村輟耕録》卷十八「叙畫」條，《四部叢刊》影印明成化十年戴珊刻本。

見聞志》、元湯君載《畫論》等著[二]，而其後之人名，據撰者於該卷末交代，乃録自唐張彦遠《歷代名畫記》。則夏文彦自撰部分，實爲卷二至卷五加之補遺、續補。是書形式較具開創性，爲有元一代繪畫著作之代表。

元至正二十五年夏文彦自序稱是書共五卷，而現存最早之刻本刊於至正二十六年，卷五後猶有補遺，補遺末有「至正丙午新刊」一行，卷首目録亦列入補遺。而該本之若干印本於補遺後又有續補數條，字體與前卷不類，當爲後印時增入，其撰者尚有疑問。是書自明以後多經翻刻重版及增補續纂，而正德十四年（一五一九）苗增刻本則增入明韓昂續纂之第六卷。明後期翻刻正德本者有嘉靖本、崇禎間毛晉刻《津逮秘書》本。天啓間卓爾昌刻本亦與正德本有淵源，然改題作《畫髓玄詮》，且作多處改編。清初毛大倫於正德六卷本之基礎上再行增補，然該原本已不可見，《四庫全書》本五卷明韓昂撰《續編》一卷或據此本。清借緑草堂刻本在此本基礎上補充卷六明代畫家，又增入「皇清」「女史」二卷，擴至八卷。又有牌記云「武林傳經堂藏板」之本，實以借緑草堂刻板重印，而清怡堂刻本則據借緑草堂本翻刻。清同治間張丙炎輯《榕園叢書》本以《津逮秘書》本爲底本翻刻。民國初年羅振玉輯《宸翰樓叢書》影印元至正刻本。其後有鉛印本，如商務印書館《國學基本叢書》本、神州國光社印本等。日本自江户時期有翻刻元至

[二] 近藤秀實、何慶先《〈圖繪寶鑒〉校勘與研究》於該書卷一校勘之綜述部分，引用余紹宋關於畫論諸條來源之考證，并作出補證。第一四四頁。

正之本，承應元年（一六五二）再次翻刻，寶曆二年（一七五二）則據《津逮秘書》本翻刻。〔一〕卷前護葉有清光緒二十七年（一九〇一）八月葉德輝手書題識：「元板《圖繪寶鑑》五卷補遺一卷，黄蕘翁所稱《敏求記》所載五卷本爲得其真者也。自明毛晉刻入《津逮秘書》，合明韓昂所續爲六卷，於是五卷原書遂不復行於世。至今日即毛本亦不易得，况元板乎？前輩藏書家唯孫伯淵《祠堂書目》載有此本，而蕘翁所見爲吴氏拜經樓藏書，據云刻已漶漫，似此紙墨精良、字畫清朗之本，尤爲書中麐鳳。蕘翁佞宋，余得此欲佞元矣。」

上圖藏。

静安八詠詩集一卷事蹟一卷

元松江府上海縣釋壽寧編，《事蹟》明錢鼒撰。元刻本，一册，半葉十行，行大字二十字，小字雙行同，黑口，雙魚尾，四周雙邊。卷首有寫刻體序（殘存一叶半）、錢鼒《静安八詠事蹟》。正文卷端題「静安八詠詩集」，署「吴淞釋壽寧無爲裒輯，江陰王逢原吉校正，會稽楊維禎廉夫批評」。卷末有寫刻體楊維禎《緑雲洞志》、錢鼒《八詠詩後序》。鈐有「莚圃收藏」朱文長方、「遐庵經眼」白文方、「百耐眼福」

〔一〕以上關於版本源流之叙述主要參考近藤秀實、何慶先《〈圖繪寶鑒〉校勘與研究》之校勘成果及其中《〈圖繪寶鑒〉及其版本考證》一文。

朱文方、「韓應陛鑒藏宋元名抄名校名善本于讀有用書齋印記」、「德均審定」白文方、「甲子丙寅韓德均錢潤文夫婦兩度攜書避難記」白文長方、「密均樓」白文方、「蔣祖詒讀書記」朱文長方、「芹伯」朱文方、「張印乃熊」白文方印等。

釋壽寧，字無爲，號一庵，元末任静安寺住持。傳見清王鍾纂、民國胡人鳳續纂《法華鄉志》卷六。是集所採寺中八景爲赤烏碑、陳朝檜、鰕子潭、講經臺、滬瀆壘、湧泉亭、蘆子渡、緑雲洞。而卷内誦者依次爲：貢師泰、成廷珪、楊瑀、鄭元祐、王逢、釋壽寧、韓壁、唐奎、馬弓、顧彧、錢岳、釋如蘭、趙覲、余寅、釋守仁、陸侗、孫作、張昱、吴益、錢惟善。每人名下注其字號籍貫。詩體不拘，行間或詩末間有楊維禎評點。

是本當爲現存元刻孤本，後有明代翻刻本二種，亦稀見。一據《欽定四庫全書總目》是書提要：「後嘉靖中，邑人伊府紀善張抑及其兄參議紘重校刊之，末載紘八詠詩，蓋即其時所附入也。」[一] 嘉靖本今未見。清道光間，金山錢氏編刻《藝海珠塵》叢書收入是書，卷末有張抑《重刻静安八詠後序》，其底本或爲嘉靖本。二爲南圖藏明刻本，與是本行款不同而卷端題名相同。卷前有楊維禎《緑雲洞志》、錢鼒《静安八詠事蹟》，卷末有錢鼒《八詠詩後序》。[二] 南圖藏明刻本卷末無張紘詩，《四庫存目標注》定其刻於萬

[一] 卷一百九十一集部總集類存目。

[二] 《四庫全書存目叢書》集部第二八九册影印，齊魯書社，一九九七年，第三七一——三九七頁。

曆間[一]。

卷首殘序不見於他本，其文云：「（按，前文闕）先生用漢魏樂府辭録古史，寧不敏，先生方外契也。借以騷人辭，成兹八詠。一曰吴磚，二陳檜，三蝦䄠，四經臺，五滬壘，六湧泉，七蘆渡，八則續以寧之公云書所也。今好事者刻梓以傳，幸先生評而敘之。余幼記甲辰夏，五過靜安，臨延泉、緑雲所，出黄成萃所和詩若干篇，請□而未遇。寧申居，請，不敢辭。於是披閲所著，讀至《湧泉》一章，爲之擊節相賞。得自洪分産云，聽以牧潛斷江東素有聲。年來僧中復有藴與醒，未知其製作，必依師（按，後文闕）」觀文意當爲釋壽寧自序。然《藝海珠塵》本將該序前半與《緑雲洞志》相接，冒題楊維禎序（或嘉靖本已然）。

錢鼒後序云：「《静安八詠》者，松江無爲師之所編輯也。師自昔處名刹，歸静安，目其寺之古跡者凡七，而寺有緑雲洞，足而八之，求題詠於時之長於詩者，凡十年，所得者軸秙腰。既而摘其雋永若汰礫選金鑒玉，其用心亦勤矣哉。帙既成，會稽鐵厓先生首爲序之。而命鼒述八詠之事跡，徐曰：『吾將勒諸梓，爾不可不爲其序。』予曰：『鼒與師交方外，而又得追拔鐵厓群公間，其敢辭？』吾嘗以爲有前人之勝概而不有以詠歌之，則無以昭其前，若後人之詠歌而不以金石之，則無以傳其後。確乎不可拔之論也。師之此傳，則八詠之勝概不特在静安，而將見流播九州矣，其於爾招提之境，不亦愈有光華也哉。是不可以不序。於是次第其説於其後云。艾納散人錢鼒序。」

[一] 杜澤遜編，第六册，第三四〇一頁。

楊維禎《緑雲洞志》云：「淞東北去九十里支邑爲上海，邑之陰古伽藍曰静安，建自孫吴赤烏年。古蹟有七，曰吴碑、陳檜、滬壘、湧泉、蝦襌、土臺、蘆花村。今主僧寧治丈室，兩旁雜植檜竹桐柏，積十年而所植林立，交菁錯翠，如蔚藍天。又自號曰『緑雲洞』，洞以續古。爲八詠，成，持以見東維叟，乞一言以序其首。吾聞漢殿有三雲……至正甲辰夏五月廿日書。叟者，李忠愍公榜第二甲賜進士出身會乩楊維禎也。」據文意可知此乃以志代序，並未别作一序。

臺圖藏。

流　寓

釋氏稽古略四卷

元松江佘山昭慶寺住持釋覺岸撰。元至正間刻本，蝴蝶裝，四册。半葉九行，行大字二十八字，小字雙行同；白口，雙魚尾，四周雙邊。版心上鎸每版字數，中鎸「稽古」或「釋鑑」及卷數，下鎸葉數。卷首鎸元至正十四年（一三五四）李桓《釋氏稽古略序》、《釋迦文佛宗派祖師授受圖略》、《國朝圖》；卷末鎸劉庸題識并詩一首。卷端題「烏程職里寶相比丘釋覺岸寶洲編集再治」。卷二末有刊記「雲間范景真子正寫，四明張學文行可偕侄景彝、景范、甥袁子寧、陳德遠刊」。鈐有「勤有堂印」朱文方、「張氏仲友」朱文方、「張允孝印」白文方、「張太初」白文方、「貞白子」朱文方、「張氏公玉」朱文方、「張公玉臧」朱文方、「張公玉」白文圓、「張公玉」白文方、「張初」白文方、「公玉父」白文方、「張琛之印」白文方、「臣琛」朱白文方、「華谿居士」朱文方、「玉蘭軒」朱文方、「無無居士」白文方、「徐乃昌讀」朱文方、「竹所」朱文長方、「六觀居士」白文方、「解顔堂印」白文方、「帝少昊之苗裔」朱文長方、「嗚穐館」朱白文方、「匋磐山房」白文方、「結一廬藏」朱文橢圓、「子清校讀」朱文長方、「朱澂之印」白文方印等。

釋覺岸（一二八六—？），俗姓吴，字寶洲，原籍湖州路烏程縣。年十三，從湖州天寧寺普覺獨孤明禪師，薙髮受具，熟讀内典，採集爲書。至大二年（一三〇九），入净慈寺拜晦機元熙禪師，掌方丈内記，與華亭釋念常同門。泰定元年（一三二四）春，住松江佘山昭慶寺，後任住持，説法垂三十餘年，是書撰成時猶在焉。傳詳釋念常爲是書所撰序、明釋明河《續補高僧傳》卷十八《護法篇》釋念常傳附、正德《松江府志》卷三十一等。

是書爲編年體佛教史籍，仿南宋釋本覺《釋氏通鑑》例，以歷代帝統爲經，佛家世次行業爲緯，逢年必書。所記史實，上起遠古「三皇」之太昊氏，下迄南宋少帝德祐二年（一二七六）。卷一三皇至西晉，卷二東晉至隋朝，卷三唐、五代，卷四兩宋。除有關佛教之人事外，兼載大量朝堂政令、宰臣行事、攻伐治亂等時事，幾乎半爲佛史、半爲世史。援據宏富，條末所注出典，廣涉内典及史傳、政書、文集、雜記、碑銘等著述計百數十種〔一〕。其中有引《佛祖歷代通載》者，如卷三貞元九年條。然出典、繫年及史實

〔一〕以上内容概述本自陳士强《大藏經總目提要・文史藏》，上海古籍出版社，二〇〇八年，第二一一—二一七頁。

間有誤記〔一〕。

是書初名《釋氏稽古手鑑》，其初刻約在大德九年（一三〇五）。至正間重刊，更名爲《釋氏稽古略》，入明後又經修補〔二〕。其後有明嘉靖二十四年（一五四五）翻刻本及嘉靖三十二年（一五五三）釋昌腹翻刻本。清《四庫全書》本收入是書四卷，當據釋昌腹本抄寫。明釋幻輪撰續集三卷，崇禎十一年嚴爾珪連同前集四卷一同刊刻，前集蓋亦以釋昌腹刻本爲底本〔三〕。清光緒十二年（一八八六），有杭州海潮寺釋清道募刻本，乃以嚴爾珪刻本爲底本。日本寬文三年（一六六三），京八尾勘兵衛刻前集四卷續集三卷，亦以嚴爾珪刻本爲底本，然前集卷首增元至正十五年（一三五五）崔思誠序一篇，爲其餘諸本所無。《大藏經》并收前集四卷續集三卷，亦據嚴爾珪刻本，可見者有磧橋本、杭州本、《卍字續藏經》本、《大正藏》本等。

至正刻本今上圖藏有兩部，其中一部配以抄本續集三卷；又臺圖藏有一部；明修本今只見一部，

〔一〕陳垣《中國佛教史籍概論》舉是書誤注出典及誤記史實等數條，中華書局，一九六二年，第一五一—一五二頁。

〔二〕另「日本所藏中文古籍數據庫」著録公文書館藏有元至治間刻本《釋氏稽古略》四卷，未知其詳情。

〔三〕元至正刻本卷一葉五後、卷二葉五十三後、卷三葉五十三後各有兩葉插入葉，葉碼與前後不相連屬，詳見下文。釋昌腹刻本正文每葉行款、文字均同至正本，然卷一葉五後、卷二葉五十三後之插入葉葉號已與前後葉接續，卷三葉五十三後則無插入葉。嚴爾珪刻本則同釋昌腹刻本，清文淵閣《四庫全書》本後亦不見元至正刻本卷三葉五十三後插入葉之內容。

藏於國圖。是本字跡清晰，版面無漫漶，當爲較早印本。卷一、卷三各有數葉版心鐫「釋鑑」，共計三十一葉，字體與其他葉面相同，此或爲以《釋氏稽古手鑑》爲底本重刻者。卷首李桓序僅餘第一葉，較之上圖藏另一部元刻本，二者同版。其文曰：「吴興有大比丘曰寶洲岸公，博學通古今，嘗考釋氏事實上下數千載，年經而國緯，著書一編，曰《稽古手鑑》。既又以爲未備，復因其舊輯而廣之，爲《稽古略》。至正十四年秋九月，太原劉堯輔爲之持其書，請於余爲序以冠其編首，因取而閱之。蓋自有佛以來，凡名師大德之行業出處，以及塔廟之興壞、僧侶之衆寡，靡不具載。本之內典，參之諸史，旁及於傳記，而間以事之著顯者爲之據，將以侈歷代之際遇，而寓勸戒於其間。……所以加之纂述，表而出之之意也。」

卷末劉庸題識葉原闕，以墨筆抄補：「寶洲以舊輯《手鑑》再治而廣之爲《稽古略》，予讀而美之，題以贊其萬乙云耳。」詩：「釋氏新書得静觀，其中妙理足盤桓。因知研討皆餘緒，萬象冥冥總內安。」

是本有數葉版心所鐫文字、葉數與他葉不同，或爲全書編成後插入。如卷一葉五之後有兩葉節引《史記·越王句踐世家》，前一葉版心題「稽古第乙册越世家　又五一」，後一葉版心題「稽古第乙册句踐世家　又五二」。卷二葉五十三後兩葉、卷三葉五十三後兩葉亦爲類似情況。

卷內有手書眉批。內容或爲史事備注，如卷一葉五十五「二十四祖師子尊者」條眉批「師子遭難」；或爲注音，如卷四葉七眉批「荊，被列切，仍讀別」；或爲讀書心得，如卷三葉十七「賢首教」條附記清涼國師、圭峰禪師，眉批「此二條因賢首而并及之」。

上圖、國圖藏。

釋氏稽古略四卷

元松江佘山昭慶寺住持釋覺岸撰。元至正間刻明修本，有抄補，八册。半葉九行，行大字二十八字，小字雙行同，白口，元至正刻葉雙魚尾，明代補刻葉無魚尾，四周雙邊。版心上鐫每版字數，中鐫「稽古」或「釋鑑」及卷數，下鐫葉數。卷首鐫佚名撰《釋氏稽古手鑑》序（闕末葉）、大德九年（一三〇五）二月王璿序、至正十四年（一三五四）九月李桓序（内闕一葉）、至正十年（一三五〇）八月釋念常序、大德九年五月釋至通序、《國朝圖》、《釋迦文佛宗派祖師授受圖略》。釋至通序後有「古虞□氏珍藏元刊秘册」兩行，牌記「每帙用夾紙六十四幅計抄六百五十文印墨工匠錢三百五十文常住收板頭錢五百文」，刊記「嘉興福嚴寶相禪庵比丘宗行重刊」一行。卷端題「烏程職里寶相比丘釋覺岸寶洲編集再治」。鈐有「竹嬾」朱文方、「日華」朱文方、「貽典」白文方、「敕先」朱文方、「光啓堂印」白文方、「翠筠居」白文方、「錢大昕觀」白文方、「辛楣」朱文方、「大昕」朱文方、「平江黄氏圖書」朱文方、「蕘圃」朱文腰形、「席氏玉照」朱文方、「蟫」朱文方、「蓉鏡」白文方、「芙川張蓉鏡臧」白文方、「恬裕齋鏡之珍臧」朱文方、「曾藏張蓉鏡家」朱文方、「蓉鏡敬臧」朱文長方、「竹君」朱文方、「蓼畦」朱文方、「一默山人」白文方、「白雲深處」朱文方、「石君」白文長方、「因」「培」朱白文方、「培元」朱文長方、「鐵琴銅劍樓」白文長方、「神鬼守之皆敬服」白文方印等。

佚名序：「佘山法侄寶洲禪師蚤年所集《釋氏稽古手鑑》，外則參以帝王統治之年，內則訂以佛祖應化之事，其博約該貫殆乎備，得綱之要、紀之實也。」

王璿序：「吴興寶洲上人從□光子讀諸書傳□以二者質其説，上人示余，勸他日置一編。……是編易披檢於古今有道之士，因題曰《釋氏稽古手鑑》，遂爲侵於梓。上人名覺岸，『寶相比丘』其別稱云。」

念常序：「寶洲考經傳子史，舉其綱要，日益以記習，金堂景山父（按，即王璿）題曰《手鑑》，每自以爲未備，遂由《手鑑》而增廣之，兄先生瑞巖翁校正爲《稽古略》。然寶洲生緣遊歷，未之見也。愚忝法門昆季行，得請以識之。……至治行化來嘉禾，天寧瀨翁力挽之前堂匡衆，余處祥符，遂又得以日親言教。泰定甲子春，寶洲住松江佘山叢林，雍肅坐道場垂三十年，終始如一日。至正庚寅秋，愚止雲庵，紀寶洲行業焉。」

釋至通序亦略述《手鑑》得名之由。

李桓序末有墨筆手書題識：「乾隆辛未秋八月東武劉統勳讀。」其後又有題識：「道光辛卯八月辛峰老民蔣因培向黄以仁兄假讀三復。」按，是本李桓序與至正原刻本不同版，蓋爲重修時補刻，其「表而出之之意也」之「意」字，是本誤刻作「者」。

是本卷四葉六十五、六十六爲抄補；葉六十八自上行三至下行一原爲空白，亦有抄補，較之元至正刻本，是本該葉首行「置菩薩頂髮髻中」下多「每有請祈靈感特異」八字，與上文文意頗合，或據較早傳本而刻。

另按，清張鈞衡《適園藏書志》著録是本，然其所抄周氏（按，即雪蓬散人）、楊逢源及咸豐二年（一八五二）張蓉鏡等題三段跋文今不見於帙内，恐已脱去。

國圖藏。

釋氏稽古略四卷續集三卷

元松江佘山昭慶寺住持釋覺岸撰。前集四卷元至正間刻本，續集三卷配清咸豐二年（一八五二）胡氏琳琅秘室抄本，胡珽跋，五册。前集半葉九行，行大字二十八字，小字雙行同，白口，雙魚尾，四周雙邊。版心上鎸每版字數，中鎸「稽古」或「釋鑑」及卷數，下鎸葉數。卷首鎸李桓序、《國朝圖》、《釋迦文佛宗派祖師授受圖略》。卷端題「烏程職里寶相比丘釋覺岸寶洲編集再治」。續集行款同正集，然係單魚尾，版心上有每版字數，中有「稽古續集」及卷數，下有葉數。卷首有《四庫全書總目》之是書提要，采自明代釋明河《補續高僧傳》卷十八之《寶洲法師傳》，及崇禎十一年（一六三八）嚴爾珪撰《續刻釋氏稽古略序》、釋薰沐撰《稽古略續集叙》。卷端題「蘧庵居士嚴爾珪較梓，歸安杏溪蘧庵比丘大聞幻輪彙編」。卷末有清咸豐二年胡珽手書題識及《校異》數條。鈐有「蒙□」白文方、「汪士鐘臧」白文長方、「胡珽之印」白文方、「胡珽詞翰」朱文方、「七□名家」白文方、「壺天小隱」朱文方、「西方士人」朱文方、「阿彌陀佛」白文方、「道吾所存」白文方、「荷擔如來阿耨多羅三藐三菩提」朱文方、「般若船」白文方、「願結西方無量緣」朱文方印。

是本前集較之上述上圖藏至正刻本後刻，版面多漫漶處。卷首李桓序完整，然葉二下首行第一字「至」缺；卷一葉五後無版心鎸「越世家」及「句踐世家」之二葉；卷四葉六十八文字同再造善本，葉上行四至下行一爲空白。

嚴爾珪序：「往參真寂先師，授予以寶洲《稽古略》，曰：『法門源流，盡在斯矣。』予受而卒業，約而不遺，核而有則，釋氏之紫陽漂水也。然而流行匆遠，漸就晦翳。恒懼遺文湮没，致昔人編摩叙述之苦心，若存若亡，隱而勿著，名山之藏，詎能無慨乎哉。戊寅春王，構小庵于古杏溪，延幻師主之，雨晨月夕，相與沉吟，梵册奇懷，愷樂陶陶如也。一日偶理前説，幻師謂宜重加繡黻，以待來者。初以傳述舊聞，已乃兼舉未備，附以勝國暨皇明法苑事蹟，勒成一書。寶洲之業復光著若發蒙矣。後之攬此者，應化之殊祥奇表，往哲之妙道奇功，以迨我皇祖列宗冥符玄契，顯揚正覺，以不思議之理，成大有爲之運。開卷厘然，昭兹雲日，俾夫懷疑者起信，論世者可徵，考事者尋徵，覽跡者悟本，所以嘉惠來學，匪曰小補之矣。而豈徒掇叙事之華，增多聞之障，雲已渡而摹其悠揚，波已逝而貌其翻湧乎哉。」

續集卷三末有題識：「始自元世祖甲子至此熹宗丁卯，計三百六十四年，共僧四百三十餘人。釋聞叙畢謹識。」

卷末胡珽手書題識謂元刻本四卷原藏汪氏三十五峰園，以白金十二兩易得，續集乃假顧氏藝海樓藏本爲底本，倩人抄録。又曰：「装成後延江彤甫校勘一次，復托徐至臺校一次，其有抄誤及原本刊誤，此則竟改之，倘係撰人自誤，此另紙録出於後，使不失原書面目。唯是抄寫人失於疏略，書中有犯廟諱未嘗缺筆，字之正俗體亦未辨明，是所病耳。壬子臘月，胡珽識於琳琅秘室之北窗下。時楚氛告警，風雪凄然，歲暮憂集，將有遁跡山林之思。」該葉夾有書籤一條，上半書「樂字號　寶洲書元刻初印，幻輪書影，明刻精抄，往年從無相寶主乞得，慨然相許，遂爲所收三藏靈文之冠，他日必當省以相報，不可忘也」，下半書「釋氏稽古略四卷續稽古略三卷　共五鉅册」，應是三十五峰園之藏書籤。

末册封底護葉記有《校異》十條許，校正續集異文，據胡珽題識可知是其手筆。

上圖藏。

史義拾遺二卷[一]

元松江寓賢楊維禎撰。明嘉靖十九年（一五四〇）任輸刻本，一册。半葉九行，行大字十八字，小字雙行同，白口，雙魚尾，四周單邊。卷首鎸明弘治十五年（一五〇二）八月陸淞《史義拾遺叙》。卷端題「元赤城令會稽楊鐵崖維禎撰，明黄州守巴蜀後學任輸校」。卷末鎸嘉靖十九年夏皇甫汸跋。鈐有「藉書園本」朱白文方、「沈侯藏書」朱文方、「沈侯經眼」等印[二]。

[一] 是篇據《四庫全書存目叢書》影印人大藏本撰寫。

[二] 印文參考杜澤遜撰《四庫存目標注》著録，第一三六三頁。

楊維禎（一二九七—一三七〇），字廉夫，初號梅花道人，又號鐵崖山人、鐵笛道人、抱遺叟、東維子等[一]，浙江諸暨人。泰定四年（一三二七），以《春秋》擢進士第。仕途蹭蹬，曾賦閒浪跡東南十餘年，後官至江西等處儒學提舉。至正十九年（一三五九）任松江府學教授，遂携家徙居華亭。明初應徵修禮樂書，未幾以疾還，歸卒松江。其人學識淹雅，才氣卓著，交遊廣泛，蔚爲一代文宗。著述宏富，兼貫四部，據其自傳及明宋濂爲之所撰墓志，經部有《四書一貫録》《五經鈐鍵》《春秋透天關》《禮經約》《君子議》《春秋胡氏傳補正》等，史部有《歷代史鉞》《補正三史綱目》《三史統論》《富春人物志》等，集部有《麗則遺音》《古樂府》《平鳴》《瓊臺》《洞庭》《雲間》《折上》等。以上在其生前已成書，而今大多不存，唯《麗則遺音》《古樂府》基本保留原貌，又《三史統論》一名《正統辨》，見於陶宗儀《南村輟耕録》，未知全否。[二]傳詳《鐵崖文集》卷二《鐵笛道人自傳》、明宋濂《宋學士文集》卷十六《元故奉訓大夫江西等處儒學提舉楊君墓志銘》[三]、明顧清等纂正德《松江府志》等。

[一] 孫小力《楊維禎全集校箋》附録六《楊維禎名字籍貫及生年考辨》據《甲申臘月廿五日初度》「今年生旦逢立春」「富貴今年當五十」等句，考證其生辰爲元貞二年臘月二十五日，換算成公元紀年，已入一二九七年。楊維禎名字、別號及出處等亦據該篇。上海古籍出版社二〇一九年，第四〇七九—四〇九一頁。

[二] 孫小力《楊維禎全集校箋》附録七《楊維禎著作版本考述》考訂各類文獻著録楊維禎著述五十四種，本卷經眼録、簡目僅著録明確成書於上海者及後人編訂之詩文集，以集中反映楊維禎與上海相關之著述成果。

[三]《四部叢刊》影印明正德刻本。

陸淞叙：「嗣是會稽楊鐵崖先生有《史義拾遺》之作焉。……既而避地於松江九峰三泖之上，作『寄寄巢』，立言自況，摘古史而直斷以義，或觸興而於詩歌焉發之。公是公非，嚴如烈日秋霜，亦可以誅奸雄於既死，而昭懲勸於將來者也。……是編乃先君子程鄉令手録珍藏，欲梓行，而竟奪不就。嗚呼，先生之文磨滅多矣。余同年進士譚君德周來尹秀水，政成之餘，有志史學。間問余古今理亂得失異同，余出此參訂之，君喜曰：『是可以傳也。』俾余序之，以永其傳。……先生所著有《太平綱目》四十册、《三史正統論》五千言，《歷代史鉞》二百卷，《春秋大意》《東維子集》《君子議》若干卷，《麗則遺音》《古樂府》《瓊臺曲》《洞庭吟》七十卷，藏於鐵崖山，此其一云。」據此可知是集中所收爲楊維禎寓居松江後所撰之文中有關史事者。

皇甫汸跋：「《史義拾遺》一卷，爲元鐵崖楊氏所撰述。皇明儀曹陸公序而刻焉，序曰先君子程鄉令所手録。蓋澤貽二世，副在家笥。今大中丞石涇公，固儀曹之嗣而程鄉裔也，然則是書不爲公故物乎。小子汸自幼誦而寶愛之，間持謁中丞公。公曰：『胡爲來哉，是余府君之志也。木歲久腐，棄吴越間，殆不復可購矣。余覽之□夫涕之無從也，爾其重刻以傳。』乃歸而謀諸任侯。侯即郡齋校正鋟梓，藏諸竹樓，俾余識之。……舊本一卷，今分爲上下云。」

該集入《四庫全書總目》存目，其提要曰：「此書《傳》中不載，明皇甫汸始爲刊行。大抵雜舉史事，自爲論斷，上自夏商，下迄宋代。」[一]

[一] 《四庫全書總目》卷八十九史部史評類。

清周中孚《鄭堂讀書記》著録該集明刊本一部，并志曰：「是編乃其論史之文，并有代古人作文辭，注以補辭、擬辭、設辭三項，以補當時之闕，殊近於游戲，有傷大雅，于事實毫無關涉也。論史固不可如是，製文尤不可如是也。又稱秦代爲『吕秦』，而作《吕不韋復秦王書》，以曖昧之事爲簡牘之陳，君子以爲勢矣。每篇間有評語，稱爲『木曰』，蓋亦出于游戲，非必有其人名木者也。此本爲明皇甫百泉汸所校，前有嘉靖庚子百泉序文及崇禎壬申重刻凡例，又有弘治壬戌平湖陸淞原序、崇禎壬申徐仲昭遵刻序。廉夫蓋自以其氏之爲木類，故作『木曰』云。」

國圖、人大藏。

鐵崖先生古樂府十卷復古詩集六卷

元松江寓賢楊維禎撰，《古樂府》富春吴復編注，《復古詩集》華亭章琬編注、金華黄溍評。明成化五年（一四六九）劉傚刻本，函四册。半葉十一行，行二十字；黑口，雙魚尾，四周雙邊。《古樂府》卷首依次鐫元至正六年（一三四六）三月吴復《輯録鐵崖先生古樂府序》、至正六年十月張天雨《鐵崖先生古樂府叙》、宋濂《元故奉訓大夫江西等處儒學提舉楊君墓志銘》、全十六卷目録；卷端題「門生富春吴復類編」；卷末有楊維禎《吴君見心墓志銘》。《復古詩集》卷首鐫元至正二十四年（一三六四）九月章琬《輯鐵崖先生復古詩集序》；卷端題「太史紹興楊維禎廉夫著，太史金華黄溍晉卿評，門生雲間章琬孟文注」（卷二、三、四、六無「門生雲間章琬孟文注」）；卷末依次鐫有明正統元年（一四三六）三月楊士奇、衛靖《跋復古詩集後》，明王益《重刻鐵崖先生古樂府後叙》（闕後半）〔一〕，元至正八年（一三四八）七月顧瑛《後序》及明成化五年七月劉傚題識。鈐有「安髻山人」白文方、「□老書屋」朱文方、「馬叔静圖書記」朱文長方、「烏程龐氏百匱樓藏書圖記」朱文長方、「烏程龐淵如校閲秘閣藏本」朱文方、「龐青城收藏印」朱文長方、「沈仙蘭印」朱文方印等。

除前述《麗則遺音》《古樂府》外，現存楊維禎詩文集多種，大都經後人輯編。詩集方面：《鐵崖先生古樂府》十卷，原收詩三百餘首，門人吴復編注，其中雜有吴復自作〔二〕，元至正八年玉山草堂刊印時，顧瑛取世俗傳本補詩至四百十二首，并附鐵崖師友詩十九首〔三〕，今存最早版本爲明成化五年劉傚刻本；《復古詩集》六卷，門人章琬編注，同年黄溍評，原收詩五百首，今本唯一百四十餘首，有與《古樂府》重復者，明成化五年劉傚將之與《古樂府》合刻，并稱《鐵崖先生古樂府》十六卷；《古樂府補》六卷，收詩一百二十五首，均不見於上述二集，明末毛晉汲古閣將此三集合刻，又稱《鐵崖先生所著書》三種，并附以《麗則遺音》賦四卷，清《四庫

〔一〕該序稱元朝爲「勝國」，并有自稱「益」。孫小力以清朱彝尊《潛采堂宋金元集目》著録有「《鐵崖樂府》六卷，明成化丙戌王益序」，考證此序撰者或爲王益。參見《楊維禎年譜》之《傳略》，第一六頁。又，檢繆荃孫《藝風藏書記》卷七，亦云「《鐵崖先生古樂府》十六卷，明成化己丑沈禮翻元刊本，前王益序，後劉傚識，明板之佳者」（清光緒二十六年刻本）。則此序當即明代王益所撰。

〔二〕楊維禎撰《吴見心墓志銘》：「遂編次余古詩凡十卷，加以評注，能道余所欲言。余詩有逸者，君輒能補之，觀者謂可亂余真。」

〔三〕據明成化五年刻本該集卷末元至正八年顧瑛《後序》。

全書》本以此本爲據；《楊鐵崖詠史古樂府》一卷，門生顧亮輯，今存明成化九年（一四七三）刻本；《楊鐵崖先生文集》十一卷附《鐵笛清江引》二十四首，前八卷彙《古樂府》十卷、《復古詩集》六卷及章懋序刊《楊鐵崖先生詠史古樂府》，共七百四十一首，然將詩注盡數删去，其後二卷爲《麗則遺音古賦程式》，末一卷有賦三篇，明萬曆四十三年（一六一五）陳善學刻本；《鐵崖先生詩集》十集，以天干爲序，收詩六百三十五首，多見於其他詩集，有清抄本及據清抄本刻印之《涵芬室叢刊》本；《鐵崖樂府注》十卷《詠史注》八卷《逸編注》八卷，清樓卜瀍編，《樂府注》即《古樂府》十卷，《詠史注》采陳善學刊本中不見於《古樂府》十卷者，《逸編注》輯自《鐵崖先生詩集》十集中未見於以上二本者，共九百七十七首，清乾隆三十九年（一七七四）聯桂堂刻本；《楊維禎詩集》不分卷，明抄本，國圖藏，南圖有縮微製品；《鐵崖楊先生詩集》二卷，清愛日精廬張月霄抄本，南圖藏；《東維子文集》十六卷，前十三卷爲詩，後三卷含《麗則遺音》賦四卷全部及《五雲書屋》賦一首，清初印溪草堂抄本，國圖藏。賦集方面：《麗則遺音古賦程式》四卷，又名《麗則遺音》，鐵崖門人陳存禮輯至正前鐵崖賦作三十二首，鐵崖同年黄清老評，有元刻本，國圖藏，《中華再造善本》影印，另見於汲古閣刻本、陳善學刻本、抄本十六卷《東維子文集》後三卷等；《鐵崖賦稿》二卷，清勞權過録何元錫抄校本，明朱燧輯録，清何元錫重編，收賦五十首，均不同於《麗則遺音》，上圖藏。文集方面：《鐵崖文集》五卷，含文一百三十七篇，明弘治十四年（一五〇一）馮允中刻本；《史義拾遺》二卷，皆論史之作，不見於他本，有明嘉靖十九年（一五四〇）任轍刻本、崇禎五年（一六三二）蔣世枋刻本、明陳于京刻本等；《鐵崖先生集》四卷，卷一爲賦十首，均見於《麗則遺音》，卷二至四有文五十八篇，多不見於其他文集，明抄本，上圖藏；《鐵崖漫稿》五卷，含文一百五十篇，有不見於他本者，清愛日精廬張月霄抄本，南圖藏，又有《楊鐵崖文集》四册内容與之相同，清抄本，國圖藏；《鐵崖先生文集抄》一卷，清陳微之抄本，所録皆見於《東維子文集》，國圖藏。詩文合集：《東維子文集》三十卷附鐵崖弟子友人詩一卷，前二十八卷爲文，共四百四十一篇，後二卷爲詩，共六十首，明萬曆十七年刻本，又有鳴野山房抄本，《四部叢刊》據以影印[二]。

綜觀以上各集，可知現存楊維禎詩文集多爲其門人或後世之人編輯抄刻，版本多樣，内容互有參差，可謂錯綜複雜。

《古樂府》卷一至十，爲楊維禎中年丁憂後遊弋東南一帶，沿樂府古題而創。詩前多有引辭，述該題本事，蓋撰者自爲；詩後多有評注，則係吴復所加。

吴復序：「會稽鐵崖先生爲古雜詩凡五百餘首，自謂『樂府遺聲』。夫樂府出《風》《雅》之變，而憫時病俗、陳善閉邪，將與《風》《雅》并行而不悖，則先生詩旨也。是編一出，使作者之集遏而不行，始知《三百篇》之有餘音，而吾元之有詩也。……先生在會稽時，日課詩一首，出入史傳，積至千餘篇。晚年取而讀之，忽自笑曰：『此豈有詩哉。』亟呼童焚之，不餘一篇。今所存者，皆先生在錢塘、太湖、洞庭間之所得者云。」

[二] 以上詩文集情況參考：孫小力編撰《楊維禎年譜》之《傳略》，第一六—二二頁；金開誠、葛兆光著《古詩文要籍叙録》之《楊維禎集》，中華書局，二〇〇五年。

又《古樂府》卷末《吴君見心墓志銘》後有章琬注：「吴見心集鐵崖古樂府凡十卷，蓋先生中年之作也。見心卒於至正八年戊子，集詩上於其時也。見心卒後，先生晚年之所著則有《補遺》《遺稿》《後集》焉。家傳人誦者散逸，未暇哀集，亦可慨也。」《古樂府》十卷收詩四百一十二首，附師友詩十九首。又其中有明確繫年者至遲爲至正八年十一月（卷六《强氏母》），晚於吴復卒年及顧瑛作序之年，蓋爲後來增補。〔一〕

卷十一至十六題《復古詩集》，蓋楊維禎定居松江之後所作。前四卷仍爲樂府古題；卷十四含組詩《宫詞》十二首、《春俠雜辭》八首、《小遊仙》十二首、《詠女史》十八首等四套；卷十五《香奩八題》，乃楊維禎所結雲間詩社之命題，收録其自撰及社員王德璉所撰各八首；卷十六爲樂府詩《續奩集二十詠》。集内之詩前後多有楊維禎或章琬之詩注，詩後間有黄溍之評語。共計收詩一百三十五首，另附友人詩詞十一首，其中已載於《古樂府》者六十首〔二〕；且是本卷二章琬《古樂府》識語、卷五楊維禎《香奩集序》所署年月均晚於章琬作序之時，疑先作序而後結集〔三〕。

章琬序：「我朝詩體備矣，惟古樂府則置而不爲。天曆以來，會稽楊先生與五峰李先生始相唱和，爲古樂府辭。……琬登鐵門學詩，因輯先生前後所製者二百首，連吴復所編又三百首，名曰《鐵崖先生復古

〔一〕孫小力編撰《楊維禎年譜》之《傳略》，第一六—二二頁。

〔二〕參考黄仁生著《楊維禎與元末明初文學思潮》第一節《鐵崖詩歌創作概要》。

〔三〕參考孫小力編撰《楊維禎年譜》之《傳略》，第一六—二二頁。

詩集》。此集出，而我朝之詩斯爲大備。……先生近體而下不令人傳，然膾炙在人口，有不可得而遺者，録於卷後，而香奩諸體亦附見云。」

衛靖後序：「鐵雅先生《復古詩集》，自《琴操》至《宫詞》《女史》《香奩》諸題，凡一百二十五首。宣德中，余直文淵閣，得一見於少師廬陵楊公處。因喜其詞雄偉娟麗，讀之不忍釋手，乞歸録之，屢欲鋟梓而未遂，乃珍藏篋笥，庶幾好古君子刊布四方，俾有志者共之，爲余之所深望也。」

顧瑛《後序》：「會稽楊先生，賦有《麗則遺音》，詩有《樂府餘聲》，則已板行於肆，而詩則未出也。……先生至吴，獲睹其詩之全集，……故予謹録吴復所編本，凡三百餘首，以鋟諸梓，與有志古詩者共之。……卷末律詩，雖先生所棄，而世之學者所深膾炙者也。故余復取世俗所傳本，録五言及七言又凡若干首云。」後附鐵崖小傳，録其著述曰：「其所著文，有《三史》《正統辨》《兩漢唐史鉞》《春秋胡氏傳補正》，詩有《古樂府》，賦有《麗則遺音》，行於時云。」

劉儆題識：「鐵崖先生以文章鳴世，其古樂府等作冠絶古今，然未有鋟梓以傳之者，好文之士罕獲見之。予得是編，不敢私藏，謹爲命工刊布，以與四方學者共之。」蓋其時顧瑛刊本已罕傳。

卷十六《續奩集》首有楊維禎自序：「余於《續奩》，亦曰空中語耳，不料爲萬口播傳。兵火後，龍洲生尚能口記，又付之市肆，梓而行之，因書此以識吾過。時道林法師在座，余合手曰：『若墮惡道，請師懺悔。』桃花夢叟楊禎氏自序。」「龍洲生」即章琬，則《續奩集》當爲其所編。

由以上序跋可推知：《古樂府》十卷曾名《樂府餘聲》，至正八年許由顧瑛初刻；至正二十四年，章琬彙集鐵崖新作，結合此前已刻之《樂府餘聲》與《續奩集》等重新編訂，綴以《復古詩集》之名，然或未嘗付梓；明正統間楊士奇得《復古詩集》六卷，衛靖假録，謀鋟諸木而未成，至成化五年（一四六九），方由劉儆據衛靖本刊成。

又按，清葉德輝《郋園讀書志》卷九著録「《楊鐵崖古樂府》十卷《復古詩集》六卷，明補元刻本」，謂其「元刻至明成化時猶存，故修版時增入明人序跋」〔一〕。該本今藏湖南省圖書館，《中國古籍善本書目》將其與上圖所藏一刻本共同著録爲「明初刻本」。然葉志所述該本行款、題署及其餘版本特點，均同是本，其云「諸家書目均未叙及，惟此本正同」之宋濂撰《墓志銘》，是本亦有。今觀上圖藏本，與是本當爲同一版本。則葉志所謂元刻本，亦堪存疑。

復旦藏。

鐵崖先生詩集十卷

元松江寓賢楊維禎撰。清抄本，一册。半葉十行，行大字二十一字，小字雙行同，烏絲欄，黑口，雙黑魚尾，四周單邊。卷前護葉上有粘簽，爲丁丙手書題識。卷末録嘉慶五年（一八〇〇）四月黄丕烈跋語。卷内避諱至「弘」。鈐有「錢唐丁氏正修堂藏書」朱文方印。

〔一〕 楊洪陞點校，杜澤遜審定，上海古籍出版社，二〇一〇年，第四二三—四二四頁。

是集以天干爲次。甲集至丙集題「鐵崖先生詩集」，無署名；丁集題「鐵崖先生古樂府後集」，署「太史金華黄溍晉卿評點，門生雲間章琬孟文編注」；戊集題「鐵崖先生古樂府後集」，無署名；己集有「鐵龍詩」、「鐵史」、「鐵笛詩七言絶句」三種；庚集題「鐵笛詩七言律」；辛集題「草元閣後集」；壬集題「草元閣後集」，署「孫月泉輯録」。按，草玄閣爲楊維禎寓居華亭後所筑，則是本丁、辛、壬集中當爲楊維禎至華亭以後作。

黄丕烈題識：「余向藏《鐵崖漫稿》，爲舊抄本，皆文也；别有一册詩，亦抄本，較《鐵崖漫稿》筆致稍□。近有人携此詩集三册來，云是騎龍登巷顧氏物。檢其舊傳書帳，果有之，蓋顧氏書散已久，此其僅存者爾。索直十金，以每册二兩易得，取其抄手甚舊，疑出自洪、永間，可與《漫稿》爲合璧。至於所録詩篇，不特《東維子集》二卷詩有不符，即吴復所編《古樂府》、章琬所集《復古詩》亦不盡合，當是别據舊本。此分甲至癸十卷，與章琬分年詩十卷卷數合，不知是一是二，俟詳考之。」據此，章琬另編有以年編次之十卷本詩集一部，今未見。

是集另有愛日精廬舊藏抄本（卷八至十配另一清抄本），内容基本與是本相同，其卷末黄丕烈跋語蓋爲親筆。該抄本「凡收詩六百三十五首（不計師友唱和詩作），多已見於上述各本。然本書頗録原序原注，於考訂廉夫生平事蹟大有益處。《涵芬室叢刊》本即據此本刊印。」〔一〕

〔一〕　孫小力編撰《楊維禎年譜》之《傳略》，第二〇頁。

以是本較民國間董康輯刻《誦芬室叢刊》之《鐵崖先生詩集》十卷，則大同而小異：是本己集《鐵笛詩七言絶句》自《題王叔明畫》至《走馬》，叢刊本接在庚集《春日湖上有感五首》後。又叢刊本大部分墨釘是本均有字。如甲集《六月十三日……如左》中，叢刊本「采■堂」，是本作「來湘堂」；又《追和鮮于公寄山齋先生釣石詩》詩末注後此本多「是海眼非俗字」一句。

南圖藏。

鐵崖先生詩集十卷

元松江寓賢楊維禎撰。民國間董康輯刻《誦芬室叢刊》本，傅增湘校并跋，二册。半葉十一行，行大字二十字，小字雙行同；黑口，雙黑魚尾，左右雙邊。無鈐印。

目録後有民國十四年（一九二五）傅增湘手書題識：「同年董綬金大理得鐵崖先生十干集，舊寫本，爲劉喜海方伯藏書，屬吴伯宛、沈元夢粗校一過，舉以付刊，實非别本可以參證也。頃徐梧生司業家書散出，廠賈持來抄本十六卷，爲金俊明所手校。取此本勘讀，乃知訛誤百出，遂爲逐卷點定，增改殆數百字，溢出詩四十九首。鐵崖流傳本最多，綬金同時亦得一本，題《東維子詩集》，尚未付梓，疑溢出之詩多在其中，遂不更録，留此校本，異時爲改正之資可也。乙丑臘八日，沅叔手記。」甲集末又識：「乙丑十一月廿八日，據金俊明校明寫本勘誦一過。沅叔。」

按，今國圖藏有清初印溪草堂抄本《東維子集》十六卷，金俊明批校，當即傅跋所謂「抄本十六卷，爲金俊明所手校」者，然以該本核是本之校文，多不侔。又是本詩題之上大多有墨筆畫圈，而未畫圈之詩均無校筆，共計一百零五首，其中有見於印溪草堂抄本者，有不見者，未知何意，姑録其名於下： 甲集《西湖》；乙集《題邊魯生所畫便面》、《題李息齋竹石》、《西湖竹枝詞》九首、《鐵笛謡爲鐵崖仙賦》（雲間錢鼒作）、《稼父圖》、《白雲窩爲僧明覺海賦》、《游陳氏園有感》、《次韻跋任月山緑竹卷》、《題張溪雲畫竹》、《紀夢中作書遺報復元》、《毛寓軒考牧圖》；丁集《琴操序》；戊集《詠史二十四首》；己集《雲山圖爲鳳凰山人題是日携陸宅之會於德彰千户水竹居山人時年八十二》《陳希夷畫像》《東山携妓圖》《漁翁圖》《雙女投壺圖》《月梅》《雨竹》《風竹二首》《晴竹》《雨竹二首》《雪竹》《秋江晚渡圖》《金人馬圖》《織錦圖二首》《題用上人山水圖三首》《題清味齋圖三首》《題蘇芳齡集芳圖》《題米芾小景》《雙燕圖》《題扇寄謝生》《留題毗山松風竹雪圖》《題邊魯生梨花雙燕圖》《送李五峰先生召著作》《題唐本初春還軒》；辛集《天姥行送僧端公東歸》《送僧歸日本》《春草軒詞》《内人琴阮圖》《六宫戲嬰圖》《湖中女》《羅浮美人》《題毛女》；壬集《三男辭》《盧孤女》《乙酉二月既望遊弁山黄龍洞追和東坡韻就寄烏程縣尹苗公》《六客亭分題送趙季文知事湖州》《題淵明圖》《江氏清遠圖》《鳳凰石》《題張騫乘槎圖》《題繆生佚寫林塘圖和倪元鎮》《唐子華畫山水圖》《題倪雲林寫竹石寒雨贈錢自銘時爲虞子賢西賓》《嬉春體四絶句》《詠新月》《題柯丹丘竹》《題紅梨花》；癸集《送倭僧還》《孟夏三日宴周生瑞蓮堂賦詩一首》。

國圖藏。

楊維禎詩集不分卷

元松江寓賢楊維禎撰。明抄本，明皇甫汸、俞安期跋，一册。書衣有四周雙邊題簽，上書「楊鐵厓手抄詩稿」，下鈐「持盦珍藏」白文長方印。半葉九行，行二十字；藍行格，藍口，雙魚尾，四周雙邊。版心鐫「西樓筆札」。卷首有《楊維楨詩集目録》，卷末有皇甫汸、俞安期手書跋。鈐有「王静之印」白文方、「重謙之印」朱白文方、「重謙」白文方、「持庵」朱文方、「長白重謙字止益號持盦别號紅梅主人鈕祜禄氏」白文方、「謙」白文方、「寶綸堂藏書印」朱文長方、「西玄松州樗翁寶綸堂藏書」朱文長方、「陸氏家藏」白文方、「麓邨鑑定」白文方、「吴氏鑑賞」朱文方、「朝鮮安岐珍藏」朱文方印等。

皇甫、俞二跋載諸王重民編《中國善本書提要》，均以「西樓」爲楊維禎讀書樓名，謂是本爲鐵崖手抄。王重民作按語辨其非：「余據卷内筆誤，知定非西樓手書，然遇元代帝王均抬頭，知其淵源定甚古也。」〔一〕卷内詩篇多晚年寓居松江時作，《附録》中《尚夷齋銘》亦爲松江文人朱聽撰。以是本爲手抄孤本，又多有未見他本之題，謹録其目如下：

《篳栗吟》、《梁父吟》、《歸雁吟》、《義鵠》三首、《荆釵曲》、《昭君曲》二首、《春芳曲》、《長洲曲》、《花遊曲》、《匹烏曲》、《題楊妃春睡圖》、《鴻門宴》、《題青蓮居士像》、《賦海涉》、《送日本僧》、《送客洞庭西》、《要離冢》、《存與篇》、《送窩舜臣會試》、《寄康趙二同年》、《寄韓李二御史同年》、《寄

〔一〕王重民《中國善本書提要》，上海古籍出版社，一九八三年，第五四四頁。

丁仲容》、《送僧歸日本》、《贈瓊華珠月》、《翡翠巢》、《醉和篇字韻》、《嬉春體》五首、《溪舫齋》、《送秦刺史赴召史館》、《過沙湖寄五山伯仲》、《無題》四首、《錢塘懷古》、《送强仲賢北上》、《題趙文敏公自作小像》、《前旌操》、《薛澱湖》二首、《泛泖》、《丹鳳樓》、《來青覽暉二樓》、《綾錦墩》、《題金山鐵工張氏一産三男以詠記事》、《陳廉庶子》、《禁酒》、《竹枝柳枝詞》、《紫質生白雲窗》、《送薛推官詩》、《壽豈詩》、《送康司業詩》、《題逸樂子卷》、《夜坐一首》、《舟遇黄店》、《緑蔭亭詩》、《送趙季文考滿》、《送謝太守》、《賦春夢婆》、《小香》、《寄沈秋淵》、《送黄尚書入閩》、《賦贈雪坡太守及周義卿》、《用顧松江韻復理二守并柬雪坡刺史》、《送謝太守》、《答倪生德中耒韻》、《題雙松亭》、《感時一首》、《重陽後五日賦詩光漾亭謝復齋宴》、《與蔣羽儀》、《主之約詩用字文韻》、《寄秋淵沈煉師》、《與陸宅之夏志文吕希尚聯句》、《喜雨初陽臺上作》、《題鑑上人半雲軒》、《夏氏槐夢軒》、《寄雨道源》二首、《聯句書桂隱主人齋壁》、《題朱連峰夢遊仙宫殿明日偕見西辨進香詩》、《凝香閣詩》、《盤所歌》、《杵歌》七首、《鐃歌二章》、《雲松老人羊腸巾歌》、《觀潮長歌録呈吴二守雲閑先生》、《題清閟堂雪樵圖》、《大樹歌爲馮淵如賦》、《桂軒辭二章》、《毗陵行》、《送史才叟遷上饒吏代馮元贈》、《題趙子昂五花馬》、《題謝氏一勺軒》、《九月十六日題伯高鎮撫歸耒堂章元澤之居》、《席間賦歌妓一首》、《撓達元帥》、《學琴》、《學書》、《演歌》、《習舞》、《上頭》、《染甲》、《照畫》、《理繡》、《出浴》、《甘睡》、《相見》、《相思》、《的信》、《私會》、《成配》、《洗兒》、《秋千》、《蹋鞠》、《釣魚》、《走馬》、《送吴生良遊金陵》、《望鄉臺》、《飲馬窟》、《妲己圖》、《胭脂井》、《焦仲卿妻》、《朱崖令女》、《連理枝王》、《玉境臺》、《纜舟石》、《聞過雁》、

《玉啼騧》、《女蔓草》、《子夜吴歌》、《自君之出矣》二首、《桂水五千里》四首、《康節像》、《陳摶像》、《明皇吹簫圖》、《家藏劉阮圖》、《春俠口號》、《烏夜啼》、《針綫婦》、《碧筩源》、《餘姚海堤爲判官葉敬賦》、《彭郎祠》、《龍王嫁女詞》、《宫詞》十二首、《西湖竹枝詞》十首、《小遊仙詞》十二首、《炮烙詞》、《放魔詞》、《北郭詞》、《俠客詞》、《劍客詞》、《三閣詞》、《摘瓜詞》、《食桃詞》、《楊柳枝詞》二首、《擬雪詞》、《繫馬詞》、《去妾詞》、《虞美人歌》、《平原君斬美人歌》、《劉平妻殺虎行》、《巴陵女子行》、《精衛操》、《石婦操》、《漢水操》、《履霜操》、《殘形操》、《箕山操》、《雙蝶曲》、《烽燧曲》、《牧牴曲》、《湘臺曲》、《城門曲》、《蘇臺曲》、《昭君曲》、《秦宫曲》、《雌雄曲》、《採蓮曲》、《睹春曲》、《春波曲》、《空桑曲》、《洞庭曲》、《長門怨》、《人彘怨》、《廬山瀑布謡》、《走狗謡》、《麗人行》、《沙堤行》、《崔小燕嫁詞》、《金山孤鳳詞》、《紈扇詞》、《春草軒詞》、《籛鏗詞》、《大人詞》、《主家詞》、《鐵笛歌》、《杞梁妻》、《馮家女》、《三叟者訣》、《邯鄲弄》二首、《毛女》、《買妾吟》、《即墨女》、《雜詠》二首、《寄化成訓講主》、《詠燕》、《新月》三首、《初三月》、《初七月》、《梧桐月》、《月中桂》二首、《虹》、《水中雲》、《雪米》二首、《雪珠》、《聽雪》、《雪獅》三首、《霜花》、《游絲》、《鍾山》、《夫人山》、《望夫石》二首、《醒酒石》、《石牛》、《水鏡》、《玉壺冰》、《水筍》、《浮橋》、《筆冢》、《聽雨樓》、《混堂》、《三角亭》、《天窗》、《鍾樓》、《牡丹》、《白牡丹》、《雙頭芍藥》、《楊妃菊》二首、《西施菊》、《八寶菊》、《紅菊》、《鴛鴦菊》、《佛頂菊》、《木芙蓉》、《桂花》、《泮宫桂》、《梅》、《紅梅》二首、《鴛鴦梅》、《雪月梅》、《蟠梅》、《梅龍》、《楊梅》、《雁來紅》二首、《玉筍班》、《貓頭筍》、《緑陰》、《紅葉》、《琉璃觀音》、《石將軍》、《人影》、《兜塵觀音》、《美人》、《籠袖宫人》、《馬上宫娃》、《雙陸》二首、《水秋遷》、《竹馬》、《面具》、《佳人手》、《腰疼》、《筆》、《水晶筆架》、《玉蟾蜍》、《玉帶硯》、《琵琶硯》、《銅雀硯》、《梅花鏡》、《剪刀》、《綫香》、《龍涎香》、《畫舫》、《菊杯舟》、《釣絲》二首、《魚簑》、《紗橱》、《菊枕》、《圓枕》、《琉璃簾》、《鸚鵡杯》、《鞋杯》、《三眼茶灶》、《茶筅》、《桃花扇》、《白扇》、《竹奴》、《湯婆》二首、《梅杖》、《班竹杖》二首、《熨斗》、《秧馬》、《獸炭》、《炭團》、《木犀數珠》、《刷牙》、《承露盤》、《天燈》、《塔燈》、《梅花燈》、《蒲菊燈》、《船燈》、《鏡中燈》二首、《泡燈》、《走馬燈》三首、《仙鶴燈》、《梅花燈籠》、《竹節燈臺》、《金釵剪燭》、《錦箏》二首、《猿臂笛》、《鶴脛笛》、《象板》、《烟寺晚鍾》、《之字》、《沙書》、《畫梅》、《紙被》、《楊妃錦袎襪》、《足帛》、《帕子》、《香羅帕》、《金盤露》、《豆腐》、《雪糕》、《冰團》、《白雁》、《雁字》二首、《雁陣》二首、《鶯》、《鶯梭》二首、《白燕》二首、《螢火》、《燈蛾》、《雪履操》、《正月十日寄婁東郭吕二秀才》、《悼張伯雨幻仙詩》。

附録：《吴氏歸本序》、《尚夷齋銘》、《玉海生小傳》。

臺圖藏，南圖有其縮微製品。

楊鐵崖先生文集十一卷附鐵笛清江引一卷

元松江寓賢楊維禎撰。明萬曆四十三年（一六一五）陳善學刻本，一函四册。半葉九行，行大字二十字，小字雙行同；白口，單魚尾，四周單邊。卷首依次鎸明萬曆四十三年仲秋陳善學《楊鐵崖先生集序》、元至正二十五年（一三六五）二月貝瓊《鐵崖先生大全集叙》、《校正姓氏》、貝瓊《楊鐵崖先生傳》、宋濂《楊鐵崖先生墓志銘》，明成化十年（一四七四）章懋《楊鐵崖先生詠史古樂府序》。卷端題「華亭陳繼儒仲醇校閱，諸暨陳善學淵止訂正」。卷末鎸正統元年（一四三六）三月楊士奇《跋鐵崖先生復古詩集後》。鈐有「慈竹莊藏書記」朱文長方印。

是本前八卷爲詩，後三卷爲賦。凡收詩七百四十一首，薈萃《鐵崖先生古樂府》《復古詩集》六卷及章懋序刊《楊鐵崖先生詠史古樂府》而成，然將原本注文盡數删去。卷八詩後附佚名《鐵笛清江引》二十四首，注曰：「是鐵老一生年譜。」詩中稱楊維禎「先生」，蓋鐵崖門人所爲。末三卷卷首題曰「麗則遺音古賦程式」，計收賦三十五首，前二卷同《麗則遺音》四卷本，卷三所載三首，原載明弘治十四年（一五〇一）馮允中刊《鐵崖文集》卷二[一]。據卷首《校訂姓氏》載，參與修訂是集者有：華亭陳繼儒仲醇，山陰魯湘彌生、俞調鼎鵠尹，同里駱意子誠、駱先行君默、駱中行君與、駱先覺莘夫、陳善學淵止、陳經學所明、陳芝九芝、陳于京宗甫、陳于甯回之、陳于薦際之、陳洪緒亢侯、陳楨孟公、陳檄仲琳。

卷首陳善學序：「蓋廉夫諸刻，既轂且繁。里中間有舊本，半覆醬瓿，即秘爲中郎，亦魯豕莫辨。若廉夫者，於三子中尤阨矣。余不佞生而同里，因蒐其全，訂其贋，而善鋟之，使知務觀而下、文長而前，有一人焉。」

[一] 參考孫小力《楊維禎年譜》卷首《傳略》對是本之考述。

貝瓊序：「《鐵崖先生大全集》，《春秋大意》若干卷，《史鉞》若干卷，《君子議》若干卷，《麗則遺音》若干卷，志、序、碑、銘、贊、引、箴、頌、古樂府、近體五七言詩總若干卷，吁富矣哉。……晚年放浪雲門、玉笥、洞庭、錢塘之間。……及先生辟地九峰三泖，而瓊亦自海昌至，蒐輯手編於散佚之餘，幸不燼朽泯滅。而大姓章琬欲鋟諸梓，以傳無窮，俾瓊叙之。」按，《鐵崖先生大全集》今未見，不知是否刻成，而是本置其序於卷端，或是本於該集有所採摭。

章懋序：「昔者蒙古氏之有天下也，治率用夷而不師古，禮樂刑政，無足稱述，獨文章一脉，代有作者。……然其時衆作悉備，惟古樂府未有繼者，於是會稽楊鐵崖先生與五峰李季和始相倡和，爲漢魏樂府辭，崛强自許，直欲度越齊梁而上薄《騷》《雅》，偉乎其志哉。至如詠史，則季和每推服鐵崖爲上手。……成化癸巳，御史中丞江浦張公巡撫閩中，莅政之暇，出以示懋而語之曰：『鐵崖先生平日所爲樂府詩最多，今僅有存者，天官少宰葉公與中纍爲僉都御史，出撫東廣，嘗得其門人吴復所編若干首，已鋟諸木矣。近得此帙於前江西提學黄先生純之子知州璪〔一〕，喜其詞古意古，可興可觀，讀之使人懲創感發，隱然有《三百篇》之遺風，特未得其全集耳。兹將刻而傳之，子盍爲序？』某辭不獲命。……乃若先生名系爵里與其文行之詳，見於宋太史景濂所爲墓志者，已顯暴於世矣，兹不著云。」按，楊維禎門生顧亮輯有《楊鐵崖詠史

〔一〕「璪」字原本不可辨，據黄仁生《楊維禎與元末明初文學思潮》第五章第二節中所引《楊鐵崖詠史古樂府》章懋序補。

古樂府》，今存成化九年刻本卷首正有此序，蓋是本對該集亦有所採擇。

卷末楊士奇跋：「余在京知經筵事時，聞先生長者説楊鐵崖爲有道之士。後數年始讀所爲文章，得見其道德之藴，誠爲一代人表。……余又見《復古詩集》，讀其《琴操》不讓退之，其《宮詞》不讓王建，其《古樂府》不讓二李，……故題數語於篇末，以志余景仰之深意云。」

人大、中科院、南大、吉大藏。

楊鐵崖先生古樂府八卷古賦三卷復古詩集補遺一卷古樂府補遺一卷〔一〕

元松江寓賢楊維禎撰。明天啓元年（一六二一）馬宏道抄本，民國葉啓勛、葉啓發題識，六册。半葉十二行，行大字二十八至三十字，小字雙行同，無欄綫。卷首依次録明貝瓊《楊鐵崖先生大全集叙》、《校正姓氏》、貝瓊《楊鐵崖先生傳》、宋濂《楊鐵崖墓志銘》、章懋《楊鐵崖先生詠史古樂府叙》及《楊鐵崖先生文集古樂府目録》。卷前護葉有民國二十五年（一九三六）葉啓勛手書題識、民國二十八年（一九三九）三月葉啓發手書題識。卷末有明天啓元年馬宏道手書題識。正文卷一至八卷端題「華亭陳繼儒仲醇校閲，諸暨陳善學淵止訂正」；卷九、十卷端題「華亭陳繼儒仲醇校閲，諸暨陳善學淵止校訂，陳芝九芝參閲」，卷十一卷端題「華亭陳繼儒仲醇校閲，山陰俞調鼎鵠尹訂正」。卷十一末有正統元年（一四三六）三

〔一〕是篇據國圖所藏縮微製品撰寫。

月楊士奇《跋鐵崖先生復古詩集後》。其後《鐵雅先生復古詩補遺・古樂府香奩集》卷端題「太史金華黄溍晉卿評，門生章琬孟文注」。卷末有元至正八年（一三四八）七月顧瑛《鐵崖先生古樂府元本序》。其後有補遺目録、《楊鐵崖先生古樂府補遺》，卷端題「門人富春吴復編，後學馬宏道彙選」。其後有《吴見心墓志銘》、明成化二年（一四六八）六月王崙《重刻鐵崖先生古樂府後叙》、明天啓間馬宏道題識。鈐有「馬宏道印」白文方、「馬宏道印」白文方、「人伯氏」朱白文方、「馬氏藏書印章」朱文方、「馬弘之印」白文方、「人白氏」朱文方、「馬宏道印」朱文方、「人伯」朱文方、「海虞逸民」朱文方、「金星軺藏書記」朱文長方、「家在黄山白岡之間」白文方、「文瑞樓」白文方、「拾經樓」朱文長方、「葉定侯」朱文方、「華鄂堂」朱文長方、「十葉」朱文方、「啓發之印」白文方、「劫後餘生」朱文方、「得山家藏書印」白文長方、「中吴葉啓蕃啓勛啓發兄弟珍藏書籍」朱文長方、「定侯流覽所及」朱文方、「定侯所藏」朱文方、「葉啓勳」白文方、「葉氏定侯紬書」朱文方、「葉啓發藏書記」朱文方、「拾經樓丁卯以後所得」朱文方、「東柯草堂藏書印」朱文長方、「拾經樓」朱文方、「拾經樓著録」朱文方印等。

葉啓勛題識：「壬戌春，余從衡山常文節公大淳家得元刻本《鐵崖古樂府》十卷、《復古詩集》六卷，曾以毛氏汲古閣刊本比勘，乃知毛氏多所竄改，不足信也。後復從冷書攤頭購得明成化九年刻本《詠史古樂府》一册，前有金華章懋序，無目録，亦無後序，亦不知殘缺與否。遍考歷來藏書家志目，皆未載，第以其稀見，而刻本又在數百年前，且其詩皆爲元本所無，故什襲藏之，以待他日之取證。頃友人賀子彝亭持示其先人蔗農侍郎延齡舊藏抄本《鐵崖先生大全集》六册，前四册爲古樂府，又一册則古賦也，又一册爲古樂府補遺，則馬宏道所彙選也。後附《鐵雅先生復古詩集補遺・香奩集》。尾注：『丁丑菊月丙寅，偶借歸景房古本《楊鐵崖集》校對，與金陵坊本、崑山王益刻本互有不同，旋補入此。人伯。』……蓋此爲明天啓時馬宏道抄藏，後歸于桐鄉金氏文瑞樓者也。宏道字人伯，號退山，蘇州人。與毛子晉友善，著有《采菊雜詠》，汲古閣爲刊行之。……此書書面用淺緑粉臘箋，裝訂精緻，誠如蕘圃所言。核其藏書目録所載『楊維楨鐵崖文集又抄本五卷又鐵崖賦一卷又鐵崖古樂府』者，即此書也。幾經輾轉，歸于庶農侍郎，閱數十寒暑，而歸於余，聚散無常，古今同慨。他日雖不知歸于何所，但一經余眼，後之得詞者必摩挲賞玩曰『此某某家藏之物也』，豈非一大快意事乎？特書此以志歲月焉。」

葉啓發題識簡述鐵崖詩集各種版本，於是本則曰：「明天啓元年，海虞馬人伯宏道據萬曆中陳淵止刊、華亭陳仲醇繼儒校本抄録，并益以元至正戊子顧瑛，至正甲辰章琬、成化王益、金華章懋、諸暨陳于京，及歸景房古本、金陵坊本合并，編定爲十卷。凡古樂府八卷，七百七十首；文賦二卷，三十五篇；香奩八首；又古樂府補遺一卷，八十首。凡各本之序跋傳志，均採録甚全，可謂集諸家之大成矣。其章輯《復古詩集》所載與吴編《古樂府》重複者，如《北郭詞》即《屈婦詞》、《秦宮詞》即《桑陰曲》、《合歡詞》即《生合歡》、《空桑曲》即《高樓曲》之類，均考訂釐正，甚爲精審。又《老客婦謡》及《大明鐃歌鼓吹曲》于鐵崖之前後兩易其詞，有虧臣節者，概不采入，去取亦深有法度也。」其後又録黄丕烈《鐵崖漫稿》題識等。

卷末馬宏道題識：「天啓元年歲次辛酉季春上巳，海虞逸民人伯馬宏道漫録竟。」

較之萬曆陳善學刊本，是集多《香奩集》及《古樂府補遺》，後者補入《鐵崖先生古樂府》十卷、《復古詩集》六卷及《詠史古樂府》中未收入陳善學刊本之詩，頗具價值，兹録其目如下：《結襪子》、《柏谷詞》、《冰山火突辭》無處尋〔二〕、《吴鉤行》已上一卷、《麗人行》二卷、《六宫戲嬰圖》二卷、《三叟者訣》、《三青鳥》、《將進酒》古今本互同異、《君家曲》、《城西美人歌》、《内人琴阮圖》、《内人吹笛詞》、《内人剖瓜詞》、《屏風謡》、《紅牙板歌》、《奔月卮歌》、《簫杖歌》已上俱二卷、《上元夫人》三卷、《籛堅詞》、《道人歌》、《龍王嫁女詞》、《夢遊滄海歌》、《羅浮美人》、《望洞庭》、《苕山水歌》、《石橋篇》、《張公洞》、《登華頂峰》、《廬山瀑布謡》、《花游曲》和七首，已上俱三卷、《海客行》四卷、《沙堤行》五卷、《地震謡》、《苦雨謡》、《大風謡》、《白雪詞》、《鹽車重》、《鹽商行》、《牛商行》、《勸糶詞》、《吴農謡》、《三男詞》、《乞墦詞》、《家仕歎》、《侯庶歎》、《秦刑篇》、《匠人篇》、《花門行》、《征南謡》、《憶昔》、《唐刺史》、《法吏》、《劭農篇》、《存與篇》、《槜蒲行》、《貧婦謡》已上并五卷、《楊佛子行》六卷、《陳孝童》、《强氏母》、《醫師贈袁鍊師》、《題鐵仙琴書真樂窩》二首，已上六卷、《射羆行》七卷、《殺虎行》七卷、《覽古三卷》今本無闕、《附録吴見心墓志銘》一首。

湖南藏，國圖有其縮微製品。

〔二〕小字爲是本原有，下同。

東維子集十六卷

元松江寓賢楊維禎撰。清初印溪草堂抄本，金俊明校，三册。半葉十行，行大字二十二字，小字雙行同。藍行格，白口，無魚尾，四周單邊。版心下鎸「印溪草堂」。鈐有「孝章」朱文方、「耿庵」朱文方、「不寐道人收藏」白文方、「吴會孤雲」白文方、「不寐明懷」朱文方、「復明」朱文方、「琪園李鐸收藏圖書記」朱文方、「曾在周叔弢處」朱文長方印等。

是集與三十一卷本《東維子文集》迥異，所録全爲詩賦。大致依詩體編次，卷一古樂府，卷二至六七言古詩，卷七至九七言律詩，卷十古樂府，卷十一七言古詩，卷十二、十三七言絶句。凡收録琴操十三首、七古二百八十八首、七律一百六十九首、七言排律四首、六絶一首、七絶二百三十八首，合計七百十四首。大多見於《鐵崖先生古樂府》十卷、《復古詩集》六卷、《鐵崖先生詩集》十集及《東維子文集》三十一卷。卷十四至十六爲賦集，題作《麗則遺音古賦》，與四卷本《麗則遺音》校核，卷末增《五雲書屋》一篇，凡三十三篇。〔一〕

按，傅增湘嘗以是本與以天干爲卷次之《鐵崖先生詩集》十卷、《鐵崖先生古樂府》十卷及《東維子集》中詩兩卷相校，得是本中各詩爲以上諸集所無者四十九首，載其目於《藏園群書經眼録》，可資

〔一〕　參考孫小力編撰《楊維禎年譜》卷首《傳略》該集提要，第二三頁。

參看〔一〕。

是本第四、五卷末有淺色筆「甲寅建子月重校」，下鈐「俊明」朱文方印。正文末有淺色筆「甲寅建子月重校」，下鈐「孝章」朱文方印；下半葉末行有淺色筆「計詩賦共十六卷」，行末鈐「耿庵」朱文長方印。按，甲寅當爲康熙十三年。

國圖藏。

鐵崖詩集三種（鐵厓樂府注十卷鐵厓咏史注八卷鐵厓逸編注八卷）

元松江寓賢楊維禎撰，清樓卜瀍輯注。清乾隆三十九年（一七七四）聯桂堂刻本，一函十二册。半葉十行，行大字二十二字，小字雙行同，白口，單魚尾，四周雙邊。内封題「乾隆甲午年鐫/同邑樓西濱輯録/鐵厓樂府注/聯桂堂藏板」。《樂府注》卷首鐫清乾隆三十九年正月樓卜瀍《序》、元至正六年（一三四六）十月張天雨《鐵厓先生古樂府序》、至正六年三月吴復《輯録鐵厓先生古樂府叙》。各卷前有該卷目録。卷一卷端題「諸暨楊維禎廉夫著，同邑後學樓卜瀍西濱注，門人富春吴復編，十三世孫楊惟信裴午訂」，卷二卷端題「諸暨楊維禎廉夫著，同邑後學樓卜瀍西濱注，門人富春吴復編，蔡英番宣、周源瀛寰九訂」。卷三訂者爲孟繼侯再彦、趙達信體忠，卷四訂者周殿禄尹度、周國新履文，卷五訂者金莊山豳耒、周源

〔一〕 傅增湘《藏園群書經眼録》，中華書局，二〇〇九年，第一三七三頁。

澗華亭，卷六訂者金鎡豐末、周國憲立文，卷七訂者孫元音穎若、金照雪湖，卷八訂者斯元仁近方、黃鶴羽西德，卷九訂者郭楷懿範、袁正埒奠邦，卷十訂者樓濬哲文、樓鳳五汝造。每卷末又有校者名。卷一末鐫「樓汪若千校」，卷二末「樓灝噩監校」，卷三末「樓淮青浦校」，卷四末「樓淑荀似校」，卷五末「樓湜又持校」，卷六末「樓澍傅霖校」，卷七末「樓澤育蒼校」，卷八末「樓杏均五校」，卷九末「樓厚棫文植校」，卷十末「樓厚樽宗夏校」。鈐有兔紋朱文甕形、「吴興劉氏嘉業堂藏」朱文長方、「緑筠廬」朱文長方、「相城九霞野逸龔文韶紫筠堂藏書」白文長方、「張氏學安藏本」白文長方、「訒葊」朱文方、「張紹仁印」白文方、「龔文韶印」白文方、「吴興劉氏嘉業堂藏書記」朱文長方、「羣玉山房」白文方、「博古齋收藏善本書籍」朱文方、「柳蓉春經眼印」白文方、「孝安」朱文方印。

《鐵厓詠史注》卷首鐫樓卜瀍《序》，各卷前有該卷目録。卷一卷端題「諸暨楊維禎廉夫著，同邑後學樓卜瀍西濱注，同宗後學楊之光愛之、楊之昂文駒訂」，卷二訂者爲周源沖萬宗、周源淋沃齋，卷三訂者金宗清載揚、王佩蘭者香，卷四訂者馬以智貞一、何載型效仁，卷五訂者丘咸邦寧、金廷標海山，卷六訂者趙元度萬涵、金宗涵育齋，卷七訂者樓魯清倬雲、樓國佐廷柱，卷八訂者樓大章鴻文、樓寵最峰。卷一至卷八末所鐫校者分別同《鐵崖樂府注》卷一至卷八。

《鐵厓逸編注》卷首鐫樓卜瀍《序》，各卷前有該卷目録。卷一卷端題「諸暨楊維禎廉夫著，同邑後學樓卜瀍西濱注，周公瑗林木、金廷楷聖端訂」。卷二訂者爲酈蔭枚夏占、金蘭湘佩，卷三訂者陳楠南望、楊心田菉薈，卷四訂者李廷槐天植、陳宗器紹先，卷五訂者李廷梅應魁、邱平範千億，卷六訂者盧華嶽尚友、程遠行之，卷七訂者樓瀚滄北、樓澐价維，卷八訂者張廉清士、張宰聘相。卷一至卷八末所鎸校者分別同《鐵崖樂府注》卷一至卷八。

三集卷末鎸「樓厚樽宗夏校」一行并雙行小字題識：「先君子所注《鐵厓樂府》十卷、《詠史》八卷、《逸編》八卷，經史子集，搜羅殆遍，費日力於斯者，凡五易寒暑焉。書成授梓，以艱於貲，未遑剋期告竣，而先君子已溘然長逝矣。服闋，不肖汪痛緒業之不終，爰集同志，踵而成之。敢謂學繼縹緗，庶幾無負先人之志云。不肖汪謹識。」

由樓卜瀍序及卷内詩篇可知：《樂府注》十卷即吴復所編《鐵崖古樂府》十卷，樓卜瀍將詩末吴復注删去而代以自注，然參考吴復注之處仍有不少，《詠史注》爲樓氏自其外祖父陳善學刊本中輯出未見於吴復編《古樂府》之詩，陳善學所刊或即明萬曆四十三年刻《楊鐵崖先生文集》十一卷之前八卷；《鐵崖逸編注》樓氏輯自以天干爲卷號之《鐵崖先生詩集》十卷本中未見於前二集之詩〔一〕。此三集收詩共九百七十七首，爲目前所見收録楊維禎詩最多之本〔二〕。

是本有清光緒十四年（一八八八）樓氏崇德堂補刻本。内封題「鐵崖詩集三種」，封背牌記「光緒戊子秋諸暨樓氏崇德堂補刻」。卷首依次爲光緒十四年仲秋許應鑅序、鐵崖先生小像并張岱像贊、《明史》

〔一〕參考金開誠、葛兆光著《古詩文要籍叙録》之《楊維禎集》，第四五七頁。

〔二〕據孫小力編撰《楊維禎年譜》之《傳略》。

楊維禎本傳、貝瓊撰《本傳》、《元故奉訓大夫江西等處儒學提舉楊君墓志銘》（并篆額題識）、光緒戊子秋樓藜然《鐵厓先生里居考》、重校友人姓氏。樓卜瀍序版心下鎸「寶翰堂」。卷端題「諸暨楊維禎廉夫著，同邑後學樓卜瀍西濱注，門人富春吴復編，族孫藜然藹盦、蔚然悱蒡重訂」。卷一末有「樓汪若千校」一行。此後每卷校者亦不相同。卷末有葛漱白《附同邑葛氏編輯鐵厓全集跋語十三則》、光緒十四年十二月樓藜然《補刻鐵厓詩注跋》。

復旦藏。

鐵崖先生詩集二卷

元松江寓賢楊維禎撰。清張氏愛日精廬抄本，一册。半葉八行，行大字二十一字，小字雙行同；無欄綫。卷首録有清丁丙題識。卷内「玄」字避諱。鈐有「愛日精廬藏書」朱文方、「秘册」朱文長方、「八千卷樓丁氏藏書印」白文方印。

卷首丁丙題識字跡不類其本人所寫，當爲他人轉録，其文曰：「元楊維禎撰詩，分體編集。上卷凡七絶一百七十三首，七律二百四十八首，七言古詩十六首；下卷凡七律一百十四首，七言長律五首，七律聯句六首，歌行二十九首，與《鐵崖詩集》《東維子集》均不符，而無五律、五絶諸體，疑出前人摘本。《文瑞樓書目》載有舊抄本《楊鐵崖詩集》一長卷，得之於陸子振發者，不知是此否。前有『愛日精廬藏書』、『秘册』二印，而藏書志中卻未列也。此書當是書成後所得耳。」按，是本所録亦多楊維禎寓居松江後所作，以其爲手抄孤本，又多有未見他本之題，謹録其目如下。

上卷七言絶句：《碧桃花丹桂枝》、《海棠小桃折枝》、《姜詩汲水圖》、《曹雲西圖》、《黄鶴樓》、《王若水竹雀》、《古木扇》、《老妓瓊林宴圖》、《吕希顔席上賦牡丹》、《墨雁》、《紅梅》、《殿山阻風》、《題竹》、《畫菜》、《趙子昂桃花馬》、《二喬觀書三首》、《芝草一莖三花》、《把筆仕女》、《秋日山行圖》、《龍取水》、《□□》（「玉户金缸……」）、《杯茶》、《詠女史一十八首》、《續劍巾集二十詠》[一]、《墨桂二絶》、《應制題趙大年翎毛小景》、《和馬伯庸尚書海子上即事四絶》、《立春試筆》、《官怨》、《靈竹寺上元書所見》、《雲夢道中》、《經梁王鼓吹臺》、《七夕閨情》、《擬蘇堤湖上春行》、《步虚詞贈江東道者》、《讀書四絶》、《送李瑾下第歸武昌二絶》、《奇士齋伯終》、《宿岳陽樓二絶》、《聞歌》、《過興安放舟湘水》、《題伯庸中丞詩後》、《春日郊行二絶》、《四景山水》、《尋源道中四絶》、《途中遇雨四絶》、《夜泊廣陵》、《寄別韓克莊憲副》、《答任元凱以詩見寄二絶》、《建德道中》、《釣臺》、《漫題》、《嘲林清源》、《別清源》、《春暮即事戲簡馬本初郎中四絶》、《題詩畫》、《華山隱真人惠牡丹二枝戲書四絶》、《過宋故宫留題聖安寺》、《送王仲芝率掾歸越中》、《步虚詞八章賦鍊師蔡霞外》、《贈傑龍岡上人》二首、《寄壽内子四絶》、《林氏篔簹谷四絶》、《趙仲穆畫》、《暹上人望鶴圖》、《秋暮即事題嚴江寺》、《贈相者高高視》、《春江漁樂圖》、《汀州路吏賴鏞死節》、《滕王閣圖》、《錢舜本畫菊》、《寄山東子春僉事》、《春俠雜詞四絶》、《燕子詞四

[一]「劍巾」當爲「奩」之誤，此二十首見於章琬編《復古詩集》卷六。

絶》、《小遊仙八絶》、《春晴二絶》、《吴詠》二首；七言律：《鍾山》、《多景樓》、《舟次秦淮河》、《詠白塔》、《送理問王叔明》、《丹鳳樓》、《宴龔暘谷緑漪軒》、《寄于照略》、《寄李司徒》、《寄張士誠太尉》、《送尚書貢太甫入閩》、《用顔松江後理齋貳守》、《和蔡彦文題虞伯生張伯雨唱和帖》、《禁酒》二首、《鞦韆》、《白燕》、《雪坡太守過門招飲》、《寄蘇昌齡》、《赴瑪瑙寺主者約》；七言古詩：《夏士文槐夢軒》、《和黄彦美元帥憂字韻詩賦思邈明府》、《寄宋景濂》、《贈許廷輔萬户》、《雪》、《雪谷望松圖》、《贈王左丞》二首、《己亥除夜》、《用雪坡梅約何字韻與梅册主者》、《庚子元旦東履齋明府》、《贈姜羽儀》、《賦袁達善雪屋》、《賦彭叔璉竹素圖》、《送玉笥生往吴大府之聘兼柬國寶樞相賓卿客省》、《寄賓卿驄使》、《泊舟南陸》、《訪青龙主春主者》、《與客餞彦高宴朱氏瀛洲所》、《登大悲閣》、《寄太僕危左轄仲學張祭酒》、《題小蓬萊》、《宴横鐵軒》、《送成元章歸吴兼柬謝公》、《送南蘭上人歸天竺》、《净行寺主登干將山松溪郭煉士作答供》、《次答邱克莊》、《悼孝忠襄王》、《宴歸來堂》、《贈耿賢遂》、《寄王州尹》、《賦書巢生》、《寄張長年》、《同韻寄太守》、《宴蠢石軒》、《與僧宴于水月池》、《復倪元鎮》二首、《請杜少陵閬州歌予今亦成一章》、《讀句曲外史詩因摘其句和成二韻》、《勉學書》、《和溥鰲海韻》、《次周季大席上韻》、《悼龙華玉田師》、《水樂洞》、《游青龙書院》、《玉皇閣》、《登玉山高處》、《送吴孝廉游三沙》、《次答倪德中》；七言古詩：《顧仲英野梅洞》、《寄煮石張公》、《寄海寧知州》、《席上賦》二首、《何氏萬竹樓》、《賦趙子期》、《嚴景安山水》、《玉山草堂卷》二首、《和瞿睿夫萊字韻》、《和琦上人韻》、《送徐仲積游京師》、《送趙子期尚書小瀛洲韻》、《瞿氏新居》、《送道衡上人歸甌越》、《賦信上人》、《答張貞居雲林席上見寄韻》、《松石圖》、《黄大癡畫白雲圖》、《慧上人流飛亭》、《清風義婦嚙指……投江死》、《朱氏菊徑圖》、《和倪雲林所畫》、《門生夏頤所藏江雁圖》、《曹氏松齋圖》、《西湖静者欣用和韻》、《送王允讓之陝西省員外》、《賦王蒙》、《送褚士文北上》、《廣生堂卷》、《午窗睡妾》、《守婦卷》、《何氏秀松鶴巢》、《水雲軒》、《張氏所居》、《夜飲范氏堂》、《沈氏竹泉》、《君山吹笛圖》、《天台壽智》、《和貝仲琚韻》、《桶底圖》、《孫大雅撰胡師善傳後》、《春遊田家》、《送織毯宣使》、《贈錢野人字慶餘》、《劉丹崖泡珠亭字原剛》、《雙桂堂席上賦》、《和居竹贈浙省》、《飲張伯高歸來堂》、《和鰲海來韻》、《靈鷲山》、《和成元章贈袁省郎韻》、《嬉春》、《宴杜堯臣席上》、《與浙省平章同謁先聖廟》、《寄劉用章郎中》、《吴氏雪窗》、《徵好秀才》、《御賜玳瑁筆見徵楚國公碑文》、《答夏伯和書問》、《門生夏叔正席上賦》、《香奩八詠》、《題柳香綿》、《上王丞相》、《上葛指揮》、《春遊湖上》、《六月淫雨》、《小閬圖》、《送吴主簿》、《素花臺》、《題畫》、《溪山晚渡圖》、《過太湖》、《送王本齋之建康之江西》、《送天台道士之茅山》、《吕希顔席上賦》、《寄黄子肅魯子暈》三首、《寄丁仲庸》、《玉山草堂二首主者徐都事》、《飲路義道家》、《玉京山》、《嬉春》二首、《上巳》、《送人之番索進奉》、《五月四日席上賦》、《送僧之四明》、《東吕輔之東道》、《湖州二律》、《寄鹿皮子闓谷陳先生》、《春遊湖上二首》、《與楊參政席》、《胡師善具慶堂》、《贈張伯雨》、《新省呈右相及藩參諸公》、《寄康趙二同年》、《宴朱氏園堂》、《黄葉漁村》、《劉青山煉師所藏黄一峰高士詩卷》、《錢氏純白窩》、《贈采月山人》、《東詔使李孟賓左丞》、《湖上》、《夜宴碧雲堂》、《被盜》、《琵琶》、《承天閣》、《中秋觀瀑》、《西湖》、《白龍潭》、《送謙侍者之天寧寺參金西白座下》、《席上得酡字》、《月夜泛舟》、《梅塢》、《竹溪》、《横鐵軒》、《張氏秋潭幽居圖》、《題群玉司……尚醖卷》、《孫元實小像》、《雲巢翁曉雲圖》、《毒熱次吕敬夫韻》、《送人游京師》、《次答瞿于智》、《次答密元魯季兄》、《賦新安尼寺明大師》、《留别悦堂禪師》、《桃源主人翡翠巢》二首、《登承天閣同魯瞻副使年兄同眺》、《書聲齋爲野航道人賦》、《見吴左丞》、《望雲八景》、《和程庸齋四時宫詞》、《過沙河寄玉山主人匡廬仙客》、《賦道生元理》、《寄樂癡道人》、《游開元寺憩緑蔭堂》、《游小基庵題壁》、《王子英水雲深處》、《王氏聽泉亭》、《雪龕壁》、《游陳氏花園乃錢相故宅物也有感而作》、《送蒼雪翁歸吴江》、《爲胡氏賦大拙先生詩》、《答倪雲林》二首、《寄文奎徵士約……西枝草堂》、《漱芳齋》、《寄靈壁張山人》、《寄東昆郭君二才子并柬片玉山人》、《一峰道人入吴不相見約見……是詩答之》、《追和王黄州……武平寺》、《送賈士隆》、《謝玉山人促屋……暖房》、《寄魯瞻子……二御史》、《賀張伯雨新居》、《和剡九成新居韻》、《雪洞》、《黄沙翳日》、《橘州録》二首、《嬉春》、《宴朱元佐園堂》、《贈沈仲章醫士》、《贈紙工方用文》、《見韓左丞》、《送吕同僉鎮越》、《贈劉孝章按察》。

下卷七言律詩：《贈馬敬常冠軍》、《鱸魚》、《漢宫人聞促織圖》、《石林詩卷》、《贈筆師沈德名》、《送林屋野人隱居洞庭》、《趙千里風波出峽圖》、《登吕仙亭》、《挽稷山公濶里吉思丞相》二首、《送吴子高之沅州學正》、《秋晚醉書雲夢縣于學究山房》、《汴梁懷古》、《送夑孝迪赴湘州别駕》、《秋日依夑孝迪》、《挽鄉進士李伯昭潛》、《贈安南陳善樂》、《御賜受卷鑾坡即事》、《挽張上卿開府真人》、《四美人圖》、《馬伯庸尚書游飲招臺都事于思容不至》、《送王繼學參政奏選賦上都》、《送劉尹赴白登縣》、《哭夑里吉思孝迪》、《菊莊鄭處士隱所》、《何尊師依緑園》、《送吴子高還江夏》、《送易君美還長沙》、《送鄧朝陽之移市巡檢》、《送袁果山經歷之潮陽》、《酬江夏友人見寄》二首、《武清口楊村道中》、《長蘆寄野伯堅趙希顔二都閫》、《寄蘇伯循吏部》二首、《安山泊寄鄆城史縣甫中丞》、《過豐沛望東魯懷古》、《水心殿閣圖》、《夏日沙刺班……飲于水次》、《請一可楊外史歸儒》、《寄南臺達兼善御史》、《送余觀嘉賓及第受常寧判待次還岳省親》、《送聶炳韞夫及第赴岳之平江州别駕》、《胡氏積慶堂》、《登承天寺水心樓閣和友人韻》、《送蘇伯修御史之南臺》、《讀史》、呈石田馬中丞》、《寄尹子元張雄飛二御史》、《寄脱兒赤顔子仁左丞》、《贈醫士張碉泉歸隱天台》、《寄南臺達兼善經歷》、《清湘即事》、《送陳景讓郎中赴中書右司》、《九月六日寄壽許可翁參政》、《寄中書張孟功參詳柬其尊府大參》、《登擬峴臺》、《登景雲觀玉皇》、《晚發徐州》、《留别凱烈彦卿學士》、《送道童太常捧香赴上都》、《閩越王釣龙臺》、《贈昭武路李遵道推官》、《讀漢紀》、《夜坐》、《漫成》、《寄吐蕃宣慰使蕭成道》、《送楊繼先照磨還丹徒郡幕》、《寄潘子素》、《王氏忠孝節義卷》、《寄贈惠安監縣亦理雅思原道》、《送鄭景賢之漳州龙溪縣教諭》、《贈醫士術齋》、《豫章舟中逢畫師王若水》二首、《贈李振玉教諭》、《辟茂才劉崇魯充晉安郡史賦以送之》、《送校官陳拱辰攝簿之安溪》、《經福城東郊倪氏葬親所》、《贈饒白雪教諭攝懷安尹》、《送宗判官捧臺檄募舶……事畢還臺》、《送朱自名憲使還浙東》、《送閩憲使李仲實辟帥掾之廣東》、《送朱生長侍親之浙東》、《獅子峰頂觀海》、《岳陽小景玢玉澗》、《張外史香林亭》、《李季和召著作……逸者也》、《子昂自作小像》、《送張左丞除中書丞》、《送昂吉會試京師》、《送尚哲臺會試京師》、《送鄒奕會試京師》、《長城懷古》、《無題四首效李商隱體》、《和李五峰卧龍山韻》、《贈無一煉師》、《詠楊妃襪二首》、《賦瓊花》、《醉和篇字韻》、《湖寄詩申其約云》、《□□》；七言長律：《病起》、《中秋賞月》、《梅隱老道人席上》、《章伯厚席上》、《宴竹深章氏牡丹亭梧溪橋洲聯句》、《先月樓席上與座客……强彦栗》、《席間與郭義仲……瞿睿夫聯句》、《書畫船亭宴顧玉山……小瓊花聯句》、《顧玉山會予與楊宗道陳履元聯句》、《將進酒》、《過鄱陽湖》、《田婦歌》、《顧仲瑛所藏曹將軍赤馬圖》、《游石湖宿寶積寺賦美人花游曲》、《杖簫歌爲璣天則道人賦》、《春夜樂書歌者神仙秀便面中》、《歸富春山圖》、《湖中曲》、《大唐刺史行》、《六宫戲嬰圖》、《内人琴阮圖》、《内人吹笛詞》、《内人剖瓜詞》、《皇媧補天謡》、《大唐終山進士歌》、羅浮美人》、《望洞庭》、《五湖游》、《春草軒詞》、《體遊子意賦春草軒詞》、《治師行》、《鬥雞行》、《殺虎行》、《萱壽堂詞爲孫仲遠經歷賦》、《楊妃菊》、《二喬觀畫圖》、《王鐵槍像》、《趙大年鵝圖》、《王若水緑衣使圖》。

南圖藏。

楊鐵崖先生稿集二卷

元松江寓賢楊維禎撰。清勞權過録何元錫抄校本，勞權、勞格校并跋，二册。半葉十一行，行二十一至二十四字；無欄綫，版心題「鐵崖賦稿」。卷首影抄清黄丕烈手書題識、《楊鐵崖先生文集目》。卷末依次過録明洪武三十一年（一三九八）朱燧題識一通、清嘉慶二十年（一八一五）黄丕烈題識二通，又有清道光二十三年（一八四三）五月勞格手書題識三通。勞格題識後有《青雲梯弟二册鐵笛諸賦目》《附録青雲梯弟二册鐵笛諸賦後跋》《又弟一册諸人賦後跋》。卷端題名「楊鐵崖先生稿集」。鈐有「杭州葉氏藏書」朱文長方、「景葵所得善本」朱文長方印。

卷首所録黄丕烈題識：「楊鐵崖賦稿，朱子新録之，明初固有傳本也。文瑞樓藏之一家，固有秘本也。曾幾何時，而朱子新之名不傳，文瑞樓之物已散。苟非如余之向識其名、親見其目者，又何從而識之邪。爰書此以志幸。復翁。」天頭有眉批，述何本避諱至「顒」「琰」，兼避「丘」字。

卷末所録朱燧題識云：「洪武三十一年歲在戊寅七月二十五日，録於潭涇寓所。……追思鐵崖先生在家舅雪齋芝川，園林亭館之盛、冠蓋文物之多，恍然如夢中矣。今年西禧樓先生文淵乃文獻故家，孝節昭著於當今。矧又讀書，隱居教子，深可爲則。忽辱見借此帙，其幼年手書諸賦，簡編浩瀚。區區録其一二，後之覽者將知所自也。」

卷末所録黄丕烈題識前一通：「六月廿二日，往香嚴書屋借《青雲梯》相勘，此本盡出其中。《青雲梯》原簽如是名目，分三册，每册首題曰『至治之音』四字，爲首一行，其次行即云某賦、某人，人或一篇，或不止一篇。惟於二册之下半題曰『楊廉夫諸賦』，始以《黄金臺》，終以《禹穴》，共廿二篇；三册之下半亦題曰『楊廉夫諸賦』，始以《八陣圖》，終以《飛車》，共四十七篇。蓋第二册中摘取《麗則遺音》十九篇，而割此本首三篇入之，其原實合也。」後一通謂得觀文瑞樓舊藏墨格抄本《楊鐵崖文集》一册，卷末有朱燧跋，乃録自朱燧所編《青雲梯》，其中所録之义，遍取鐵崖文集本考之，無有及者。該題識天頭有批注兩段：「《麗則遺音》亦有《八陣圖》一題，而义不同」；「朱子新見《蘇州府志·常熟·人物·元代》，

『燧』《志》作『鐩』，當誤，《青雲梯》作『燧』」。

道光二十三年勞格題識第一通：「此本計賦五十首，俱《遺音》所未載者，蓋後人從《青雲梯》録出，以補其未備，觀後録朱子新跋自見。初藏桐鄉金氏，後歸吴縣黄氏，錢唐何夢華主簿曾傳其副，又重編爲二卷，改名《鐵崖賦稿》，以《紫薇垣》爲上卷首篇，《會通河》爲末，《渾天儀》爲下卷首，《進善旌》爲末。復删去《姑蘇臺賦》第一首、《玩鞭亭賦》一首，止存四十八首。次序移易，非復元本之舊。今《揅經室外集》提要所載《鐵崖賦稿》二卷，即何氏重編本也。頃從高叔荃借得何氏元本，始知何氏於諸賦中字句又多竄改，不僅移易次第而已。爰命工依元本影録一本，凡何氏所竄改，悉爲標出，可識别，使不見此本，卒不幾以何氏重編者爲定本耶。」第二通：「此本每賦題下悉無『賦』字，版心僅書『鐵崖』二字，凡『賦』字以及『賦稿』上下等字，俱係何氏所加，傭書人誤依補入。又賦中字句又多從何氏改本，今悉塗乙，以復其舊。」第三通謂仍有訛字，惜不得《青雲梯》校之。

據上述題跋可知，明洪武中，朱燧從樓氏藏《鐵崖賦稿》中抄得賦作五十篇，蓋原本十之二三，編入元人辭賦總集《青雲梯》第三册（首三篇編入第二册），其篇目與《麗則遺音》盡異，當爲楊維禎晚年所作。其後有人從《青雲梯》中録出一本，輾轉爲清黄丕烈所得，黄氏又從香嚴書屋借得《青雲梯》三册校過。後何元錫抄得黄氏藏本，改編爲二卷，并以其祖本之名《鐵崖賦稿》命之。是本乃勞格倩人過録之何元錫改編本，又以黄氏藏本校勘，將何氏竄改之處一一標出。據是本則可管窺黄氏藏本面貌。

是本目録每題下有小字注，依題材將篇目歸爲覽古、宫殿、器用、典禮等十餘類，「姑蘇臺賦」、「玩鞭亭賦」在最末。「八陣圖賦」下又注「與《賦稿》所載異」。天頭有批語：「元本無目，何補。目下小注及補目俱何朱筆校增。」卷内正文依何元錫改編本，原本文字注於其旁，并於天頭、地脚批注改動情況。綜觀之，何氏補原文空闕多處，然未知其據。

按，清人從是本過録一本，後爲錢塘丁氏所得，今藏南圖。卷首有丁丙手書題識，略同《善本書室藏書志》卷三十四之著録。除略有字詞誤抄及批注漏抄外，蓋同是本。又，國圖今有《楊鐵崖先生文集》一卷，爲瞿氏鐵琴銅劍樓舊藏，鈐有「鐵琴銅劍樓」白文長方印。《鐵琴銅劍樓藏書目録》著録爲「舊抄本」，或抄自文瑞樓藏本。該本僅卷末有朱燧跋，卷内無避諱，《姑蘇臺賦》在《未央宫賦》後，《玩鞭亭賦》在《九府圜法賦》後。與是本相校，其文多同黄氏藏本，而異於何氏改編本。

上圖藏。

鐵崖文集五卷

元松江寓賢楊維禎撰。明弘治十四年（一五〇一）淮揚轉運司刻本，二册。半葉十行，行大字二十字。黑口，雙魚尾，四周雙邊。卷首鎸弘治十四年冬馮允中《鐵崖文集引》、《目録》，明貝瓊《鐵崖先生傳》。卷端題「會稽楊維禎著，毘陵朱昱校正」。卷五末有「姑蘇楊鳳書于揚州之正誼書院」一行。卷末有明弘治十四年九月朱昱《題鐵崖文集後》。鈐有「蘭揮」朱文方、「宋筠」白文方、「趙氏元方」朱文方、「雪心秘笈」朱文方、「藏書精舍偶得」白文長方、「太倉城長慶社人」朱文方印等。

馮允中引：「爰走書托舊友朱懋易校正，懋易亦以先生所藏者助予，遂析爲五卷。蓋於先生之製作雖不能盡覩其全，而宏詞博議已窺測其概，不猶愈於置之笥篋自私也歟。用是捐廩餼之餘，付運司刻焉，且僭爲之引。」

朱昱題後：「巡按淮揚侍御馮君執之得其稿一編於少卿儲静夫，遂分爲三卷，專介而來取正一二。昱受而讀之，則知先生之文流落人間者，不啻泰山一毫芒耳。乃出先君子貞義先生所藏者合爲五卷，通刻焉。」

是集以文體編次，然頗混亂，卷一有書、書後、志、辭、銘、記、傳等，卷二有碑、跋、銘、録、賦、論、傳等，卷三有傳、辯、説、對、雜文等，卷四有序、辯、志、説、題跋、像贊、箴、墓銘等，卷五有説、識、題跋、銘、志、説、像贊、録、議、記、序、辭、説、祭文等。卷内諸文，多撰於晚年移居華亭之後。共計一百三十七篇，其中五十二篇見載於《東維子文集》〔一〕。兹録不見於該集及《鐵崖漫稿》者：卷一《圻城父老敗將書》《上巙巙平章書》；卷二《夢鶴銘跋》；卷四《鹿皮子文集後辯》《唐士弘文集序》《春秋左氏傳類編序》《有禰氏志》《慶氏子庖丁志》《明遠説》《尚志説》《跋完者禿義讓卷》《梅深説》《跋包希魯死關賦》《跋楊妃病齒圖》《余子玉小像贊》《孫元實小像贊》《坦然子小像贊》《二賊箴》《秋暘小像贊》《題吕敬夫詩稿》《崑山郡志序》；卷五《三且説》《思親圖識》《跋月鼎莫師符卷》《題石伯玉萬户乃祖雁蕩詩》《冰壑志》《吴達父養心齋説》《太平醉民説》《陳生文則字説》《倪用宣字説》《東白説》《吴元臣字説》《素履齋説》《夢鶴幻仙像贊》《污杯子志》

〔一〕據孫小力編撰《楊維禎年譜》卷首《傳略》統計。

《三尸氏録》《開寶氏議》《書篤魯公辯事卷》《我我説》《跋虞先生別光上人説》《囚齋説爲會稽張道士述》《春草軒辭》《祭揭曼碩先生文》《祭馮仁山先生文》《滕何氏馨志》《雲巖説》《蘭友説》。

又，今北大藏清抄本、清華藏清龍池山房抄本，均據是本抄出。

國圖、上圖、吉大藏。

鐵崖漫稿五卷

元松江寓賢楊維禎撰。清愛日精廬藏張月霄抄本，清丁丙題識，五册。半葉八行，行大字二十一字，小字雙行同；無欄綫。卷首有《楊鐵崖先生文集全録序》殘文半葉，貝瓊撰鐵崖傳殘文半葉。卷四末有佚名題識。鈐有「八千卷樓珍藏善本」朱文長方、「愛日精廬藏書」朱文方、「秘册」朱文長方、「八千卷樓丁氏藏書印」白文方印等。

第四册末題識：「鐵崖之稿多矣，而卒莫能見其全。予幼時或以周桐邨所録一帙乞予録之，予時尚惰於筆墨，恨録之未全，僅獲其文四十九首，遂索去，迄今殆三十五載矣。間取而觀之，字畫訛謬，且多草率可笑，未暇檢校，又恐其散失而無附麗。歲戊子，或自雲間來，別以録稿一帙售予，所爲文凡一百五十首。距今又二十年，因以《鐵崖漫稿》目之，而以幼所録者附其後。蓋予所獲者，有《復古詩》三卷，有《史鉞》二册，以板籍大小不侔，别裝潢而藏之云。」

又卷前護葉上有粘簽，爲清丁丙手書題識，内容大致同《善本書室藏書志》卷三十四内該本書志。

是本卷三附明洪武十四年（一三七一）華亭謝九疇跋文一篇、無名氏《鐵笛道人傳》。據謝跋，《鐵崖漫稿》蓋無名氏以所獲明初謝九疇手抄殘編，與其幼年所録合并而成。今按是集凡録文二百四十九篇，較無名氏跋文所述一百九十九首多五十首，蓋又經後人增補。全書大致按文體編次，其中撰於元末明初者，多不見於《東維子文集》與《鐵崖文集》〔一〕。

按，是本各卷文體亦有重出。卷一記、志，卷二志、墓志銘、軍功志、阡表、傳、碑、銘，卷三銘、録、賦、論、傳、辨、説、雜著，卷四傳、序、志、記，卷五記、志、録、傳。其文不見於《東維子文集》三十一卷及《鐵崖文集》五卷者有：卷一《夢草軒》、《華亭縣重修學宫記》、《松江府重建譙樓記》、《嘉定州重修文廟記》、《借月軒記》、《無憂之樂記》、《春暉堂記》（二篇）、《南坡讀書記》、《壺月軒記》、《朱氏德厚精舍記》；卷二《五湖賓友志》《樵溪風叟志》《芸業生志》《有竇志》《自便叟志》《雅好齋志》《卧雪窩志》《學稼子志》《緑雲洞志》《元故徐佛子墓志銘》《元故承事郎循州長樂縣尹朱君墓志銘》《元故學渠先生張公墓志銘》《芝庭處士虞君墓銘》《張氏通波阡表》；卷三《玩古齋銘》《杜孝子傳》《天與閑者傳》《雲林散人傳》《顧節婦傳》《錢節婦傳》《曲肱子傳》《巢雲子傳》《清概小傳》《仙都生傳》《丹丘生辨》《則齋説》《伯固字説》《雲外説》《静庵法師小像贊》《王伶師疏》《答客問》《仁醫贈》；卷四《翠微清曉記》《稽山草堂記》《信鷗亭記》《天藏窩記》《玄雲齋記》《真樂堂記》《仁壽齋記》《紫翠丹房記》《常熟州重建學

〔一〕　參考孫小力編撰《楊維禎年譜》之《傳略》。

宫記》；卷五《白雲窩記》《西郊草堂記》《半間屋記》《夢桂軒記》《玉立軒記》《天理真樂齋記》《上海鶴砂義塾記》《遺安堂記》《翠微清曉樓記》《游干將山碧蘿窗記》《棲雲樓記》《菀公樓記》《三友堂志》《真逸子志》《琅玕所志》《方寸鐵志》《習齋志》《剪韭亭志》《曠怡堂志》《擊壤生志》《青眼道人志》《耐閑堂志》《目耕所志》《金石窩志》《雪溪耕隱志》《舒志録》《李氏母録》《天監録》《李裕録》《黄澤廷訴録》《瓢隱録》《陳天善孝義録》《大夫普花公夫人康里氏傳》《山中餓夫傳》。

又，國圖藏有清抄本《楊鐵崖先生文集全録》四卷四册，爲鐵琴銅劍樓舊藏。半葉十四行，行大字三十三至三十七字不等，無欄綫，卷首及卷四末序跋同是本，目録卷端題「周伯器藏本楊鐵崖文集」。該本實爲《鐵崖漫稿》前四卷，僅卷二闕《琴操序》一篇[一]。

南圖藏。

鐵崖先生集四卷

元松江寓賢楊維禎撰。明抄本，明李遜之、清黄丕烈題識，二册。半葉九行，行大字十八字，小字雙行二十四字；無欄綫。卷首有明李遜之手書題識。卷末有清道光五年（一八二五）黄丕烈手書題識。鈐有「江上遺民」朱文長方、「李遜之字廬公」白文方、「聽鸝軒」朱文長方、「柯溪藏書」白文方、「沈氏粹

[一] 孫小力編撰《楊維禎年譜》之《傳略》已述此本概況，然謂其編次與《鐵崖漫稿》稍異。按，今比對二本，篇次無甚區別。

芬閣所得善本書」白文方、「研易樓藏書印」朱文方、「鑄學齋藏子孫永保」朱文橢圓、「維則曾觀」朱文方、「徐維則讀書記」朱文長方、「會稽徐氏鑄學齋藏書印」、「復初」朱文方印等。

該集卷一賦作均載於《麗則遺音》，其後有長詩二首。卷二至四所録文章多不見於《東維子文集》三十一卷與《鐵崖文集》五卷本，蓋爲楊維禎晚年休官徙松後所作〔一〕。兹附其目於下，括號内爲注文，據序跋，或爲李遜之手筆。

卷一：賦：《黄金臺賦》（朱筆注：見青雲梯）、《禹穴賦》（青雲梯無序）、《吊伍君賦》、《吊望諸君賦》、《哀三良賦》、《泰畤賦》（朱筆注：青雲梯）、《麒麟閣賦》（朱筆注：青雲梯）、《憂釋賦》、《鎬京賦》；辭：《懷延陵》、《祭蠶婦辭并序》；詩：《童子捄蟻篇》《天車詩引》。卷二：序：《送國老滕公北上序》《送金繹還鄉叙》《送王好問會試春官叙》《歷代史要序》《送知事杜岳序》《淞泮燕集序》《大方廣佛華嚴經序》；記：《種竹所記》、《大樹軒記》、《緑陰亭記》、《睦州李侯祠堂記》、《居易齋記》、《種瓜所記》、《凝香閣記》（注：見《東維子集》）、《著存精舍記》（注：見《東維子集》）。卷三：《野政堂記》（墨筆注：見《東維子集》）、《海屋記》（墨筆注：見《東維子集》）、《白雲窩記》、《西郊草堂記》、《望雲軒記》（墨筆注：見《東維子集》）、《知止堂記》（墨筆注：見《東維子集》）、《半間屋記》、《夢蝶軒記》（墨筆注：見《東維子集》）、《夢桂軒記》、《玉立軒記》、《天理真樂齋記》、《上海縣

〔一〕參考孫小力編撰《楊維禎年譜》之《傳略》。

鶴砂義塾記》、《遺安堂記》、《翠微清曉樓記》、《游干將山碧蘿窗記》、《棲雲樓記》、《筦公樓記》。卷四：志：《三友堂志》（墨筆注：見《東維子集》）、《一笑軒記》（墨筆注：見《東維子集》）、《真逸子志》、《琅玕所志》、《方寸鐵志》、《習齋志》、《竹雪居志》、《半雲軒志》（墨筆注：見《東維子集》）、《西雲樓志》（墨筆注：見《東維子集》）、《剪韭亭志》、《曠怡堂志》、《擊壤生志》、《青眼道人志》、《耐閒堂志》、《目耕所志》、《金石窩志》、《雪溪耕隱志》；録：《舒志録》《李氏母録》《天監録》《李裕録》《黄澤廷訴録》《瓢隱録》《陳天善孝義録》；傳：《大夫普花公夫人康里氏傳》《山中餓夫傳》。

李遜之題識：「此本偶得之書肆，惟前卷賦與詩已載《遺音》中，後三卷序、記、志五十餘首，皆刻本所未載，故當并存之，方稱鐵翁全集云。内多訛字，須覓善本校正。□月望後一日，廬公識。」

黄丕烈題識：「予藏鐵崖詩文稿最多，有《漫稿》一函，計四册，係舊本，後爲諸葛漱白購去，因漱白哀輯其文爲伊鄉先生表章製述故。孰知天靳其緣，將付梓，而漱白逝，可爲浩歎。其餘《東維子集》，世亦鮮有，爲藝芸書舍購去，所云《麗則》《復古》等集，古本時亦忽得忽失。檢篋中鐵崖詩文，絶無古本矣。兹因送□玉峰，於挹秀堂書坊適得此，乃江上李遜之藏本，洵舊物也。湖估云此書先經讀書人翻閲一過，似較外間傳本多至數十篇，中有簽云『見東維子集』者，想未簽記者皆傳本所逸也。惜《漫稿》不存，無從比較。聞海虞陳子準家有毛氏抄本，即余舊藏副本，當爲借勘一過。此番書棚坊間并無古籍寓目，而此種抄本一經名人手跋，即爲珍寶，亦頗自詫伯樂之顧云。道光五年乙酉二月五日，崑山寓舍，復初氏記。」

上圖藏。

東維子文集三十一卷

元松江寓賢楊維禎撰。明刻本，清黄丕烈校補并跋，六册。半葉十二行，行大字二十四字，小字雙行同；黑口，三魚尾，四周雙邊。卷首鐫孫承恩《東維子集序》、《東維子文集目録》。卷端題「會稽鐵厓楊維禎廉夫著」。卷末有清嘉慶六年（一八〇一）黄丕烈手書題識。鈐有「曾在汪閬源家」朱文長方、「楊紹和藏書」朱文長方、「宋存書室」朱文方、「孚尘」朱文方印等。

孫承序：「余在館中又見楊廉夫《東維子集》，……石湖吴君好古君子也，欲廣其傳，問序於余。」

王俞跋謂校勘是集忘其辛勞，今已完刻。

該集以體裁分次。卷一至十一序，卷十二至二十一記附書題，卷二十二志，卷二十三碑、銘，卷二十四神道碑、墓碑、墓志銘，卷二十五、二十六墓志銘附挽辭，卷二十七書、説、論，卷二十八傳、跋，卷二十九詩，卷三十歌、辭、調、雜文，卷三十一附録楊維禎弟子、友人詩文。卷内仍有多篇撰於其寓居松江之後。

按，民國十一年（一九二二）商務印書館《四部叢刊》影印清沈氏鳴野山房抄本，民國十七年（一九二八）重印，卷末增附傅增湘校勘記，以明初黑口大字本、明抄殘本與對勘，又補録跋、銘、傳各一首。今以其刊記校之，是本文字蓋同明初黑口大字本。

是本卷七第五、第六葉闕，用墨筆補，即玉山《郭義仲詩集序》前半等；卷二十二第五葉墨筆手書補；第二十三卷第十二葉闕，該位置補一張空行格紙，似欲俟得全本後補入闕文。

卷末黄丕烈手書題識：「此書收自東城故家，裝潢精妙，久已什襲珍之矣。頃五柳居收得揚州蔣西圃家數種，亦有此集，從余假此本，補目録一至七葉。而余本亦闕七卷第五、六葉，二十二卷第五葉，二十三卷第十二葉，復從揚州本補兩葉。其二十三卷中一葉均闕如也。原有烏欄空紙，唯恐影寫損裝，遂照録以便誦讀。書訖，志其緣起如此。辛酉孟冬，黄丕烈。」

國圖藏。

江月松風集十二卷小傳一卷補遺一卷

元末松江寓賢錢惟善撰。清檇李曹氏抄本，清吴允嘉、吴焯校輯并識，清丁丙編訂，二册。半葉八行，行大字十六字，小字雙行；烏絲欄，白口，單黑魚尾，四周單邊，版心下鎸「檇李曹氏倦圃藏書」。卷端題「元錢唐錢惟善思復著」。卷首有元後至元四年（一三三八）陳旅撰《錢思復詩序》、後至元五年（一三三九）夏溥序、《小傳》、《江月松風集目録》。正集卷末有吴允嘉、吴焯手書題識。鈐有「檇李曹氏倦圃藏書」朱文長方、「檇李曹氏藏書印」朱文橢圓、「石倉老人」白文方、「石倉手校」白文長方、「甑山」朱文橢圓、「汪魚亭藏閲書」朱文方、「夢師」白文方、「八千卷樓珍藏善本」朱文長方印等。

錢惟善（?—一三七九?）[一]，字思復，號曲江居士、心白道人、武夷山樵，浙江錢塘人。早年博聞多

[一] 譚暢《錢惟善生平考略》引《南村輟耕録》卷五所載錢惟善年十六七時以詩謁見李衎一條，又考李衎卒於元延祐七年（一三二〇），以證錢氏生年不晚於大德八年（一三〇四）。《松江報》二〇一二年六月二八日。

才，後至元元年（一三三五）以《羅刹江賦》領鄉薦，官至江浙儒學副提舉。至正二十年（一三六〇）左右退隱吴江笥川，未久移居松江華亭。卒後，與同時寓賢楊維禎、陸居仁同葬於華亭干山，并稱「三高士」。傳詳正德《松江府志》卷三十《遊寓》、《元詩選》初集卷六十二等。

該集十二卷爲錢氏手自編訂，約成於至正初[一]，僅收入其青壯年時之詩作。而自明末起，該集在流傳過程中得到多次補輯，成果較爲豐富，使錢氏中晚年生涯尤其是寓居華亭之行跡及詩文創作情況大略得觀。

該集錢氏手稿遞經明末清初錢穀、陸嘉穎、曹溶等收藏，後於嘉慶間收入秘府，現存臺北故宫博物院。其卷末附有明末練川（今上海嘉定）陸嘉穎補輯錢詩四首，及清順治五年（一六四八）左右曹溶從家藏元人真跡及《玉山名聲集》所補五首。清代，有多人自手稿録得抄本，可知者有：一，曹溶家抄本，康熙間錢塘吴允嘉得之，從方志等書補輯三十五首，其後吴焯又自《鐵網珊瑚》等補十首，均附於卷末。此本清末爲丁丙輾轉購得，重加編訂，又補詩文若干，光緒十五年（一八八九）刻入《武林往哲遺著》叢書，原本現藏南圖。一，金侃抄本，乃從曹溶處借抄，又經後人與許星瑞抄本校對[二]，惜今未見。一，翁栻抄本，爲

[一] 孫小力編撰《楊維禎年譜》考證《江月松風集》卷十《八月十五日蔡忠伯楊廉夫司令袁鵬舉賓王陸孔昭同登江樓觀潮以李白浙江八月何如此潮似連山卷雪來分韻賦詩限七言律期而不至者楚石長老吕彦孚》、卷十一《楊廉夫司令以詩美杜清碧先生達兼善郎中率吾曹同賦》等詩撰於至正四年，今從其説。詳參該書第九三頁。

[二] 顧嗣立《元詩選》内錢惟善小傳附注亦提及此本，云：「練川陸子垂家藏思復手書詩集，後歸於秀州曹倦圃，友人金亦陶抄得之，合之甫里許氏所藏，與陸氏原本無異。」

曹溶歿後，手稿入藏乃兄翁駕澂時所抄，兼録金侃抄本異文，并從他處輯詩二首。該本後經黄丕烈、傅增湘等收藏，今存於國圖。一，許星瑞抄本，亦抄於翁駕澂收藏之時，後經朱之赤、鮑氏知不足齋等遞藏，今未見。而知不足齋後人鮑正言據之另抄一本，并附録吴允嘉、吴焯輯詩，其本今藏國圖。一，金憲邦抄本，於陸嘉穎、曹溶補詩後，又録翁栻所輯二首。該本後歸吴壽暘拜經樓，今藏北大。

錢氏晚年詩文未嘗編集，散見各處者甚多，故後人往往於抄刻《江月松風集》之際加以掇拾，上述陸、曹、金、二吴、丁氏諸家即是。此外，清人汪沆於《小眠齋讀書日札》著録該集：「前過虎丘，購得此册，爲嘉禾曹氏舊抄，陶陰焉馬，訛謬不少。即假馬君佩兮小玲瓏山館藏本校之，字竄句乙，耳目斬新。復增續集詩十首，遂成合璧。」其輯補本今未見，然文淵閣《四庫全書》該集卷末有《新正試筆次韻清溪野史高作》至《清逸齋》十首，首題下注「以下續集」，或即汪氏輯補者[一]。又上圖藏清抄本一册，張元濟跋，卷末《補遺》共有詩六十六首（含過録陸嘉穎、曹溶所輯九首），爲目前可見輯錢詩最多之本。光緒八年（一八八二），海寧錢保塘以所得舊抄與《西湖遊覽志》《元詩選》等諸書校訂，并據他書搜輯佚詩十四首、文二

[一] 汪沆《小眠齋讀書日札》著録《江月松風集》云：「前過虎丘，購得此册，爲嘉禾曹氏舊抄，陶陰焉馬，訛謬不少。抵廣陵，即假馬君佩兮小玲瓏山館藏本校之，字竄句乙，耳目斬新。復增續集詩十首，遂成合璧。」（《國家圖書館藏古籍題跋叢刊》影印民國間一簫一劍館抄本，國家圖書館出版社，二〇〇二年）按，小玲瓏山館主人馬曰璐，字佩兮，與其弟馬曰琯同爲兩淮鹽運巨商，又以藏書之富著稱。《四庫全書》開館後，馬曰琯之子馬裕獻書二百餘種，有《兩淮商人馬裕家呈送書目》，該目中即有「江月松風集十二卷」一條（據吴慰祖校訂《四庫採進書目》，商務印書館，一九六〇年）。則雍正八年汪沆將其所輯十首還贈與馬氏，後隨馬氏抄本進呈四庫館，爲館臣採入《四庫全書》，似頗有可能。

篇附於卷末，又「自元明以來詩話文集傳記所載涉及先生詩事者録附於前，以備故實」。如此編訂之後，刻入《清風室叢刊》，是爲《江月松風集》之最早刻本。

是本目録、正文皆原抄，其卷十二末有《題崑山顧仲瑛碧梧》至《方寸鐵詩爲朱珪贈》九首，即陸嘉穎、曹溶輯補者。吴允嘉擇録杭州府及錢塘縣諸志文苑傳、《元詩選》、魏驥《書楊維禎墓志銘後》中有關錢惟善生平文字，彙爲《小傳》一卷，置於原本卷首。又據《蘇州府志》增《送賈元英之照潭》《清逸齋》《普濟寺》《崇吴寺》等六首，據《嘉興府志》增《福源宫得月樓》，據《於潛志》增《雨足復降旨來謝》，據《西湖志》增《和楊廉夫西湖竹枝詞》七首，據《題畫詩類》增《題楊竹西草亭圖》《題趙彦徵畫》二首之後一首、《題高尚書墨竹卷》等十二首，據《暢叙堂書畫題跋》補《題倪雲林隱居圖》《題倪高士雙松圖》《題楊補之畫梅》《題聽雨樓圖》四首等七首，據倪瓚畫真跡補《題倪雲林畫》一首，合三十五首；吴焯據《鐵網珊瑚》補《送瞿慧夫上青龍鎮學官》《送伯宣還潁上》《盧母周夫人挽辭》等九首，又補《送陳敬復携妻子往沛中省親》一首，共十首；清末丁丙補輯《題士女惜花圖》一詩，《跋顧宏中畫韓熙載夜宴圖》《跋朱夫子與姪帖》《跋洪忠文公遺墨》三文，及楊維禎贈詩二首、陳旅贈詩一首等，篇末亦多注明出處〔一〕。

是本前端護葉有清末丁丙粘簽題識、同治四年（一八六五）秋八月汪曾學手書題識、同治四年九月十

〔一〕今見《補遺》一卷内，二吴與丁丙補輯手跡相互摻雜，似經重訂，兹據諸人題跋筆跡對照鑒别。

六日手書丁丙題識兩段、同治戊辰（一八六八）正月汪曾唯手書題識。粘簽題識可見《善本書室藏書志》，略述錢氏生平及該集手稿傳承經過，謂此本乃曹溶次子曹彦恒出售手稿前所録副册。按，就鈐印及筆跡而觀，此本當曹溶在世時即已形成，或爲其倩書手所抄。

汪曾學題識：「此槜李曹氏舊抄本。上截墨筆曹倦圃先生手校，朱筆朱竹垞先生手校。辛酉冬，杭城復陷，吾家藏書數十萬卷大半化爲劫灰，此册亦闕其半，因係前明舊抄本，姑存之。」

丁丙題識：「去歲夏五，從宋睦親坊扶雅堂購殘書數册，中有《江月松風集》，缺上册。……前適汪子義出示殘書數種……而《江月松風集》上册居然在焉。……假之，檢下册合證，乾坤□矣，爲之喜極。按，是書初藏曹潔躬處，繼歸曝書亭，僅有印文，未加墨也。武林吴石倉先生手校一通，墨筆者是。其朱筆者爲吴尺鳧所增，子義所云曹、朱兩先生朱墨手校者，誤也。抄本字極草率陋劣，斷非明人精抄。」「又按，此書前明不甚顯，曹潔躬得先生手稿，始有知者。……大約潔躬得手稿後抄副墨貽人，詞其寫官所録歟。又記。」又卷首目録首葉有眉批「諸題俱不依集中原文，寫時當另編」，亦其手筆。

汪曾唯題識：「余家振綺堂向藏抄本《江月松風集》二，一爲曹、朱先後藏本，經二吴手校，劫後惟存上册。松生丁二於肆中購得曹、朱藏本下册，余未之知也。乙丑夏，子義自粤歸，持以貽丁二，始稱完璧。丁卯，余自楚反，家居無事，復假抄録下册，與所存上册合爲全書，手校一次。此本亦有舛誤者、疑似者、兩可者，標出以歸之。惟下册無從校對，惜哉。同治戊辰正月二十有二日，子用汪曾唯識。時寓小粉場朱氏之樂壽堂，即袁子才、汪少白兩先生之故居也。」

吴允嘉題識：「丙申桂月石倉初校一次，菊月何延祖氏重校一次。」

吴焯題識：「代校一過，凡疑誤處都爲改正。疑者仍焉，不敢以意率改也。余本多二篇，并不全詩半首，録而歸之。戊戌中晦日書於石門舟中。繡谷。」按，其所謂多出之兩首半詩，分别爲《送陳敬復携妻子往沛中省親》《壽諼堂》及《石上枯蓮上人琴名》，後二首已見正集。又吴焯於其藏書志《繡谷亭薰習録》中云「吾家志上搜得三十五首，余亦得十篇，悉爲補入」〔一〕，可與此本參證。

據諸題識可知，是本出自檇李曹氏，康熙五十五年至五十七年（一七一六—一七一八）由吴允嘉、吴焯、何延祖校補，後經朱彝尊、汪憲遞藏，傳至汪曾學、曾唯時失落下册。同治間，丁丙先從汪曾學處得上册，又於書肆購得下册，合成完璧。光緒十五年（一八八九），丁丙以此本爲底本重加編刻，收入《武林往哲遺著》。如將諸家輯詩編爲《補遺》一卷，輯文編爲《文録》，又集此本卷首《小傳》及友朋贈詩、該集題跋等二十條，彙入《附録》。丁刻因將原屬補輯之《新正試筆次韻清正野史高作》《食茭白》等詩分入卷十、十一末，頗爲傳增湘所詆〔二〕，然終不失爲收録錢惟善詩文及相關材料較爲完備之本。

卷内又有墨筆、深色朱筆與淺色朱筆三種批校痕跡，觀其字跡，分别出自吴允嘉、吴焯、汪曾唯之手，部

〔一〕卷三集部二，《清人書目題跋叢刊》影印民國七年吴氏雙照樓刻《松鄰叢書》本，第五八八頁。

〔二〕詳見下文翁栻抄本經眼録所引傳增湘題識。

分校字爲丁刻吸收。

南圖藏。

江月松風集十二卷錢思復詩補一卷

元末松江寓賢錢惟善撰。清康熙二十五年（一六八六）翁栻抄本，翁栻校并跋，清黄丕烈、傅增湘跋，二册。半葉十行，行大字二十字，小字雙行同。藍行格，白口，單魚尾，四周單邊。卷端題「錢唐錢惟善思復」。卷首有元後至元四年（一三三八）陳旅《錢思復詩序》、後至元五年（一三三九）夏溥《錢思復先生詩卷序》。卷前護葉有道光三年（一八二三）黄丕烈、湖山風月主人手書題識；卷末有翁栻手書題識二段并補錢惟善詩二首，及傅增湘手書題識。鈐有「碧云群玉之居」白文方、「湖山風月主人」朱文圓、「金元功藏書記」朱文長方、「洞庭翁栻又張」朱文長方、「名山樓」朱文方、「揚庭」白文方、「南陔」朱文長方、「翁又張」白文方、「栻」朱文方、「求古居」朱文方印等。

黄丕烈題識：「錢思復《江月松風集》，余向未之見。今見諸玉峰考棚汗筠齋書籍鋪，蓋太倉金元功家物也，却爲吾郡人手録本。翁名栻，字又張，號南陔，其景仰昔賢之意可見。住東洞庭山，則《太湖》《具區》兩書中當必有其人，惜案頭無其書，不之詳。然愛書如命，手澤猶新，其人固可想見，且爲金侃亦陶之高足，宜其流風餘韻，洋溢於緗緗翰墨間也。余生平嗜書，并嗜藏書之人。書賴人以傳，人亦賴書以傳，安能離而二耶。此書罕有固不待言，藏書之人於此僅見，余故表而出之，爲今撰修郡志者有考焉。道光癸未三月望日雨窗蕘夫識。」

湖山風月主人題識：「癸未七月廿有八日，從蕘夫借觀。晦日往瀆川省徐氏妹，午後狂風大作，泊西跨塘橋下，投宿談氏，越日仲秋朔歸。往來舟中讀竟。」

是本爲翁栻於曹溶歿後、手稿入藏其兄駕澂處時所抄，并以朱筆録金侃抄本所改原稿之誤，兼辨闕訛。如此本卷四《竹軒爲吴江朱君賦》「賓主徑造謝輪眩搖雙碧」後闕二行，次首失題，所存首句爲「吐火心靈養寸丹」。翁栻有眉批，意「眩搖雙碧」當屬次首：「『輪』字接『眩搖雙碧』字句語不成，文理不屬，有五言、七言之分。諦視表册，『輪』字在一行之末，『眩』字在一行之上，中有接縫，乃知尚有遺失，惜乎惟兩篇之不全，不知尚有幾乎篇數也。」《錢思復詩補》一卷即陸嘉穎、曹溶輯詩九首，每首末録有輯者題識，記録輯補時、地及出處等，由此可知陸輯在明崇禎七年至清順治九年間，曹輯則在康熙十七年左右。

卷末翁栻題識：「《江月松風集》爲有元錢思復手書稿草，先民筆墨，具有别致。好事者因裝褫成册，錢罄室、曹秋岳相繼收藏。秋岳亡後，伯兄駕澂於金閶見之，傾囊得歸。一時争相傳寫，未免有豕魚之訛。此本乃予手抄，較對獨細，惜有闕落，無從考補。至字畫間有舛誤，亦從闕疑。大抵古人手筆，當仍其舊，不可妄以己意增損也。……得于康熙丙寅之杪春，而抄成於季秋之十三日，東洞庭山人又張翁栻識。」

題識後補錢惟善詩二首：《題竹西居士圖爲楊元誠》《新正試筆次韻清溪野史高作》，後一首下末又有翁栻批注：「『夢草』作『靈運』，『浣花』作『少陵』。從兄林表善鑒書畫，多有收藏，此詩乃思復手書箋紙一幅，余得觀而録之。丁卯初夏。」

卷末傅增湘題識：「此册爲翁又張所寫，即從思復手稿傳録者。據又張跋，原本遞藏錢磬室、曹秋岳家，後歸其兄駕澂，因就寫成副本。考《石渠寶笈》曾著録思復手書原稿，是翁氏得之未幾即上歸天府矣。余前歲領秘閣事，檢庫簿所載，并無此物，意歸入法書類歟。此帙流傳廠肆，昔時曾得寓目，後爲翼庵所獲。頃以清秋過訪，於案頭復見之，因乞假讀。取光緒壬午錢氏清風室刊本細校一過，通計訂正得一百九十四字，其次第及首數一一皆同，惟《江樓觀潮》一首，原稿在卷十之末，刊本則入之《補遺》内。又《補遺》各詩與此本合者只四首，此本有而錢本失載者九首，是錢氏刊書時未曾見此本也。丁氏《武林遺書》亦刊兹集，翁氏補遺各詩咸在焉，更增輯至四十八首，甄采可云閎富矣。第檢卷十末《雨後登吴山》以下四詩，卷十一末《得月樓》一詩，卷十二末《題碧梧翠竹堂》以下十詩，皆非思復原稿所有，不知何所據依，而漫然闌入各卷耶？又《題錢舜舉并山雪望圖》詩題下有『時丙戌十月九日』七字，武林本乃取『丙戌十月』四字加之下篇《題宋徽宗畫》題之首，不知所記歲月緣與畫意詩情相應也。錢氏刊此集，一循原本，故尚無大失，至丁氏則增益羼亂，頗出私意，遂頓失舊觀。大抵校讀故書，必循流溯源，上求祖本，方足取信；若輾轉沾訛，輕改舊式，未有不疵類百出，貽譏方雅者。嗚呼！天禄石渠之秘，世人無由得觀，幸留此副録，使余得藉此以正俗本之疏失，寧非至可珍耶？又張所謂『古人手筆，當仍其舊，不可妄以己意增損』，良有以也。翼庵嗜書成癖，名抄妙跡尤具真賞，還瓻之日，聊述梗概，翼庵覩之，得毋莫逆於心、相視而笑乎？歲在庚午八月既望，藏園居士傅增湘識。」按傅增湘所校錢刻本今藏國圖，盡録翁栻校跋，且於每卷末記下抄録日期及該卷訂正字數，又於卷十二末從他本補録《三味軒爲張國祥賦》《題稼穡軒》二詩，原出元賴良編

《大雅集》。

國圖藏。

江月松風集十二卷續集一卷補遺一卷

元末松江寓賢錢惟善撰。清鮑氏知不足齋抄本，清鮑正言校跋并録清朱之赤題識、明陸嘉穎、清曹溶、吴允嘉、吴焯等輯詩，四册。半葉十行，行大字十八字，小字雙行同。烏絲欄，黑口，雙魚尾，左右雙邊，版心下鎸「知不足齋叢書」。正集卷端題「錢唐錢惟善思復」。卷首有陳旅、夏溥序，正集卷末有鮑正言録朱之赤題識并自識，補遺卷末又有鮑正言手書題識。鈐有「歙西長塘鮑氏知不足齋藏書印」朱文方、「老屋三間賜書萬卷」朱文方、「世守陳編之家」雙龍朱文橢圓、「鮑」朱文圓、「紙窗竹屋燈火青熒時于此間得少佳趣」朱文方、「荃孫」朱文長方、「陳立炎」朱文長方、「古書流通處」朱文長方、「有年眼見」白文長方、「海鹽張元濟經眼」朱文方、「涵芬樓」朱文長方印等。

是本卷十二較錢氏手稿少末四首，《訪遠山觀師云寂已隔歲矣感而賦詩》後接陸嘉穎、曹溶輯補詩。其後《續集》卷端注「錢塘吴允嘉志上搜補」，較吴允嘉輯本少《題倪雲林畫》（「上有長松下有苔」）一首，序次亦有不同。《補遺》起首爲《新正試筆次韻清溪野史高作》、《題倪雲林畫》（「太丘遺澤被諸孫」）、《得月樓》（「幽人好樓居」）三首，空一葉又題「江月松風集補遺，錢塘吴焯尺鳧搜補，凡十首，并見朱存禮《鐵網珊瑚》」，其下輯詩同上述吴焯所輯。後一葉又題「江月松風集補遺」，有《三味軒爲張國祥賦》、《和稼穡軒》

（題下識「右二詩見賴良《大雅集》」）、《題士女惜花圖》（題下識「右一詩見《香祖筆記》」）。按，此三首非吴允嘉、吴焯二人所輯，而丁丙刻本《補遺》中有此三首，未知是否從是本抄出。

全書卷末有鮑正言朱筆補《題顧玉山棧道圖》一首并題識：「嘉慶丁卯七月廿四日從《玉山贈言》補録，慕雲生記。」

所録朱之赤題識：「《江月松風集》，元高士曲江老人錢思復所著詩也。世無刻本，出自老人手書。舊藏吴門錢罄室家，後歸陸子垂，予嘗見之。子垂殁，爲欽遠遊所得。三君皆賞鑒家，高士也。遠遊頗與予善，曾再三借抄，終靳不許。下世後，檇李曹侍郎秋岳以餅金購得之。去秋侍郎捐館，其仲君售之以圖上進，遂歸洞庭富家。友人許太學星瑞與富家有連，得假抄此册。欲手録，未竟二篇，目昏中止。典衣得錢一佰，倩陳仲方書成。今稍暇，細閲一過，并附名於篇末。康熙丙午寅月，朱之赤識於吴都俠香亭中。」其後鮑正言自識：「嘉慶十三年，歲在戊辰，上巳前二日，知不足齋補録。」

國圖藏。

江月松風集十二卷補遺一卷

元末松江寓賢錢惟善撰。抄本，民國張元濟題識，一册。半葉十行，行大字二十字，小字雙行同；無欄綫。卷端題「錢唐錢惟善思復」。卷首有陳旅、夏溥序，卷末《補遺》後有《西湖遊覽志》、《列朝詩集》錢惟善傳以及《送賈元英之照潭》《西湖竹枝詞四首》《篆冢歌》《清逸齋》等詩四題。鈐有「芷齋圖籍」

朱文方、「古鹽張氏」白文方、「佩兼」朱文方、「張載華印」白文方、「善化賀瑗所臧書畫印」朱文方、「埽塵齋積書記」朱文方、「禮培私印」白文方、「松下臧書」白文長方、「湘鄉王氏秘籍孤本」朱文長方、「元濟」朱文方、「元濟」白文長方印等。

是本卷十二至《三月初五日送劉師魯先生殯陸志尹孔昭昆仲招飲湖船》「白虹流遺」即卷末，闕該詩後半及《聞彦孚後園牡丹盛開與錢良貴有賦詩之興因爲長句以記其美》《三月望日與袁鵬舉賓王同遊北山東山神仙宫諸勝處訪喜鵲寺茂上人不遇泛舟而回》《雨後登吴山過城隍廟眺望》三首。《補遺》一卷共有詩六十六首（含過録陸嘉穎、曹溶所輯九首），爲目前可見輯錢詩最多者。其中《東園隱居十三詠爲景周徵士賦》、《題錢舜舉山居愛静圖》、《題吴仲圭竹居册》、《題思親卷》、《游鳳凰山》、《陸寶山》、《佘山》、《細林山》、《薛山》、《機山懷古》、《干山》、《小崑山》二首、《題夢萱堂》、《題范叔中昆仲所作二十四孝詩後》等詩爲他本所無。然輯詩均不注出處。按游松江諸山之詩可見正德《松江府志》，確爲錢詩。《東園隱居十三詠》未見於他處。明初陶宗儀纂輯《遊志續編》中收録錢惟善《東園十三詠序》，云「諸嘗往來東園者，各賦詩以見志」，則此組詩蓋爲錢氏詠東園諸景之作。又卷内《遠承佳作見寄足佩不遺故舊之高誼且知潁上之樂不減吴中因次韻以答》，與吴焯所輯同名詩内容不同，覆檢吴氏標注該詩出處《趙氏鐵網珊瑚》卷九[一]，應以吴氏所輯爲確。據藏印可知，是本曾經張載華、賀瑗、王禮培、張元濟遞藏。張載華爲海鹽張氏涉園第五代主人，

[一] 清《四庫全書》本。

張元濟之六世祖〔二〕，富於藏書，遇善本輒手自抄録，是本《補遺》或輯自其手。

是本卷前護葉有張元濟手書題識，其文曰：「久聞王佩初有此書携至海上，欲得善賈索之，不應。今日忽得陳叔通兄訊，購以見貽。良友雅意，可感之至。戊辰中秋四日，張元濟謹識。」

上圖藏。

梧溪集七卷〔三〕

元松江寓賢王逢撰。明洪武間刻景泰七年（一四五六）陳敏政重修本，六册。半葉十三行，行二十二字，小字雙行同；黑口，雙魚尾，四周單邊、四周雙邊、左右雙邊或上下雙邊。版心上鐫「梧溪集」。卷首抄補元至正六年（一三四六）汪澤民序、至正十九年（一三五九）周伯琦序、至正十九年楊維禎序，卷末鐫明景泰七年陳敏政後序。其後有顧廣圻手書跋。卷内有佚名朱、墨筆校改痕跡，及顧廣圻墨筆批校。卷端題「江陰王逢原吉」。鈐有「毛氏子晉」朱文方、「毛晉之印」朱文方、「甲子」朱文方、「元本」朱文腰

〔二〕清葉昌熾《藏書紀事詩》卷四「張惟赤」條：「昌熾案：……張鞠生農部元濟自滬上寓書來，云螺浮給諫是其先德，以《涉園世系》見示。始知螺浮先生名惟赤，順治乙未進士，刑科給事中。長子晧，號小白，別號皜亭，康熙壬子舉人。有三子，長芳溶早逝，以弟子宗松爲嗣。次芳湄號象賢，一字葭士。宗松即其次子，號青在，又號寒坪。著有《捫腹齋詩抄》，即農部之六世祖也。……第八子口載華，號佩兼，一號芷齋。」上海古籍出版社，一九八九年。

〔三〕是篇據「静嘉堂文庫宋元版古籍在線數據庫」内原本電子書影撰寫。

形、「毛晉私印」朱文方、「毛」「晉」朱文方、「汲古主人」朱文方、「毛扆之印」朱文方、「斧季」朱文方、「秋夏讀書冬春射獵」白文方、「文瑞樓」白文方、「鶼」朱文橢圓、「千里」藍文方、「蓮涇」朱文方、「太原叔子藏書記」白文長方、「歸安陸樹聲藏書之記」朱文方印等。

王逢（一三一九—一三八八），字原吉（一作元吉），號梧溪子，又號席帽山人、最閒園丁，原籍江陰。少時學詩於陳漢卿，爲虞集之再傳弟子；元至正十七年（一三五七）避亂流寓吴淞江邊（今屬上海青浦），至正二十四年（一三六四）遷至松江横泖，又二年遷至烏泥涇〔一〕。明洪武間，不受徵召，以隱終。傳見《明史·文苑傳》（戴良傳附）、正德《松江府志》卷三十一、嘉靖《江陰縣志》卷十七等。

是集所收詩歌最早約爲至正初作，最晚則至洪武二十一年（一三八八），衆體兼備而編排無緒。集内可見其留贈、哀挽居留或往來松江之文士數十人，任仁發、邵亨貞、楊維禎等咸在其列，又有鄉賢青龍章元澤、干山周氏弟兄、松人蔡廷秀等。卷内詠當地故跡名勝如趙氏雙慶堂、金澤寺虎樹亭等詩，亦頗爲後世方志採擇。清王昶《青浦詩傳》「取其有關於吾松故事者」八十二首，爲該總集中收詩最多者〔二〕。

據周伯琦、陳敏政等序，該集最初編成應在元至正十九年，即王逢寓居松江之後二年。最早刊刻在明

〔一〕該集卷二《題松江府學訓導胡師善遺跡後》後序云至正乙未後二年避地海上，即至正十七年；又卷四有《今日何日四首留别龍江諸名貴士友時甲辰九月移居横泖》及《至正丙午三月廿八日自横泖遷居烏涇……》二題，甲辰即至正二十四年。

〔二〕《青浦詩傳》卷五，乾隆五十九年經訓堂刻本。

洪武時，前六卷爲王逢自刊，末一卷爲其歿後子掖所刊。洪武本至明中叶已罕传，景泰年间，陈敏政任南康知府，見王逢重孫輅携來原藏烏涇老宅之版片，「失脱與字之昏剥者，十有餘矣」，而「幸其家尚有原本」，乃命輅之子孟「逐一讎對繕寫，而命工重刊之，以補其缺，是集乃復得其全云」[一]。景泰本或爲《梧溪集》現存最早之本，今見三部：其一即是本，明毛氏汲古閣舊藏，先經清顧之逵小讀書堆購得，後歸皕宋樓，現藏日本静嘉堂文庫，陸心源《皕宋樓藏書志》、傅增湘《静嘉堂文庫觀書記》、嚴紹璗《日藏漢籍善本書録》等書目著録；其二經馬思贊、鮑廷博、嚴元照及丁丙等遞藏，今藏南圖；其三亦汲古閣舊藏，卷一至四及他卷缺葉配毛氏抄本，《愛日精廬藏書續志》《鐵琴銅劍樓藏書目録》等書目著録。然此三本卷次猶有出入。

自明後期至清中葉，景泰本亦漸罕傳，遂抄本衆出，較爲著名者有清王士禛藏周榮起抄本、清錢曾藏本、清蔣繼軾抄本、《四庫全書》本、清莫友芝藏舊抄本等。明末江阴老儒周荣起从汲古阁抄出一本，康熙間王士禛得之，現藏静嘉堂文庫，《蠶尾續文》收入王氏題跋，《四庫全書總目》該集提要亦提及此本，《皕宋樓藏書志》《日藏漢籍善本書録》等皆有著録。清初錢曾自劍吷齋購得前二卷明刊本，十餘年後又從梁溪顧修遠家借得後五卷抄本，得補其全，該本今未見。清雍正間蔣繼軾據景泰本抄録一本，後輾转落入鮑氏知不足齋，并經顧廣圻、葉廷甲等校勘，今藏臺圖，清鄧邦述《寒瘦山房鬻存善本書目》著録該本。

[一] 景泰七年陳敏政後序，詳見下文。

《四庫全書》本所據底本或爲知不足齋藏抄本[一]，而該集提要又謂「今本從錢顧二選本校過者」，蓋參校錢謙益《列朝詩集》與顧嗣立《元詩選》。《四庫簡明目録標注》并云「莫郘亭有舊抄本，凡鮑本所缺皆全」，莫友芝《宋元舊本書經眼録》卷三「舊抄本」僅云「梧溪集七卷。寫本。元王逢撰。行書抄，密行，尚可。」[二] 除以上諸本外，現存之抄本猶有國圖藏清吕氏明農草堂藏抄本、清抄本，蘇州博物館藏清吴翌鳳校并跋本，上圖藏清抄王禮培題識本、清抄王慶勛題識本，北大藏清抄本，傅圖藏清抄本，等等。

清乾隆末，知不足齋主人鮑廷博委托顧廣圻校勘《梧溪集》以收入《知不足齋叢書》，至道光三年（一八二三）方始刊成。據知不足齋本卷首顧廣圻《重刊梧溪集序》，其校此集，以鮑氏家藏之蔣繼軾抄本爲底本，以是本爲校本，錢曾家抄本爲參校本，卷末附蔣抄本上葉廷甲所輯補遺五首。同治十三年（一八七四），武進盛氏思補樓以活字排印《梧溪集》，即全依知不足齋本。

是本卷首汪序云：「太平王生光大，以《澄江櫂歌》詩求予序其端，且曰是詩江陰王原吉作也。……原吉窮而在下，能自以詩鳴。家居澄江，志樂漁隱，因以目其詩。……原吉守漢卿之學，宗邵庵之傳，博以三百篇之趣，櫂歌春申山水間，發情止義，不古也哉。」則王逢當曾於至正初編有名爲《澄江櫂歌》之詩集，卷中多遊弋春申江畔之作。

[一] 據《浙江採集遺書總録》著録「知不足齋寫本」。

[二] 莫友芝《宋元舊本書經眼録》，邱立文、李淑燕點校本，上海古籍出版社，二〇〇九年，第八十九頁。

周序云：「原吉中年，築草堂於松之青龍江上，以吟詠自娱。追惟其大母徐夫人嘗手植雙梧於故里横河之上，今世遠地殊，因自號梧溪子，示不忘也，故集以是名。其殆自混於天隨、元真之流乎。」

卷末陳序云：「先生未殁而是集已梓行於世。先生嘗自標題其微詞奥義及人名地理之難曉者於各詩之首。其第七卷則先生既殁，而掖之所刊也。先生畫像，楊鐵厓諸公皆爲之贊。乙卯歲，星子之僑居，厄於回禄，故與掖所授告敕俱無存焉。吁，可惜也。是輅來南康時，留是板於烏泥故居。正統戊午，顔（按，王逢四世孫）歸省先壟，使携以來，則板之失脱與字之昏剥者，十有餘矣。歲乙亥，余來守南康，聞之，亟取視焉，幸其家尚有原本，乃命孟逐一讎對繕寫，而命工重刊之，以補其缺。是集乃復得其全云。」

顧廣圻手書跋云：「鮑丈渌飲向欲刊行《梧溪集》，知毛子晉所藏在先從兄抱沖小讀書堆，屬予勘定而未果也。今丈已下世，令嗣規續成先志，以作知不足齋叢書之廿九集。深嘉厥意，從望山姪借出，竭三旬力，補改傳抄闕誤。惟是六、七兩卷版心有粉墨塗改痕跡，於次第頗舛錯，蓋景泰板模糊斷爛，至有此失，又悉爲之推求訂正，庶幾稱善矣。然終少七卷第四葉，故其三葉末《節石銘》題下梧溪自注云有後序，而今俄空焉。此集在毛氏時已難得，錢曾《敏求記》具言之。予并見汲古别本，抄刻各半者，此兩卷尤舛錯脱落，相較殊遜。不知世間尚存洪武印本，可足是一葉以成完璧否也？校既畢，遂志於尾而歸之。時嘉慶丁丑歲，顧千里書。」

是本板框大多爲四周單邊。四周雙邊葉有卷一葉四、廿二、三十三、四十壹；卷二葉二十九、卅九、四十；卷三葉十七、二十一、卅三；卷四葉一、二、七、十八、二十九、三十、三十三、三十四、六十一、七十四；

卷五葉十三、二十八、五十五；卷六葉二、十；陳敏政後序葉一。上下雙邊葉有卷五葉三十四，字體、板框與四周雙邊葉相類。左右雙邊葉有卷六葉廿八，字體、板框與四周單邊葉相類。就版面情況而言，四周單邊之葉大多漫漶甚爲嚴重，四周雙邊之葉相對較新；少量四周單邊之葉（如卷一葉三十四）板框較其他四周單邊葉更大，其字體更近似四周雙邊之葉。由是觀之，絶大部分四周單邊葉以及左右雙邊一葉蓋爲洪武間初刻，全部四周雙邊葉、少量四周單邊葉及上下雙邊一葉蓋爲景泰時補刻。又卷三葉十一、十二，卷五葉九、五十六等爲抄補。又，是本卷七版心葉次多有朱筆修改及粉墨塗改者。葉五、葉七間闕一葉，卷末連續兩葉版心均記「葉十六」：前者版心粉墨塗改，葉上爲《題管夫人畫蘭》《題二喬圖》《題甯戚叩角圖》諸首，葉下鎸「梧溪集卷第七」一行；後者原爲「六」朱筆在「六」上增「十」，爲《過徐氏寬簡軒居諸門生聯句附》《周芙哀辭》《張貞哀辭》諸首，葉末亦鎸「梧溪集卷第七」一行。

是本行間、天頭常有朱筆校補，或據《梧溪集》别本，或據《歷朝詩集》等他校文獻。又有多處以白粉塗去、墨筆改補文字，見於行間及版心，即顧廣圻跋所謂「粉墨塗改痕跡」。如葉二行十一有白粉塗墨筆補「杞」字五處，天頭朱筆眉批「引中五相字錢抄俱作杞」；又行十三有白粉塗墨筆補「瑀」字，朱筆眉批「禹錢校作瑀」。則似朱筆批校在前而粉墨塗改在後。

顧廣圻於是本若干葉天頭標註錯簡：卷六葉三十一「此本卷卅五頁」，葉三十二「此本卷卅六頁」，葉三十五「此葉七卷第五」，葉三十六「此葉七卷第六」；卷七葉三《節石銘（有後序）》題上眉批「少第四頁」（左旁另有朱筆眉批「遺後序此下似脱一葉」），葉四「此頁六卷第卅一」，葉五「此頁六卷第卅二」。

日本静嘉堂文庫藏。

梧溪集七卷

元松江寓賢王逢撰。明洪武間刻景泰七年（一四五六）陳敏政重修本，有修板，有朱、墨筆批校，清丁丙、沈廷芳題識，三册。半葉十三行，行二十二字，小字雙行同；黑口，雙魚尾，四周單邊、四周雙邊、左右雙邊或上下雙邊。版心上鎸「梧溪集」。卷端題「江陰王逢原吉」。卷首鎸元至正六年汪澤民序、元至正十九年周伯琦序，卷末鎸明景泰七年陳敏政後序。鈐有「南陽講習堂」朱文長方、「馬思贊印」白文方、「仲韓」朱文方、「歙鮑氏知不足齋藏書」朱文方、「歙西長塘鮑氏知不足齋藏書印」朱文方、「老屋三間賜書萬卷」朱文方、「久能」白文方、「元照」朱文圓、「八千卷樓珍藏善本」朱文長方印等。

是本亦經知不足齋收藏，然顧廣圻似未曾經眼。其板框情況大致同静嘉堂本，卷次與静嘉堂本少異：卷三葉十一下《朱夫人》「進規退矩」一行後有斷板痕跡，後接《九月十三日……詩簡鄰友》《鳳村黄氏菴書壁二首》，天頭有墨筆批校「以下三首見四卷六十一頁」，該葉有一粘籤，以朱筆補《朱夫人》「禮自防……驂鸞凰」一段，後接《曹生煥章爲畫席帽山人小像自題一首》、《題嘉定故朱禹敷妻徐氏卷》起首至「寧□□□」（按，此處漫漶，卷四葉十八此首作「寧福祐天」），天頭墨批「下二首見四卷十八頁」，後又有斷版（行十末），接《張武略》「漠紅巾……雙鴻鵠」及《盡室歎讀東魏史高驩語鮮卑一事有感》，天頭墨批「此是《張武略》詩，見抄本四卷六十一頁」；卷七葉六爲《過徐氏寬簡軒居諸門生聯句附》《周芙哀辭》《張貞哀辭》諸首，即静嘉堂本卷末第二張「葉十六」，由是可知静嘉堂本該葉末之「梧溪集卷第七」爲後人僞刻；卷七葉十四闕（静嘉堂本該葉爲《短謡留王公上海》末句、《覽吴氏二賢母傳誌》《半古歌》及《趙量遠年七十五縣舉學諭夜酌閒園口號以贈》前半）。是本版心葉數前後接續，並無塗改痕跡。卷内多有朱、墨筆補正漫漶之處。

卷前護葉有清丁丙手書題識粘籤，其後有清沈廷芳手書題識。丁丙題識大致同《善本書室藏書志》卷三十四是本書志；沈廷芳題識録錢曾《讀書敏求記》該集條目，并云「觀遵王跋語，則此書蓋罕見也」。

南圖藏。

梧溪集七卷〔一〕

元松江寓賢王逢撰。明洪武間刻景泰七年陳敏政重修本，卷一至四及他卷缺葉配清初毛氏汲古閣影元抄本，清陸貽典校並跋，六册。半葉十三行，行二十二字，小字雙行同。黑口，雙魚尾，四周單邊、四周雙邊或左右雙邊，版心題「梧溪集」及卷、葉數。卷首有汪澤民、周伯琦序，卷末有陳敏政後序。卷端題「江陰王逢原吉」。鈐有「毛晉」朱文長方、「元本」朱文橢圓、「毛氏子晉」朱文方、「毛晉之印」朱文方、

〔一〕是篇據《中華再造善本》影印本撰寫。

「子晉」朱文方、「毛晉私印」朱文方、「子晉書印」朱文方、「復古」朱文長方、「士礼居藏」朱文長方、「恬裕齋鏡之氏珍藏」朱文方、「鐵琴銅劍樓」白文長方印等。

是本四周雙邊葉有卷三葉十七、二十一，卷四葉一、二、十八、二十九、三十、三十三、三十四、六十一、七十四，卷五葉五十五（後一葉亦作「五十五」，誤）；左右雙邊葉爲卷一葉四、二十二、三十三、四十一，卷二葉二十九、三十九、四十，卷三葉三十三，卷六葉二、二十八，陳敏政後序全部（除卷六葉二十八外，左右雙邊葉均爲抄補）；其餘葉均爲四周單邊。就刻本部分而言，上述静嘉堂、南圖所藏景泰本板框爲四周雙邊之葉，是本大都爲四周單邊，保留洪武原刻更多。

清顧廣圻校刻知不足齋本《梧溪集》時嘗見是本，謂其六、七兩卷「尤舛錯脱落」[一]。与静嘉堂本相校：卷六葉三十二之前，兩本卷次均相同；是本卷六末二葉即葉三十三、三十四爲静嘉堂本卷六葉三十七、三十八；卷七葉一至四兩本相同，是本葉五（抄補）静嘉堂本爲葉七（静嘉堂本闕葉六），是本葉六至十四（葉末三行爲墨條，未鎸「梧溪集卷第七」）静嘉堂本爲葉八至第一張葉十六，是本葉十五（抄補）爲静嘉堂本葉五，是本即葉十六（末葉，係刊刻，版心葉數有墨筆描潤）爲静嘉堂本第二張葉十六。

陸貽典以朱筆補多處漫漶文字，大致與景泰本相合，又偶作評論於眉間。如卷五《寄題潁上賈歸治惟敬所寓詠軒》後序有「凡作詩，忌俗欲清，忌熟欲生，忌肉欲骨」諸字，朱筆于「忌熟欲生，忌肉欲骨」旁

[一] 顧廣圻《思適齋書跋》卷四，上海古籍出版社，二〇〇七年，第九十四頁。

作記，眉批「王公一生蹈此病」。卷末有其跋語：「虞山覲庵陸貽典校補于汲古閣。丁巳（按，康熙十六年，一六七七）九月下浣。」

卷内又有佚名墨筆眉批數條，皆釋名物。

國圖藏。

梧溪集七卷

元松江寓賢王逢撰。清雍正四年（一七二六）蔣繼軾抄本，蔣繼軾、葉廷甲、鮑廷博、顧廣圻遞校。半葉十行，行二十二字，小字雙行同。無行格。版心題「梧溪集」及卷、葉數。卷首録該集四庫提要，顧廣圻《重刊梧溪詩集序》，及汪澤民、周伯琦、楊維禎（闕首葉）序。其後有附録，引《列朝詩集》《江陰志》《松江志》内王逢傳並梧溪精舍、最閑園等條目，及《讀書敏求記》中《梧溪集》條目。卷端題「江陰王逢原吉」。卷末録陳敏政後序。其後有道光三年（一八二三）葉廷甲輯《梧溪集補遺》（觀其字跡，卷首四庫提要、顧廣圻重刊序、楊維禎序及卷三《張武略》一葉當亦爲葉廷甲抄入）。卷前護葉有民國十三年（一九二四）、十四年鄧邦述題識兩通；每卷末有顧廣圻題識；陳敏政序後有顧廣圻跋一通，雍正四年、十一年蔣繼軾跋兩通。鈐有「潤州蔣氏藏書」朱文長方、「縵雲過眼」朱文方、「賜書樓」白文方、「西圃蔣氏」白文方、「繼軾」朱文長方、「西圃蔣氏手校抄本」朱文長方、「歙西長塘鮑氏知不足齋藏書印」朱文方、「老屋三間賜書萬卷」朱文方、「世守陳編之家」獸紋朱文橢圓、「君者」朱文方、「顧印千里」朱白文方、「千里」藍文方、「癡絶」白文方、「陳黄門侍郎三十五代孫」白文方、「鮑正言印字慎父長壽」白文方、「鮑正言之印」白文方、「慎父印信」朱文方、「吴越王二十九世孫」白文方、「孫爾準讀書記」白文方、「鎮亭山房」白文方、「陸會讀」白文方、「陸璸曾讀」白文方、「江南布衣」朱文長方、「慈溪錢經藩逸琴氏收藏精本書籍印記」朱文方、「臣藩之印」白文方、「每有西風何嘗不歎」朱文方、「桐江梧溪人家」白文方、「江東包氏天禄閣藏書印」白文方、「群碧樓」朱文長方、「精抄校本」朱文長方、「羣碧樓」白文方、「百靖齋」朱文橢圓等印。

蔣繼軾跋一云：「牧翁小傳云『激昂慨歎，情見乎詞』，信矣。乃摘其一二語，目爲狂悖，豈止原吉之心者。原吉既生乎元，則心乎元，怨雀横蛇，孰知鯁避邪。觀其表揚忠節，闡發隱幽，允足綱維世教，補史氏之闕遺。惜世無鋟本，繕寫流傳，句脱字譌，魚豕滿紙。儻斯文未喪，世有好古嗜學之君子，訪尋善本，校訂刊布，誠廉頑立儒之一助也，獨文辭乎哉。雍正丙午季立秋，圃謹識。」

跋二云：「録此集閲七年矣。日置左右，中耿耿然，恨世少鋟本可勘對也。辛亥冬，苕溪書友錢蒼培携前明景泰間刊本示余，得之喜甚，如獲拱璧。逮展閲，則漫漶模糊，若霧中看花，可見者僅形似耳，彌加歎息。既思好嗜書如遵王錢氏，尚難一遇完本，今余獲睹鐫抄二部，不可謂非一時之幸。因復合爲讎校，補其缺脱，訂其錯譌，互有資益。惜年衰目眵，更多饑寒之累，歷周歲而後卒業。雖缺疑仍多，亦足稱梧溪善本矣。但貧苦無資，不能多抄流傳於世。竊怨此本散亡，不獨負余十年苦心，而席帽遺編將歸湮滅，能不欷歔屬望於後人耶！雍正癸丑春二月，西圃又識。」

是本係顧廣圻爲知不足齋校《梧溪集》之底本。其每校畢一卷，即於卷末題識。如卷一末：「元和顧千里用景泰刻本校於楓江僦舍。」卷三末：「此卷脱誤極多，依汲古藏本補正如右。」卷四末：「右依汲古閣藏景泰板校正，庶幾善本矣。以翁殆昕然於道山耳。」卷七末跋云：「據陳敏政後序，知此集初刊於洪武，繼補於景泰。迨明季而景泰板已模糊斷爛，且不可得矣。汲古閣藏本用景泰板填補完全，今在小讀書堆，借來校正十獲九，惜無從購洪武印本訂證之耳。」

卷末葉廷甲補遺含詩五首：《郊行即事》《白龍洞》《西膠山雪晴寫呈無錫州尹遂蒙罷吴家渡筑城之役》《山中春晚》《送安上人歸馬跡山》。補遺末題識云：「右詩五首，從邑城楊敔樵家抄本録出，筆意蒼渾，且於時事極有關係，遺之殊爲可惜，亟補録之。敔樵名敦厚，邑諸生，嘉慶己卯恩科進士，由庶常改中書，名景曾之本生父也。年近八旬，讀伊祖宫傅文定公遺書，尚手不釋卷。原抄詩六首，内一首已見卷四中，外有長短句一首，贊一首，與梧溪子手筆不甚合，故闕而未録，非敢遺也。道光癸未秋八月，邑後學雲樵葉廷甲識於静觀樓，時年七十。」

按，該補遺五首後刻入知不足齋本《梧溪集》，附於卷末。然校之他書：《白龍洞》一首見於嘉靖《江陰縣志》卷三，題袁默撰，又見於清陸心源《宋詩紀事補遺》卷十六，亦題袁默撰；《西膠山雪晴寫呈無錫州尹遂蒙罷吴家渡筑城之役》《送安上人歸馬跡山》二首則分別見於元謝應芳之别集《龜巢稿》卷三、卷五。

知不足齋本刻成后，葉廷甲移録該本顧廣圻《重刊梧溪詩集序》於是本卷前，其文云：「元王逢原吉

《梧溪詩集》七卷，前六卷原吉未殁已梓行，末一卷其子掖所刊，皆在洪武時。迨正統間板有缺壞，南康守陳敏政修補，見於景泰七年陳敏政後序。又下至明季，則傳者絶少。……長塘鮑渌飲丈雅意收入《知不足齋叢書》，俾廣流布。乾隆末，欲見屬勘訂。適汲古閣所藏景泰本歸予從兄之小讀書堆，爰敬諾之。彼此卒卒，近逾廿載，未及施功，而鮑丈作道山游矣。嘉慶丙子，令子志祖以遺言復謀於予，冬杪持抄本來。予不敢不力，借刻本細校一過。抄者蔣西圃氏，名繼軾，在雍正丙午，亦出景泰板，然遇有模糊斷爛，皆脱去或譌謬。爲之一一補正，不啻數萬餘字，乃始釐然可讀。唯第七卷板心舛錯，失去第四葉，參驗遵王家抄本亦未嘗有，蓋非獲洪武印本末由補全也。校畢還之。又閱七年，方告刊成，兼屬覆校。予既嘆鮑丈拳拳闡幽，靡間生死，又嘉志祖之克成先志，且感此書久晦於世，昔人搜訪維艱，今此辛勤，僅就詳書以爲之序，幸將來覽者毋因後此易得，而轉致忽視善本云爾。其原吉與詩，世固多知之，不待綴。道光三年歲在癸未三月既望，元和顧千里書于楓江僦舍。」

民國鄧邦述盡覽前人校跡，其題識一云：「《梧溪集》刻入《知不足齋》，此其原校本也。千里真跡，固班班可見。渌飲用緑筆，間亦用朱筆校處甚多。其別一朱筆在鮑、顧前，則蔣西圃手校。自康迄乾，凡經三校，又皆校讎名家，豈可目有刊本而遂得魚忘筌耶！梧溪生當元明之季，集中每闡幽顯微之作，與尋章摘句不同，比之有清，殆與全謝山有同揆焉。因知文字之傳，必有可傳者，在世之因文而傳者，固在此而不在彼也。」二云：「此書一校於蔣西圃，再校於鮑渌飲，三校於顧千里。凡粘籤者爲葉廷甲。葉雖有功是書，而原不逮三公之博。原吉學問淹足，博極群書，非千里之記問該貫，亦孰能任此校讎而無憾哉！千里校是書，已在淥飲歸道山之後，所以慰死友之托者，可謂久要不忘。後人喜見知不足齋刊本之善，而未一見此編，尚未知昔人辛苦。經三四手而校乃成，此善本正不易易。余右再著明之，俾刻古書者勿謂率爾操觚而已可也。」

是本卷内有朱、緑、墨筆批校及墨筆粘簽。朱筆字跡有三種，分出於蔣西圃、鮑廷博、顧廣圻；緑筆甚淡，均在行間，爲鮑廷博校字；墨筆粘簽多出自葉廷甲，亦有少數出自顧廣圻，間自題「廷甲校」「千里記」；墨筆批校大多爲顧廣圻所寫，亦有若干爲葉廷甲所寫。鮑、顧批注除校勘外，間注史事掌故。顧廣圻猶多引他卷或他書，詳述勘誤緣由，兼回應鮑、葉之批語。惜是書底部曾遭裁切，遂致多條地脚批註殘缺。

另按，葉廷甲曾將是本校筆彙作《梧溪集訂譌》一册，交與顧廣圻商榷。顧氏閱畢，删存其什一列爲覆校，又别撰《釋梧溪集訂譌》一册，举《訂譌》所列而不當訂者近三百條〔一〕。凡此皆爲《梧溪集》校勘之别鑒。

臺圖藏。

梧溪集七卷補遺一卷

元松江寓賢王逢撰。清同治十三年（一八七四）武進盛氏思補樓活字印本，傅增湘校并跋，二册。半葉

〔一〕《釋梧溪集訂譌》稿本，上圖藏。

九行，行大字二十一字，小字雙行同，黑口，無魚尾，左右雙邊，版心下鐫「思補樓」。內封題「同治甲戌五月／梧溪集／思補樓校印」。卷首依次爲元至正十九年楊維禎序、至正十九年周伯琦序、至正六年汪澤民序、清道光三年顧廣圻《重刊梧溪詩集序》及《四庫全書總目》之該集提要，末署「臣葉廷甲恭録」；卷七末有陳敏政後序，序後爲道光三年葉廷甲《梧溪集補遺》。天頭鐫有校語，大多爲改正異體字、通假字及知不足齋本刊錯之字。鈐有「增」「湘」朱文方、「藏園校定群書」朱文長方等印。另按，復旦大學藏該集思補樓活字印本共八册，末册與《困學齋雜録》合訂，《困學齋雜録》卷末有「寓江寧旌陽湯炳南鐫字擺印」牌記一條。

是本內容全依《知不足齋叢書》本，卷四分上、下。覽之可見知不足齋本對該集卷六、卷七序次之調整，與顧廣圻在静嘉堂藏景泰本及蔣繼軾抄本上所書校語一一相合。

周伯琦序後有傅增湘手書題識：「頃於廠市見舊抄本，半葉九行二十字，後有景泰七年丙子南康知府錢唐陳敏政跋，是仍從明刊本出也。卷中偶有脱葉闕字，取校此本，小有異同，均改訂於行間。各卷有『寒香閣』『午厓書屋』『鄧汝功』『謙持』各印，審其筆跡，當爲乾隆以前寫本，必在知不足齋刻本以前，可斷言也。余昨歲在静嘉堂文庫見元刊本，十三行二十二字，爲汲古閣舊藏，後有景泰補板跋。是此本雖出於景泰，而原板所存尚多仍屬元刊，實同爲一源，第抄時行款業經改易矣。惜遠在海外，不得携帙就校其異同耳。庚午十月二十八日，藏園傅增湘記。」按鈐有謙持等印之本，今藏於上圖，然僅存第一卷，幸賴是本存其異文。又是本卷一至卷四末皆有傅氏記校勘時日，起於庚午十月三日，迄於庚午十月十七日。

卷內批校多見於卷一至卷五，末二卷絶少。以校文核上圖藏鄧汝功藏抄本，不盡相同，恐亦參校他本。

又有轉引他書者，如卷四下《無題五首》題下批注：「東澗翁云，無題前後十首，皆感悼王師入燕、庚申北狩之事。」係引《列朝詩集》。

國圖藏。

南村輟耕録三十卷

元松江寓賢陶宗儀撰。明成化十年（一四七四）戴珊刻本，佚名批校，八册。半葉十行，行大字二十二字，小字雙行同，大黑口，三魚尾，四周雙邊。卷首鐫明成化十年夏錢溥撰《南村輟耕録叙》、元至正二十六年（一三六六）六月孫作《南村輟耕録叙》、邵亨貞《南村輟耕録疏》、孫作《南村先生傳》及《南村輟耕録總目》。其中《南村先生傳》紙質、版框大小、版面新舊與他葉皆異，疑爲插入。卷端題「天台陶宗儀九成」。卷四末附成化五年（一四六九）華亭彭瑋題識，乃訂補該卷内「發宋陵寢」條。卷内鈐印似被剜去。

陶宗儀（約一三二二—一四〇三後）[一]。字九成，號南村，原籍台州黄巖，妻費元珍爲松江上海人。元至正十六年（一三五六），避亂隱於松南，教授著述，諸生爲之買地結廬。明洪武六年（一三七三）應召入

[一] 陶宗儀之生年無確切根據，學界説法頗多，大約最早爲元皇慶元年，最晚爲元天曆二年。管彦達參詳衆説，綜合陶宗儀拜杜本爲師時間、參加會試時間、結婚時間等因素，使用排除法，將陶宗儀之生年定在元至治二年（一三二二）左右，似較可信。又據明胡儼《頤庵文選·張處士墓志銘》，明永樂元年（一四〇三）張處士去世，陶宗儀爲之撰行狀，則其當年尚在世。參見管彦達《陶宗儀生卒年考》，收入《陶宗儀研究論文集》，浙江人民出版社，二〇〇六年，第一六—二三頁。

京，擔任公職。平生於古學無所不窺，在元著述除是書外尚有《説郛》一百卷，入明又撰《書史會要》《滄浪櫂歌》，輯宋元遊記爲《遊志續編》；另有《國風尊經》《草莽私乘》《古刻叢抄》《四書備遺》《史記注語》《唐義士傳》《元氏掖庭記》《勝國紀異録》《廣薈蕞》等，未詳成書年歲。明末，毛晉輯其詩彙爲《南村詩集》四卷，刻入《元十家詩集》[一]。傳詳明孫作撰《南村先生傳》《明史》卷二百八十五本傳、正德《松江府志》卷三十一等。

是書爲撰者寓居松南時所記見聞彙總而成。據孫作序及卷一「列聖授受正統」條内「至正今二十六年」數字，可確定成書於該年。正文凡五百八十四條，内容博雜，多記當時雜聞逸事，所録史料涵蓋文化、藝術、科技、社會生活等各方面。其中涉及松江地方者十餘條。

是書《滂喜齋藏書記》《皕宋樓藏書志》《鐵琴銅劍樓藏書目録》等著録有元刻本，民國十二年（一九二三）武進陶氏亦稱據元刻本影印，然今未見元刻本存世。明代刻本頗多。今國圖、北大、上圖著録爲「明刻本」或「明初刻本」者，皆同一版本，而鐵琴銅劍樓舊藏「元刊本」亦爲此本[二]。成化十年戴珊刻本似據陶宗儀原本刊刻[三]，而於卷首增成化十年夏錢溥撰《南村輟耕録叙》，於卷四末附增成化五年華亭

[一]《古刻叢抄》陶宗儀手稿本内葉鈐其「南邨處士」印，當成於移居泗涇南村之後。

[二]據《鐵琴銅劍樓宋金元本書影》子部該本書影鑒定，民國十一年常熟瞿氏刻本。

[三]據此本卷首錢溥序，刊刻者「訪求得先生的本」，此處「先生」似指陶宗儀，則其本應爲稿本或初刻本，詳見下文所録錢序。

彭瑋題識，以至後世有抽去二篇序跋冒充元刻者，《四部叢刊三編》影印滂喜齋藏「元刻本」即是[一]。玉蘭草堂本刊刻時已届明末，蓋是時傳本已較稀少。其後有萬曆六年（一五七八）徐球及萬曆二十三年（一五九五）王圻重修本，崇禎時毛晉汲古閣所刻《津逮秘書》本當亦從該本翻刻，然較之明前期諸本及影元本，該本異文其實不少[二]。《津逮秘書》本卷端始改題「輟耕録」，此後題「輟耕録」之本大多以該本爲據。又該本版片後爲廣文堂收購重印。清代以後版本大都源出明本。如國圖藏有清抄本《退耕録》三十卷，文字與成化本較爲接近；《四庫全書》本《輟耕録》據《津逮秘書》本抄，唯删去「正統辨」一條，且多改譯元人名字；民國三年（一九一四）廣益書局本則據徐球重修玉蘭草堂本翻刻。日本亦多次翻刻是書，有承應元年（一六五二）刻本、文政六年（一八二三）刻本、文政十年（一八二七）津逮堂刻本等，蓋皆以《津逮秘書》本爲底本[三]。今著録爲清浙湖許恒遠堂刻本者，實爲承應元年刻板，僅剜去訓點而已，光緒十一年（一八八五）上海福瀛書局又以恒遠堂版重印。是書又有摘録本，如明萬曆間李栻編刻《歷代小史》中有《南村輟耕録》一卷，民國吴增祺編《舊小説》戊集中有《輟耕録》一卷等。

[一] 據：一，徐永明、楊光輝整理《陶宗儀集》之《前言》，浙江人民出版社，二〇〇五年；二，《四部叢刊三編》，民國二十五年上海商務印書館印本。

[二] 參見徐永明、楊光輝整理《陶宗儀集》中《南村輟耕録》部分校注。

[三] 承應元年刻本據山東大學圖書館編《山東大學圖書館古籍善本書目》著録，題「輟耕録」，三十卷，十行二十一字，白口，左右雙邊，齊魯書社，二〇〇六年，第二一三頁。文政六年刻本據北大藏本，題名、行款均同《津逮秘書》本。

此成化本爲現存可斷定年代之最早刻本。陶氏影元刻本行款與此本相同，唯版心僅有二魚尾。除卷四末彭瑋題識外，二本文字亦基本相同，且有數處異於明後期玉蘭草堂刻本及《津逮秘書》本。如卷一「云都赤」條，述元朝設貼身侍衛云都赤，恒隨皇帝左右，是本及影元刻本有「時若上御控鶴，則在宫車之前；上御殿廷，則在墀陛之下」句，而玉蘭草堂本及津逮秘書本均作「時若上御控鶴，則在墀陛之下」。又卷十四「古刻」條，述至正壬辰於平江古城基内掘得古碑一枚，上刻「三十六，十八子，……」是本及影元刻本後文曰：「或者以爲『三十六』，四九也。……今張太尉第行九四，而同首亂者適十八人，即『十八子』也。」玉蘭草堂本及津逮秘書本均無「即十八子」四字。此當屬後刻本脱文。

孫作叙載此著「貯葉成書」之編纂歷程，成爲流傳頗廣之故事，然帶有傳説意味，不足取信。

邵亨貞疏：「南村田叟陶君九成，著書三十卷，凡六合之内，朝野之間，天理人事，有關於風化者，皆采而録之，非徒作也。然又能不忘稼穡艱難，蓋有取於聖門『餒在其中』、『禄在其中』之旨，乃名之曰《南村輟耕録》。朋遊間咸欲爲之版行，以備太史氏採擇，而未有倡首之者，於是僭爲之疏引，以伸其意。」

錢溥叙：「陶九成先生……一不利於場屋，遂棄去，來隱於松南横泖之上，故自號南村。……（録）惜傳寫訛舛，久失其真。進得陝右白公大本，由内臺守吾松之又明年，……訪求得先生的本……乃質於督學侍御史浮梁戴公廷珍，覽而是之刻，置郡横而屬予序。」

此本眉間有佚名批校數十條，均係以「翻刻本」校是本所得之異文。按，經比勘，其所謂「翻刻本」應指《津逮秘書》本。

上圖藏。

南村輟耕録三十卷

元松江寓賢陶宗儀撰。明玉蘭草堂刻本，清李鼎元批點并跋，清張穆、翁心存、翁同書、朱學勤跋，四册。半葉十行，行大字二十一字，小字雙行同，白口，單黑魚尾，左右雙邊，版心下方鐫「玉蘭草堂」，有刻工名：楊子厚、楊淳、子文、甫、子承、光、馮、宜、陳、光甫、劉、朱、良、沈、子明、子宜、子、文、威、金、周、良學、承。卷首鐫元至正二十六年（一三六六）六月孫作《南村輟耕録叙》《南村先生傳》《南村輟耕録總目》，及邵亨貞《南村輟耕録疏》。卷端題「天台陶宗儀九成」。鈐有「半蒼」朱文方、「師艸齋圖書」朱文方、「雲間陸耳山珍藏書籍」朱文方印。

是本未記刊刻年代，《中國古籍善本書目》著録「明玉蘭草堂刻本」，上海圖書館電子檢索目著録「明嘉靖玉蘭草堂刻本」。按，是本刻工可考者，皆在嘉靖至萬曆間。時代較早者如子承，曾刻嘉靖三十四年（一五五五）林氏刻本《保嬰撮要》；較晚者如子文，曾刻萬曆五年凌氏刻本《史記評林》〔一〕。又因萬曆六年即有徐球重修本，萬曆三十二年（一六〇四）又有王圻重修本，則是本初刻或在嘉靖後期。校之成

〔一〕　參考李國慶編《明代刊工姓名索引》，上海古籍出版社，一九九八年。

化刻本，是本條次稍有不同，而異文頗多〔二〕。其中偶有可糾成化刻本之誤者。如成化刻本卷一「答剌罕」與「皇族列拜」二條誤合爲一，而是本分之。

是本前端護葉清咸豐七年（一八五七）朱學勤手書題識：「汲古閣刻本中有脱去數葉者，此爲舊本，最不易得，予以絲帙八緡購之廠肆，爲之喜劇。晚時當作跋以志之。丁巳初夏，結一廬主人朱學勤識。」其後同治元年（一八六二）翁同書手書題識二通，其一曰：「月齋居士張穆，原名瀛暹，余舊友也，績學工書，齎志以殁。閲册端題字，爲之憮然。同治元年二月四日，藥齋學人識。」其二備述張穆生平及死因。

其後李鼎元手書題識：「此書有陸耳山珍藏印。耳山之徵起也，余方試南宫，戊戌初列詞館，同校《四庫全書》。死未三十年，而子孫已不能守其書籍，況玩好乎！可慨矣。」按，陸耳山即陸錫熊，字健男，號耳山，清乾隆時松江上海人，曾授内閣中書，并任《四庫全書》總纂官。

其後張穆手書題識：「余家舊有此書，丙申春在里曾翻閲一次。此明刻本，又爲耳山舊物，信亦可貴。書中頗多經墨筆評乙，蓋即此號『墨莊』者所爲也。月齋居士。」

其後又有朱學勤手書題識：「墨莊者，四川綿州李丙邨之從弟鼎元也。鼎元以乾隆四十三年戊戌入

〔二〕徐永明、楊光輝整理《陶宗儀集》中《南村輟耕録》部分以《四部叢刊三編》所收本爲底本，校以玉蘭草堂刻本、《津逮秘書》本，校出與玉蘭草堂刻本異文近千條，即使有《四部叢刊三編》本描潤致錯處，差異仍頗可觀。

詞垣，授職檢討，改官中書，陞兵部主事。月齋居士，山西平定孝廉張石州，有才無命，淪廢終身，有《月齋文集》行世。耳山先生之子，予年七十八時曾識之於金陵號舍，時年五十許，樸實人也，今忘其名字矣。丙邨擁厚資歸里，園林聲伎之盛，甲於蜀中。歿後三十餘年，其子孫流落不偶，予道光壬辰使蜀，曾周恤之。閱此書不勝感喟。拙叟記。」

卷三十末録有朱學勤手書信札：「承枉顧失迓，罪甚。三槐宋元人集，曾許以三百五十緡，主人有肯售意。弟嫌其抄胥潦字，且多購書，阮囊羞澀，未能購置篋中。《輟耕録》一部，尚係舊刻，陸耳山藏書，弟新得一部，此本送備觀覽。聞之抱經學士，云與古本頗不同也。此復妹翁仁兄大人史席。朱學勤。」後有粘簽一條：「游山小引、珠簾小詩、漫源野録、龍麟洲詩、古内畫所用標籤表裡、喻僧鑿大佛、有一老翁如病起、醉太平小令。」

卷内批校頗多。校文多不見於今傳各本，未知何據。如卷三葉十一上「貞烈」一條，校筆改「君王無道」作「皇家喪亂」；又同卷葉十四下「岳鄂王」條，校筆改「悔不鴟夷理釣船」作「游魄終懷二緯前」。眉批則多發議論，以仁義禮教爲本。又有欲正是書之誤者，如卷二十三葉五下「大佛頭」條有眉批「始皇所登乃琅琊，非浙東也」，然《史記·秦始皇本紀》載始皇三十七年出巡，「至錢唐，臨浙江」[一]，批語恐誤。又如卷二十四葉二下「鵓鴿傳書」條謂曲阜縣尹郭禹字仲賢，眉批「仲賢之字誤」。

[一] 清乾隆武英殿刻本。

國圖藏。

南村輟耕録三十卷

元松江寓賢陶宗儀撰。明玉蘭草堂刻本，明金九淵批校，一夾八册。半葉十行，行大字二十一字，小字雙行同，白口，單黑魚尾，左右雙邊，版心下方鎸「玉蘭草堂」，有刻工名：楊子厚、楊淳、子文、甫、子承、光、馮、宜、陳、光甫、劉、朱、良、沈、子明、子宜、子、文、威、金、周、良學、承。卷首鎸至正二十六年（一三六六）六月江陰孫作《南村輟耕録叙》《南村先生傳》《南村輟耕録總目》。卷端題「天台陶宗儀九成」。鈐有「子深私印」白文方、「九淵之印」白文方、「金九淵印」朱白文方、「中深」白文長方印等。

卷内朱筆批校多訂補正文。如卷二十四歷代醫師名目改動數處，并於「蜀漢」一朝下記：「此蜀乃趙宋時孟昶僞學王韓保昇叙者，乃在三國之前，舛謬孰甚。」又批：「南村博極群書，而『歷代醫師』乃錯謬殊多，想有他人輯成而漫爾載之耶。」另卷七末有同筆跡題識：「甲辰五月重閱四卷至七卷。」卷三十末又題：「甲辰長夏，又閱搜刮可集入醫方者，略正訛字。少游筆。」按批校者金九淵，字少游，號冰壑，明代名醫，著有《冰壑老人醫案》[一]。

復旦藏。

[一] 孟慶雲《明代名醫金九淵先生與〈冰壑老人醫案〉》，《中醫藥文化》二〇〇七年第五期。

南村輟耕録三十卷

元松江寓賢陶宗儀撰。明玉蘭草堂刻本，民國葉景葵跋，二函十册。半葉十行，行大字二十一字，小字雙行同，白口，單黑魚尾，左右雙邊，版心下方鎸「玉蘭草堂」，有刻工名：楊子厚、楊淳、子文、甫、子承、光、馮、宜、陳、光甫、劉、朱、良、沈、子明、子宜、子、文、威、金、周、良學、承。卷首有墨筆摹繪《秋江送别圖》，後有墨筆抄槜李貝瓊、浚儀趙俶等十家所作《送陶九成東歸詩》并貝瓊撰詩序，及至正二十六年（一三六六）孫作《南村輟耕録叙》《南村先生傳》《南村輟耕録總目》。卷端題「天台陶宗儀九成」。卷末有邵亨貞《南村輟耕録疏》。鈐有「揆初」朱文方、「武林葉氏藏書印」朱文長方、「潛水滿□□藏書」朱文長方、「繡江」朱文方印等。

是本前端護葉有民國二十八年（一九三九）葉景葵題識：「萬曆甲辰雲間王圻重修本附刻《秋江送别圖》并贈詩及序，爲原刻所無，頗罕見，因録存之。景葵記。己卯長夏。」按，鄭振鐸《劫中得書記》第三十三條亦著録王圻重修本，然謂此圖及詩非王圻增入，因「《東歸詩》下仍均有『玉蘭草堂』四字」〔一〕。而是本抄葉版心無此四字。檢南圖藏王圻重修本，確有此四字。

上圖藏。

〔一〕鄭振鐸撰、吴曉鈴整理《西諦書跋》，文物出版社，一九九八年，第一四四—一四五頁。

南村輟耕録三十卷

元松江寓賢陶宗儀撰。明玉蘭草堂刻萬曆六年（一五七八）徐球重修本，一夾八册。半葉十行，行大字二十一字，小字雙行同；白口，單黑魚尾，左右雙邊。版心下方鎸「玉蘭草堂」，部分葉有刻工名：楊子厚、楊淳、子文、甫、子承、光、馮、宜、陳、光甫、劉、朱、良、沈、子明、子宜、子、文、威、金、周、良學、承等。卷首鎸萬曆六年冬華亭徐球《南村輟耕録引》、至正二十六年（一三六六）六月孫作《南村輟耕録叙》《南村先生傳》、邵亨貞《南村輟耕録疏》《南村輟耕録總目》。無鈐印。

徐球補刻引：「《南村輟耕録》，海内士人愛而刻之、刻而傳者衆矣，邇來惜乏善本。友人楊君有是刻，頗可觀。予藏之室，幾三越寒暑，緣多病，置之不問。入春，病漸可，乃思而閲之。中間缺雜數十板，予爲之補輯成編，得不爲棄物。不敢自私，將以廣播諸四方，因著其顛末如此。」

是本重刻之葉文字有與原版不同者。如卷十二葉十三，玉蘭草堂本版心鎸刻工名「子承」，是本無，玉蘭草堂本該葉下行八第五字「側」，是本誤作「訓」，又玉蘭草堂本該葉下末行起首「宣撫循行」四字，是本誤作「之德愛圩」。

上圖、國圖、上海辭書、浙大等處藏。

輟耕録三十卷存二十三卷

元松江寓賢陶宗儀撰。明末汲古閣刻《津逮秘書》本，清顧之逵批校，存卷八至卷三十，三册。半葉十行，行大字二十一字，小字雙行同，白口，無魚尾，左右雙邊，版心上方鎸「輟耕録」。卷端題「南村陶宗儀」。卷末鎸成化五年（一四六九）華亭彭瑋題識，及毛晉題識。無鈐印。

毛晉題識：「惟《輟耕録》三十卷，上自廊廟實録，下逮村里膚言、詩話小説，種種錯見。其譜靖節、貞白世系，尤簡韻可喜，自負爲陶氏兩公後一人耶。至若載發宋諸陵事，未免僞逸，已詳見彭跋云。」

是本行款與玉蘭草堂本相同，文字亦相近，或即以該本爲底本；徐球重修本之誤，是本并無。唯是本於卷内各條前增刻該條標題，而此前各本僅統列標題於總目。

卷内朱筆批校，有糾補正文者，亦有發一己之見者。糾補蓋據個人見識，非與别本對校。如卷十二「園池記」條中「如連山群峰擁〇地高下」，朱筆旁注「擁字屬下句」，而他本未見將擁字屬下者。又卷二十九「墨」一條，於「唐朝」處批「『盛』疑作『威』」、「《柳河東集》中有『超道人』」，又於「元朝」處批曰：「宜興元季復有吴善，字國良，本吾郡伶人，造桐花墨，鄭明經作《龙香行》贈之。」

批校頗留意卷内可資考證之文，如於卷二十五「院本名目」條中「焰段」一詞上批曰：「今北方所謂『亂談』，豈『焰段』之訛乎？」又卷十二「貞烈墓」一條批曰：「此今日《雙珠記》出處。」

批校偶有署「逵按」者。是本《中國古籍善本書目》著録「清顧之逵批校」，上圖電子檢索系統中著録爲「清顧元逵批」。按，顧之逵另藏明嘉靖顧春世德堂本《南華真經》十卷，今在上圖，卷内有其批語，字跡與是本朱筆批校甚似。則應以《中國古籍善本書目》著録爲確。

上圖藏。

南村輟耕録三十卷

元松江寓賢陶宗儀撰。明刻本，清松巢批校并跋。半葉十二行，行大字二十五字，小字雙行三十七至三十八字；黑口，雙魚尾，四周雙邊。版框大小不一，版心題名亦有五種樣式：菱形花紋、「耕」接卷數、「輟耕録卷」接卷數、「輟耕録」接卷數、「耕録」接卷數。而正文字體大致統一。卷首鎸至正二十六年（一三六六）六月孫作《南村輟耕録序》《南村輟耕録疏》。卷端題「天台陶宗儀九成」。第一册前護葉有松巢抄南村傳記，第四册前護葉有乾隆五十八年（一七九三）七月松巢手書題識，第七册前護葉有乾隆五十八年六月廿九日松巢題玉簪花詩，第十册前護葉又有松巢題識。鈐有「十經齋藏書」朱文方、「徐乃昌讀」朱文方印。

是本卷内多墨釘，而諸墨釘處成化刻本俱有文字，蓋是本之底本漫漶較甚。其餘文字與成化本相近，如前文所及「云都赤」條、「古刻」條等，是本亦無闕文。又因卷首僅有孫作序與邵亨貞疏，其刊刻年代應較早。

第四册前護葉松巢識：「此書專紀元末之事，足補正史所不逮，閲之極長識見。惜板刻不堪，字多舛訛，看時有疑處，須取較别書□錯迺可。然此書已歷年，所據多翻刻，再入境，於書肆另售一部較此，必有可觀也。癸丑七月之廿九日，松巢識。時雖白露只隔三日，奇熱不可當，閲此聊以祛暑。」第十册前護葉又識：「録中所載事實，每可資爲典記，日□中當另抄出，亦□□之餘務也。」

卷内眉批多發議論，大抵以忠孝節義爲本。亦間記所聞，以資參證。如卷十二「匠官仁慈」條批曰：「此曾傳是曹彬事，或羅公仿而行之，或事而兩傳之，未可知也。」又卷廿六「疑冢」條批曰：「予嘗遊漳濱，見土阜甚多，詢之土人，曰此皆曹操疑冢也，覩此信然。」

上圖藏。

説郛一百卷存九十七卷

元松江寓賢陶宗儀撰。明鈕氏世學樓抄本，存卷一至九十、九十四至一百，七十册。烏絲欄，半葉十行，行大字二十四字左右，小字雙行同；白口，無魚尾，四周單邊。版心下鐫「世學樓」。卷首有楊維禎序。鈐有「會稽鈕氏世學樓圖籍」朱文方、「何焯之印」白文方、「稽瑞樓」白文長方印等。

陶宗儀著有《南村輟耕録》等，前文已著録。

是書摘録自上古至元代經史典籍及筆記雜説等近千種，所録書籍以史部雜史、傳記、地理類及子部雜纂、筆記類爲多，兼有少量經部典籍及集部詩話、曲録等。分卷多依類别，如卷一爲經籍、卷四爲地志、卷七十爲花草蔬食譜録等〔二〕，然亦有雜沓之處，或因卷帙龐雜，又屢經傳抄迭變所致。其形成年代應在元末〔三〕。是書保存大量元代以前之著述史料，元松江人曹紹《安雅堂酒令》、陸泳《田家五行志》等，均

〔二〕此處卷數以民國十六年商務印書館排印張宗祥校訂之百卷本爲據，《説郛三種》影印本，上海古籍出版社，一九九八年。

〔三〕昌彼得《〈説郛〉源流考》一文以卷首有楊維禎序而楊卒於明洪武三年、孫作《南村先生傳》將是書列於《南村輟耕録》之前，及書中著録元代著者冠以「皇元」二字等事實，斷定是書成於元代。文見昌彼得《説郛考》，文史哲出版社，一九七九年，第一二一—一三頁。

賴是書以存。又於所存各書卷端大多注明撰者時代、姓名、籍貫及該書原有卷數，在目録、輯佚等方面亦獨具價值。

是書原本一百卷，明弘治九年（一四九六），松江府上海縣人郁文博校訂之，删去與《百川學海》重出者六十三事，復編爲一百卷。然同時代人都邛謂是書本七十卷，後三十卷乃松江人取《百川學海》補足之。説法兩歧而莫衷所是。明《澹生堂書目》、清《季滄葦藏書目》及《述古堂書目》等，均著録有明抄一百卷本。明胡應麟謂曾於隆慶二年（一五六八）見《説郛》殘刻數葉[一]；又近代莫伯驥《五十萬卷樓藏書目録初編》著録明刊本《説郛》一百卷，半葉八行，行十七字，卷首有郁文博及楊維禎二序。然與胡應麟同時及後代之人，皆謂是書未曾刊行，而現今可見之明代版本亦皆爲抄本，則所謂明刻本或爲烏有[二]。今所見百卷本，有國圖藏明鈕氏世學樓抄存九十七卷本，上圖藏吴氏叢書堂抄本、弘農楊氏抄本與弘治抄本相配本，國圖藏明抄存九十一卷本，國圖藏明抄存六十一卷本，臺圖藏明抄一百卷本等，其分卷大致相同，與清徐秉義《培林堂書目》所載《説郛》目録亦頗相合，蓋皆同源所出[三]。因臺圖藏本卷端有題名

[一]《少室山房筆叢》卷廿九，明萬曆刻本。

[二] 參考陳先行撰《〈説郛〉再考證》，收入應再泉等編《陶宗儀研究論文集》，浙江人民出版社，二〇〇六年，第三九二—四〇〇頁。

[三]《培林堂書目》子部，《海王邨古籍書目題跋叢刊》影印一九一五年王存善鉛印《二徐書目》本，中國書店，二〇〇八年，第四七九—四八二頁。

「天台南村陶宗儀九成纂，上海後學郁文博校正」，則此諸本或爲郁文博校訂本〔一〕。又有分卷不同者，如明滹南書舍抄存五十五卷本、汲古閣曾藏明抄六十卷本、明抄不分卷十二册本、明嘉靖沈瀚抄六十九卷本等，其分卷亦互不相同，或各從殘本抄出，重訂卷次。近代張宗祥重校是書一百卷本，以涵芬樓藏明抄本一百卷爲底本，另參合明抄本五種，歷時六載而成〔二〕，民國十六年（一九二七）由上海商務印書館排印，并附其校勘記於卷末，遂爲通行之本（按，下文簡稱「張校本」）。另明末有書鋪號「宛委山堂」者，雜湊時行叢書如《雪堂韻史》《五朝小説》《漢魏叢書》等版片，印行《重較説郛》一百二十卷并《續説郛》四十六卷，託名陶珽編訂，所收書種及卷次編排均去百卷本甚遠，當視作他書；清順治四年（一六四七），李際期

〔一〕臺圖藏有明抄本《説郛》一部，約抄於嘉靖間，題「天台南村陶宗儀九成纂，上海後學郁文博校正」，書前僅有楊維禎序一篇。此本所收之書，較涵芬樓校印明抄本略少數種，蓋此本中有缺頁，然分卷則兩本大抵相同。復與《培林堂書目》所著録之舊抄《説郛》及臺圖所藏舊抄殘本《説郛》無甚差異。參見昌彼得《〈説郛〉源流考》。

〔二〕張宗祥校跋云：「此書凡集明抄六種，始成完璧。一，京師圖書館殘本（卷三、卷四、卷二十五至三十二），無年號，藍格白綿紙，似隆、萬間寫本。一，江安傅沅叔先生藏本。傅氏書係彙明抄三種而成：一洪武間抄本，一弘農楊氏抄本，一叢書堂抄本。書本不全，書估挖填割裂卷首尾，凑成百卷，凡予所抄墨筆卷數，未經朱校，有與目録所載不符者皆是。……一，涵芬樓藏本，似係萬曆抄本，未缺各卷，每數卷前有一目録，今書目録，即從此本寫定者。至第二十二卷、第八十六卷至第九十六卷，則五種明抄皆缺。……壬戌秋，奉命督浙學，沅叔先生餞之娱萊室，案頭有書估携來之明抄《説郛》。……不二旬，傅先生果至杭，携書見假，方得完成。」見《説郛三種》影印張校本卷末，第一三五八頁。

等又删去觸及時諱之處重印，《四庫全書》所採即該本〔一〕。

楊維禎序：「孔子述土羵萍實於僮謡，孟子證瞽瞍朝舜之語於齊東野人，則知瑣語虞初之流，博雅君子所不棄也。天台陶君九成，取經史傳記下迨百氏雜説之書千餘家，纂成一百卷，凡數萬條，剪揚子語，名之曰『説郛』，徵余叙引。閲之經月，能補余考索之遺。學者得是書，開所聞，擴所見者多矣。……揚子謂天地萬物郭也，五經衆説郛也。是五經郛衆説也。説不要諸聖經，徒旁搜泛采〔二〕，朝記千事，暮博千物，其於仲尼之道何如也？孟子曰：『博學而詳説之，將以反説約也，約則要諸道已。』九成尚以斯言勉之。會稽抱遺叟楊維禎序。」

是本每數卷前有目録，缺卷目録亦存：卷九十一《世説新語》《物類相感志》《桯史》《武侯心志書》《三輔黄圖》《孟華録》，卷九十二《書斷》《漁樵問對》，卷九十三《國老談苑》《晁氏客語》。分卷較張校本大致無差，個别書種互有異同。計是本較張校本多：卷四《博物記》《青箱雜記》，卷五《物類相感志》《博物志》，卷七十七《青城山記》《北征記》《玄中記》《燕北雜記》《嵩山記》《番禺雜記》。除所缺卷外，又較張校本少：卷二《古典録略》内之《孝經援神契》，卷四前一種《荆州記》，卷五《博異志》，卷十五《廣知》，卷七

〔一〕參考［日］倉田淳之助《〈説郛〉版本諸説與己見》、昌彼得《〈説郛〉源流考》、陳先行《〈説郛〉再考證》等，收入應再泉等編《陶宗儀研究論文集》，第三九二—四〇〇頁。

〔二〕「旁搜泛采」，張校本該序作「勞搜泛采」。

十三《雜説》，卷七十五《金鑾密記》《士林紀實》《水衡記》《東觀奏記》《洽聞記》，卷九十七《效顰集》，卷九十八《談録》，卷九十九《中華古今注》等。另有與張校本所在卷次不同之書，如《景龍文館記》是本見於卷四，張校本在卷七十七，又《甲申雜記》至《石林家訓》五種，是本在卷五十三，張校本則在卷七十五。

是本於各書題下多署有著者姓字籍貫，較張校本多數十條，如卷二《古典録略》、卷四《墨娥漫録》，其子目張校本均不署撰人，而是本太半存之。又有題名、著者與張校本相異者數條，如卷九《感應經》，是本署「題元陳櫟撰」，張校本則署「唐李淳風撰」。此類皆有資于考訂。

卷内有不同筆跡之批注及粘簽，有補闕文及標注原本信息者。前如卷三《實賓録》葉有粘簽「侍芝郎，吴工人黄耇也；可進喜馬，唐李瑒也」，按兩條分别位於「白兔御史……」後第十一條與第二十五條；後如卷十一《意林》此本下注「内編雜書計一百一十種一千七十一卷」。

國圖藏。

説郛一百卷

元松江寓賢陶宗儀撰。明抄本，卷一至二十五配明吴氏叢書堂抄本，卷二十六至三十、九十六至一百配明弘農楊氏抄本。卷一至二十五烏絲欄，半葉十行，行約二十字；白口，無魚尾，左右雙邊，版心鎸「叢書堂」。卷二十六至三十、九十六後半至一百藍行格，半葉十一行，行大字二十二字，小字雙行同，白口，無魚尾，四周單邊，版心鎸「弘農楊氏」。卷三十一至九十六烏絲欄，半葉十三行，行約二十五字黑口，雙魚尾，四周單邊，版心書「説郛」。卷端題「南村真逸陶宗儀纂，南齋龔鈇校正」。鈐有「雙鑑樓藏書記」朱文長方、「增湘」白文方、「琅園逸叟」白文方、「九峰舊廬珍藏書画之記」朱文長方、「九峰舊廬藏書記」朱文方、「□翔眼福」朱文方、「杭州王氏九峰舊廬藏書之章」朱文方、「傅」白文方、「雙鑑樓」朱文橢圓、「琅園秘笈」朱文方、「綬珊□藏善本」朱文方印等。

是本原爲殘帙，後經人剜改，移花接木，以充全貌：將卷四後九種割爲卷五，原卷五改爲卷二十五；將卷八之前三種割爲卷六，原卷六改作卷二十二；將卷十二末《鞏氏後耳目志》内三種割爲卷十三，原卷十三改作卷二十三；將卷十八之末種割爲卷二十四；將卷五十四第一種割爲卷五十二，原卷五十二改作卷三十二；將卷四十六之前二種割爲卷三十三；將卷三十七之後五種割爲卷三十四；將卷三十六之後三種割爲卷三十五；將卷五十七之後三種割爲卷五十八，原卷五十八中四種分作卷八十六、八十七、八十八；將卷七十六之前二種割爲卷八十九；將卷九十一之前三種割爲卷九十；將卷九十二之後三種分作卷九十三、九十四、九十五〔一〕。

〔一〕是本「移花接木」之情狀，參考陳先行《〈説郛〉再考證》。又，該文論證云：「……雖然該本殘缺，又係三種本子配成，但這三種本子都是明成化、弘治年間的抄本，從而爲我們提供了三個明代前期抄本的樣式。它們與葉盛所説在楊士奇家尚存陶氏《説郛》稿本，在時間上相去未遠，而且這三個本子竟然能够吻合得天衣無縫，正説明它們相互間體例的一致，而它們又與其他明抄本基本上同宗共旨。」則目前可見之百卷本《説郛》應屬同一版本系統。《中華文史論叢》一九八二年第三輯，第二六〇頁。

是本卷十八末較張校本多「論文」一條（「山谷祭温公……墓文則新」）及《因話録》（共四條：「舞柘枝本出……」、「鼙古樂也……」、「散樂出周禮注……」、「古蕭都不所謂排簫……」）（同卷十九《因話録》前四條）；卷四十四多《續添麴法》、《神仙酒法》；卷四十七多《墨子》、《子華子》；卷七十七多《法顯記》至《金坡遺事》八種。

是本卷七少《雞林類事》；卷十一《意林》内闕《吕氏春秋》「黄帝之貴亦死……」條至《商君書》，又張校本此卷末《新序》至《九章算法》五種有目無文，此本目亦無；是本卷十二《鞏氏後耳目志》内僅《觀雜書》《師説》二種，張校本其後猶有《鞏氏後耳目志》内之《雜論》《雜言》二種及《洞天清禄集》内數種（即是本卷十三）；卷二十六少《宣政雜録》（是本卷内有，在《洛陽花木記》後、《洛陽名園記》前）；卷三十少《雲谷雜記》；卷三十一除《侯鯖録》外皆闕；卷三十九少《侯鯖録》；卷四十六少《墨子》；卷六十二少《王氏蘭譜》；卷七十少《石湖菊譜》至《海棠譜》八種；卷七十五少《蘇氏演義》《談助》《洞微志》；卷七十七少《西域志》。

目録内間有夾簽糾正文字，如「『使私人』應接上條」、「德元符 符誤無」等。

上圖藏。

説郛一百卷存九十一卷

元松江寓賢陶宗儀撰。明抄本，存卷一至四、五至二十、二十三至八十五、九十一至一百，二十九册。

半葉十行，行大字十八至二十七字不等，小字雙行二十七至五十四字不等。白口，單魚尾，四周雙邊。版心無字。卷首有楊維禎序。卷端題「南村真逸陶宗儀纂，南齋龔鈇校正」。鈐有「海鹽張元濟經收」朱文方、「涵芬樓」朱文長方、「涵芬樓藏」白文方印。

張元濟《涵芬樓燼餘書録》子部著録是本，并附子目。是本乃張校本所據參校本之一，即張宗祥校跋中所謂「一涵芬樓藏本，似係萬曆抄本，未缺各卷，每數卷前有一目録，今書目録，即從此本寫定者」。然是本與張校本目次實稍有不同。如是本卷五十三《四朝聞見録》後有《甲申雜記》《聞見雜録》《隨手雜録》《席上腐談》《石林家訓》五種，與上述明抄存九十七卷本相同，而張校本在卷七十五。又是本卷七十七有《法顯記》至《番禺雜記》七種，亦同明抄存九十七卷本，而張校本則闕。另是本卷六十七實僅存《孫公談圃》與《詩論》二種，且内容不全；卷九十六《燕翼詒謀録》至「願出以避」即止，另有數條見於卷七十五與卷七十六之間，然葉次錯亂，兩處合并猶不及張校本完全。

然是本亦有可補於他本者。卷一《經字法語》每詞下有雙行小注，如《周易·上經》「草昧」下注「天造草昧注宜昧也」。張校本等則無。

國圖藏。

説郛一百卷存六十一卷

元松江寓賢陶宗儀撰。明抄本，清徐彝、曹愍子等批校，存卷二、四至六、九至二十一、二十三至三十

二、三十五至六十一、六十四至七十，五十册。第一册半葉八行，行大字二十四字，小字雙行三十六至四十八字，無欄綫。第二册起半葉十行，行大字十七或十八字，小字雙行同。淺色絲欄，黑口，雙魚尾，左右雙邊。卷首有楊維禎序、一百卷總目，實有卷數。又每册書衣上題該册目録，卷十一末葉第四行有手書隸書大字「吴郡趙氏珍藏子孫寶之」，下鈐「希世□齋」朱文方印；同葉末行又有手書行楷「天啓乙丑六月，藕華初放，五日，瀏覽十六册，因志。竹懶」。另鈐有「日華」朱文方、「周髴齋削漢劍魏□□主人」朱文方；「常熟恬莊楊氏triple慶堂書畫記」白文方、「曾藏張蓉鏡家」、「文選樓」朱文長方、「揚州阮氏琅嬛僊館藏書印」、「笏齋」朱文橢圓印等。

是本分卷基本同張校本，同卷内偶有數種順序顛倒。

卷内有批校三種。其一爲工整字體批注於天頭、行間，多考辨文字或釋地理名物，卷十一《清尊録》内較爲集中。其二爲清同治間徐彝批注。如卷九《吹劍録》原文葉次錯亂，有徐彝所作粘簽校訂順序。又第三册書衣上有其粘籤題識：「元陶宗儀《説郛》五十本，明初人抄原本秘册。《四庫》目載雜家類第三十四頁。《四庫全書簡明目録》載明云『原本一百卷，後佚三十卷，弘治中上海郁文博仍補爲三十卷，此本爲國朝姚安陶珽所刊，又增爲一百三十卷，蓋非宗儀之舊矣』云云。按，此書明時已無全本，此部舊抄尚是宗儀原本，誠爲罕見之秘册也。祈鑒察之。」觀其字跡，當亦是徐彝手筆。

其三爲曹愨子批注，見於末册。該册護葉有粘簽「劉蒙《菊譜》，得《山居雜志》校對，至『顧玩而樂之』句，逢缺葉，不得對。復至『定品』對起。歲十一月，曹愨子識。」册内卷七十《菊譜》《芍藥譜》及

《海棠譜》，各有眉批數條，補正文字。《芍藥譜》内有眉批曰：「歲十一月廿五日黄昏，對至『旋其英』，逢闕葉，不得對。復自『類黄樓子』對起。曹憨子識。」《海棠譜》内亦有「校對《海棠譜》即逢缺頁，自『杜子英』對起。十一月廿五日黄昏，憨識。又識：對至『輕易吾論也』，又逢缺頁，復自『真宗御製』對起」。

國圖藏。

説郛存五十五卷

元松江寓賢陶宗儀撰。明滹南書舍抄本，存卷六至十一、十五、十六、二十一至四十三、六十四至八十、八十五至九十一，十七册。半葉十三行，行大字十九字，小字雙行二十八至三十字。白口，雙魚尾，四周單邊。版心下鐫「滹南書舍」。

校之張校本，是本卷六至卷十一大致相當於其卷三至卷六前半；卷十五、十六相當於其卷八；卷二十一至卷四十三包含其卷十一至二十七全部，及卷八十七中兩種；卷六十四至六十九相當於其卷三十九至四十一及四十六、四十五、四十四及七十一全部；卷七十之七十二包含其卷八十四、九十一、九十四、九十五、九十八、七十八、七十四、四十六中大部分；卷七十三至七十九相當於其四十七至五十三全部；卷八十相當於其卷九十七全部；卷八十五至九十一相當於其卷五十六至卷六十。然書種互有增減，如是本卷二十六有《滑稽》《晉盆行》《賢己圖》《蘇衢人妖》《李白竹枝詞》《龍見赦書》數種，除《程史》外均不見於他本，又較張校本少《南唐近事》《述異記》《葆光録》《琵琶録》等。綜而觀之，是本之底本或爲某一殘缺之百卷本，前半皆存而後半近三十卷僅餘零星數種，又雜入少許他書。抄者因而重新分卷，并將後數十卷之殘餘散入前卷之中，蓋欲掩其闕。

卷内有墨筆批校，或評其内容，或據他本補正文字。如卷四《述異記》，即據足本校補二十餘條。國圖藏。

説郛不分卷

元松江寓賢陶宗儀撰。明抄本，十二册。半葉十四行，行大字二十二字，小字雙行同。烏絲欄，白口，單白魚尾，四周單邊，版心書「説郛」。鈐有「借樹山房」白文方印。

是本篇次與所知他本均不相同。第一册：《傳載》《藏一話腴》《墨客揮犀》《藝圃折中》；第二册：《諸子隨識》（《尹文子》至《淮南子》）、意林（《鬻子》至《中論》）；第三册：《迷樓記》《教坊記》《集異記》《荆楚歲時記》；第四册：《鄴朝事類》《麟臺故事》《北邊備對》；第五册：《省心詮要》《甘澤謡》《鐵圍山叢談》《韋居聽輿》《白獺髓》《三水小牘》《群居解頤》《鈎玄》《稽古定制》；第六册：《遼志》《遼東志略》《雲南志略》；第七册：《煬帝開河記》《豫章古今記》《異聞記》《青箱雜記》；第八册：《墨子》《子華子》《曾子》《尹文子》《孔叢子》；第九册：《萬機論》至《九章算術》（此數種見於張校本卷十一《意林》内）、《素書》、《聱隅子》、《韓非子》、《天隱子》、《慎子》；第十册：《北轅録》

《蒙韃備録》《虜廷事實》《溪蠻從笑》；十一册：《長城記》《聖武親征録》；十二册：《大業雜記》《嶺表録異記》《海山記》。其中第九册《萬機論》至《九章算術》可見於張校本卷十一《意林》内；第十一册《長城記》則爲他本《説郛》所無。

各書内容大致同張校本，亦有合并同一種書者，如是本第一册《藏一話腴》合張校本卷五與卷六十該書之内容，然「贈曰本僧知」以下缺失。

卷内有兩種字跡之批語，多評論正文内容。

國圖藏。

書史會要九卷補遺一卷

元松江寓賢陶宗儀撰。明洪武九年（一三七六）盧祥、林應麟等刻本，四册。半葉十一行，行二十字；黑口，雙魚尾，左右雙邊，版心上方鎸每版字數。卷首有明洪武九年宋濂《書史會要叙》、洪武九年陶宗儀自序、目録、《書史會要引用諸書》，第九卷末有洪武九年鄭真後序，《補遺》卷末有《姓名已載書要今考其詳》及孫作《南村先生傳》。鈐有「翼盦珍祕」朱文方印。

陶宗儀承家學淵源，自少致力書法，孫作《南村先生傳》即稱其「尤刻志字學，工舅氏趙集賢雍篆書」。該著卷一至卷八列述上古自元代著名書家生平概況及其書法特色、代表作品，以年代先後編次，卷一三皇至秦、卷二漢至吴、卷三晉、卷四南朝宋至隋、卷五唐五代、卷六宋、卷七元、卷八遼金及外域，每代先帝王，繼名臣、士大夫等；卷九擇録歷代重要書法理論；《補遺》卷補録自三皇至元代末列入卷一至卷八之書家。該著搜采豐富，評論允當，文筆簡明，是中國書法學史上一部重要著述。

據陶宗儀自序，該著明洪武九年定稿於松江小栗里。因時人争相傳抄，當年即集資付梓，以便流行。明崇禎三年（一六三〇），朱謀垔重刻之，並對原本進行删削、增訂，增入明代書家，列爲卷十，置於《補遺》卷之前，又删去《姓名已載書要今考其詳》。[一] 至清順治十六年（一六五九），朱謀垔子統鉷復刊行之。其後《四庫全書》據朱統鉷重修本收入，但嫌《補遺》在朱謀垔所增卷十之後，「分析移易，遂使宗儀原書中斷爲二」，故「仍退謀垔所補自爲一卷，題曰『續編』，以別于宗儀之書」。[二]

民國十八年（一九二九），武進陶珙借得羅振玉、傅增湘、朱文鈞等所藏洪武刻本，精校翻刻，世稱「逸園影刊本」。其跋文曰：「此原本爲羅雪堂先生所藏，審係洪武初印，惟闕卷首至卷三。復由傅沅叔先生輾轉假得全帙，景寫付梓，始成完書。嘗以朱謀垔刊本對校，知朱本譌奪觸目皆是。……」[三] 而傅增湘有題識補充陶珙刊刻過程：「昔年武進陶氏開雕此書，以朱刻奪譌滿紙，假羅叔言君藏洪武本影寫付刊，惟羅本缺一至三卷，因仍用朱本照行款補寫，而假余所藏天一閣明抄本校訂之。然兩本皆有沿誤，不能盡善

[一] 當代趙陽陽對勘《書史會要》明洪武刻本與崇禎朱謀垔刻本，詳述二本差異及朱謀垔删削、增訂陶宗儀原書之情況。《〈書史會要〉版本考述》，《歷史文獻研究》第三十一輯，華東師範大學出版社，二〇一二年，第二七八—二九一頁。

[二] 《四庫全書總目》卷一百十三子部藝術類。

[三] 民國十八年武進陶氏刻本《書史會要》陶珙跋。

也。嗣聞朱翼庵有完本，餘爲假來重校，乃知前補三卷其行格以意排比，向壁虛造，視原本多所牴牾，遂毁板重雕，即今世所傳逸園精刊本是也。」〔一〕

按，是本即傅增湘題識所及朱翼庵藏本，民國陶氏逸園影刊本據之糾朱謀垔刻本謬誤多處。然是本較傅增湘藏洪武刻本闕曹睿序，且卷内次序亦有所不同〔二〕。覽是本卷内多印刷漫漶處，間有朱筆補之，則是本當爲後印本，或經重新裝訂。

宋濂叙：「天台陶君九成新著《書史會要》成，翰墨之家競欲觀之，以謄抄之不易也，共鍥諸梓，而以首簡授余叙。……」按，是本每卷後均列有捐資人姓名，可證爲衆人集資「共鍥諸梓」。

陶宗儀自序：「宗儀爰自蚤歲粗知六書之旨，凡遇名跡古刻，博覽精研，靡有怠日。每讀史傳以至百氏雜説，書録所記善書姓名，攟摭殆遍，因以朝分輯，而繫六書諸例於其後，釐爲九卷，題曰《書史會要》。……洪武丙辰春，天台後學九成書於松江之小栗里。」

鄭真後序：「天台陶先生九成著《書史會要》。凡聖賢、帝王、公侯、卿相及名士大夫以書法傳世者，輯爲小傳，審其端緒，究其指歸，而其姓氏名號之詳、里居官爵之異，與夫律身行己之是非得失、善惡成敗，

〔一〕傅增湘《洪武本〈書史會要〉跋》，《藏園群書題記》卷六，上海古籍出版社，一九八九年，第三三六頁。

〔二〕傅增湘《洪武本〈書史會要〉跋》述該本面貌云：「洪武刊本，半葉十一行，行二十字，黑口，左右雙欄，版心上魚尾上記字數。前有洪武九年金華宋濂序，次永嘉曹睿新民序，次洪武丙辰宗儀自序，次江陰孫作撰《南村先生傳》，次引用書目，次總目，次姓名考。卷末有洪武丙辰四明鄭真後序。」

皆得以附見焉。真嘗因其門人夏大有手繕其編，得而讀之。……」

上圖藏。

古刻叢抄一卷[一]

元松江寓賢陶宗儀輯。稿本，經折裝，一册。每折十二行左右，行二十八字左右，無欄綫。緞面書衣，有題籤「陶南村古刻叢鈔手稿」，下鈐「葉恭綽」白文方。卷端題「玉霄真逸陶宗儀」。卷内有粘簽若干條。卷末有萬曆文元發跋，鄒啚蕃跋，崇禎三年徐開禧跋。鈐有「南邨處士」白文方、「元」「發」朱文方、「鄒啚蕃印」白文方、「南陽叔子荀印」白文方、「東吴王蓮涇藏書画記」朱文長方、「雁湖陶氏滕叔甫珍藏」白文方、「滕叔陶氏秘玩」白文方、「莒林審定」朱文方、「二泉」朱文方、「賜書樓陶氏之記」朱文長方、「陶澍之印」白文方、「長沙陶澍」白文方、「下學齋書画記」朱文長方、「恭綽長壽」白文方、「葉恭綽譽虎印」白文長方印等。[二]

是書抄録所見碑刻七十四種，記西漢一、東漢二、魏一、晉二、宋三、齊一、梁四、隋三、唐四十八、

[一] 是篇據上海圖書館歷史文獻數據庫是本電子書影撰寫。

[二] 據葉恭綽《陶南村手寫古刻叢抄跋》，卷内猶有「涇東草堂」「與中」「葉氏藏書」「葉伯寅圖書」等印，未見。《國立北平圖書館館刊》第四卷第四號，一九三〇年，第五頁。

北宋三、南宋一，年月無考者五。〔一〕碑刻題下署撰人，序、銘全録，兼録碑陰。刻石照原樣摹寫并注尺寸，右録碑文及發現人題跋，詳載石刻所處地點、發現經過、刻石年代、緣由等。失傳古碑拓，多藉此留存。如唐以前碑石塔銘，未見載於《隸釋》《漢隸字源》《金石錄》《集古錄》等金石目錄者逾四十篇。

文元發跋云：「萬曆夏五十有三日，閱陶南村手書《古刻叢抄》於怡老園中。是日甚熱，覽之不覺清涼。」

是書後有清錢谷藏抄本，歸顧之逵小讀書堆。又有李南澗抄本，從錢谷藏抄本出。《四庫全書》亦收入是書，所據爲浙江吴玉墀家藏本。乾隆四十六年（一七八一），鮑廷博校刻是書，收入《知不足齋叢書》，即以李南澗抄本為底本。〔二〕嘉庆十六年（一八一一），孫星衍重編是書，以時代為次，倩顧廣圻取《知不足齋叢書》本、小讀書堆錢谷藏抄本、戈小蓮藏本等校勘，刻入《平津館叢書》。〔三〕俟後猶有翻刻、翻印以上二刻本者數種。

上圖藏。

〔一〕參考葉恭綽《陶南村手寫古刻叢抄跋》，該文後附七十四種碑刻簡目。
〔二〕據該本卷末鐫乾隆四十六年周嘉猷跋。
〔三〕據該本卷末鐫顧廣圻跋五通。

滄浪櫂歌一卷

元松江寓賢陶宗儀撰，明唐錦評。明正德十二年（一五一七）唐錦刻本，一册。半葉八行，行大字十四字，小字雙行同。烏絲欄，白口，單魚尾，四周雙邊。卷首鐫明正德十二年唐錦序（闕首葉）。卷末有清梅鼒所録《補遺》，含《南村雜賦》六首、《哭王黄鶴》一首。後附孫作《南村先生傳》，亦爲後人補入。鈐有「文彭」朱文長方、「和叔」朱文方、「杲穀印」白文方、「唐壽私印」白文方、「長雲」朱文橢圓、「公燮」白文方、「梅鼒」朱文方、「停雲」圓印等。

據唐錦序，該集爲陶宗儀自編。正文依體裁分爲五古、歌行、五言、七言、七律、詞諸類，共計詩五十二首，詞六首。作品時間跨度約自元至正末至明洪武間，其内容主要反映著者在松江南村之閒居生活，間有赴南京、杭州等地遊覽之作，體現著者延續前代「棹歌」傳統，表達隱逸生活之情懷。卷内若干詩作後有唐錦評語，多賞鑒文風、稱慕品格之言。

唐錦序：「錦爲童子時，於楊集中見有所謂《答陶隱君詩》者，意陶公必能賦之士也，而世無傳焉，恒以爲恨。頃乃得其手編《滄浪櫂歌》一卷，不覺喜躍。……乃於公暇謾爲詮藻，繕而藏之，以備吾松文獻之一云。」

《四庫全書總目》將該集列入《存目》，並將該集内容與明人所編《南村詩集》對勘，反映出該集在文本上的獨特價值。其提要曰：「其中詩詞皆已載《南村集》中。惟《題卞莊子刺虎圖》七言古詩一首、《題岳王廟》七言長律十四韻一首，爲《南村集》所未載耳。又《對月》七言律詩『甘旨未能娱彩侍』

句，《南村集》作『娱彩服』，疑此本爲誤。《南浦詞序》中『一水並九山，南過村外以入於海』句，《南村集》作『一水兼九山』，則《南村集》誤也。」[一]

是本爲該集最早之刻本。清嘉慶四年，桐川顧修據是本翻刻，收入《讀畫齋叢書》辛集，然將唐錦評語悉數删去，卷末無《補遺》及《南村先生傳》，而增附《四庫提要》之該集提要。

是本内間有墨筆圈點、眉批，多校正文字。如「愁重燕旨倦梳掃」一句，眉批「『燕旨』當作『臙脂』」等。

上圖藏。

仕宦

熬波圖二卷

元華亭下砂場鹽司陳椿撰。清朱緒曾抄本，清劉喜海跋，二册。半葉八行，行二十一字，無欄綫。卷首有元元統二年（一三三四）陳椿《原序》、《四庫全書總目》該書提要。鈐有「燕庭」朱文方、「燕庭藏書」白文長方、「劉喜海印」白文方、「文正曾孫文淖從孫文恭家子」朱文方印等。

陳椿原籍天台，字號不詳。元統間任華亭下砂鹽場監司，因製鹽舊圖增撰而成《熬波圖》上下二卷。

[一] 《四庫全書總目》卷一百七十五别集類存目。

傳見《四庫全書總目》該書提要。

該著含圖四十七幅，每圖後有釋文一段、詩一首，自建團、起竈至運送成鹽，詳細描繪熬製海鹽之全過程，且反復詠歎鹽民艱辛。《四庫提要》謂其「纖悉畢具，亦樓璹《耕織圖》、曾之謹《農器譜》之流亞也」。

該著於至順元年（一三三〇）繪成付梓，元統二年畢刻。明初收入《永樂大典》，而闕圖五幅。清乾隆時，元刊已不見於世，四庫館臣將之自《永樂大典》輯入《四庫全書》，分爲上下二卷。清嘉慶間，又有御畫院摹《永樂大典》本一卷，卷首冠以《四庫提要》。民國時羅振玉編《吉石盦叢書》收入此種，乃影印嘉慶御畫院摹《永樂大典》本；又編《雪堂叢刻》，將該著之文字部分輯出，刻入該叢書。對比《吉石盦叢書》本與《四庫全書》本，稍有異文，且《四庫全書》本之繪圖較《吉石盦叢書》本遠爲陋略。又，今見國圖藏清抄本三種，均爲二卷，且卷首均録有《四庫提要》，卷内亦均闕五圖。然其中兩種文字、圖畫與《四庫全書》本稍異，而更近於《吉石盦叢書》本，是本即爲其一。

是本與《四庫全書》本之文字差異主要有：陳椿序中「陳曅《通州鬻海録》」，是本「曅」誤作「華」；《四庫提要》中「運薪試蓮」，是本「蓮」誤作「運」，「或爲鹽税」，是本「鹽」誤作「監」；卷上圖一《四庫》本「各團竈座」，是本「座」作「舍」。以上異文，《吉石盦叢書》本均同是本。

至於圖畫，是本較《四庫全書》本摹繪更細，更接近《吉石盦叢書》本。《四庫全書》本之些許遺漏或誤繪之處，《吉石盦叢書》本與是本均不誤。如「擔灰入淋」一圖，其内容爲將生灰掃聚成堆，以土墻圍之，復分擔挑灰至東草上，以鹹水澆淋。則土墻内應爲生灰，而《四庫》本誤繪爲鹹水，是本則不誤。

陳椿序：「浙之西華亭東百里，實爲下砂，濱大海，枕黄浦，距大塘，襟帶吴松、揚子二江，直走東南，皆斥鹵之地，煮海作鹽，其來尚矣。……提幹諱守仁，號樂山，弟守義，號鶴山。……（鶴山）深知煮海淵源、風土異同、法度終始，命工繪爲長卷，名曰《熬波圖》，將使後人知煎鹽之法、工役之勞，而垂於無窮也。惜乎辭世之急。僕曩吏下砂場鹽司，暇日訪其子諱天禧號敬齋於衆緑園堂，出示其父所圖草卷，披覽之餘，瞭然在目，如示諸掌。……然而浙東竹盤之殊，改法立倉之異，猶未及焉。敬齋慨然，屬椿而言曰：『成先君之功者子也，子其爲我全其帙而成其美云。』椿辭不獲已，敬爲略者詳之，闕者補之。圖幾成，而敬齋不世。至順庚午，始得大備，行鋟諸梓，垂於不朽。」

卷前護葉上有劉喜海手跋：「是書四十八圖，圖繫以詩。元刊久佚，世罕傳本，此《四庫》著録者，提要載正書類中，《簡明目録》無之，偶有脱漏也。……書分上下二卷，《提要》作一卷，亦筆誤也。」按，「四十八」應作「四十七」，此乃因是本目録有誤。

國圖藏。

下编

一、現存著述簡目

（一）三國兩晉南北朝

本籍

陸　景（二四九—二八〇）

三國時吴郡人，字士仁，吴丞相、華亭侯、婁侯陸遜孫，吴大司馬陸抗子，陸機兄。澡身好學，著書數十篇。以尚公主拜騎都尉，封毗陵侯。父抗卒，與兄弟分領其兵，拜偏將軍、中夏督。天紀四年（二八〇）二月抗晉，爲王濬別軍所害。傳詳《三國志·吴志》卷十三《陸抗傳》附、宋林至等纂紹熙《雲間志》卷上、明顧清等纂正德《松江府志》卷二十七等。

典語一卷（光緒重修華亭縣志卷二十藝文）　清嚴可均輯

嚴鐵橋輯佚稿本（上圖書目）

適園叢書本（古籍總目、叢書綜録）

典語一卷附考一卷　清馬國翰輯

玉函山房輯佚書本（古籍總目、叢書綜録）

典語一卷　清王仁俊輯

玉函山房輯佚書續編本（古籍總目、叢書綜録）

陸　機（二六一—三〇三）

傳見本卷《善本經眼録》。

陸機晉書一卷（乾隆婁縣志卷十二藝文）　清黄奭輯

黄氏逸書考本（古籍總目、叢書綜録）

漢學堂叢書本（古籍總目、叢書綜録）

晉紀輯本一卷　清湯球輯

廣雅書局叢書本（古籍總目、叢書綜録）

惠帝起居注一卷　清黄奭輯

漢學堂叢書本（古籍總目、叢書綜録）

黄氏逸書考本（古籍總目、叢書綜録）

惠帝起居注一卷　清湯球輯

廣雅書局叢書本（古籍總目、叢書綜録）

洛陽記一卷（光緒重修華亭縣志卷二十藝文）

説郛一百二十卷本（古籍總目、叢書綜録）

陸機要覽一卷（乾隆婁縣志卷十二藝文）

説郛一百二十卷本（古籍總目、叢書綜録）

五朝小説重印一百二十卷説郛本（古籍總目、叢書綜録）

五朝小説大觀重印一百二十卷説郛本（古籍總目、叢書綜録）

陸機要覽一卷　民國國學扶輪社輯

古今説部叢書本（古籍總目、叢書綜録）

陸氏要覽一卷　馬國翰輯

玉函山房輯佚書本（古籍總目、叢書綜録）

合刻連珠三卷

合諸名家批點諸子全書本（善本書目）

陸士衡文集十卷（康熙松江府志卷五十藝文）

明正德十四年吴郡陸元大刻本　十行十八字小字雙行同　白口單魚尾左右雙邊（古籍總目、善本書目、南圖書目、静嘉堂秘籍志）

國圖（清黄丕烈跋并録清陸貽典校；民國傅增湘跋并録清陸貽典校） 北大 上圖 南圖（明管一德校，明曹元忠跋；清丁丙跋） 日本静嘉堂文庫（清陸貽典校）

明嘉靖間翻刻正德十四年陸元大刊本 十行十八字小字雙行同 白口單魚尾左右雙邊（臺圖資料庫）

臺北故宫

明萬曆間汪士賢校刻漢魏六朝諸名家集（或題「漢魏六朝諸家文集」、「漢魏六朝二十一名家集」）本（古籍總目、叢書綜録）

明萬曆間瑞桃堂翻刻汪士賢校刻本 九行二十字小字雙行同 白口單魚尾左右雙邊（上圖書目）

上圖

明萬曆間佚名翻刻汪士賢校刻本〔二〕 九行二十字小字雙行同 白口或黑口單魚尾左右雙邊（國圖書目、復旦書目）

國圖 復旦

漢魏諸名家集重印明萬曆間翻刻汪士賢校刻本（古籍總目、津圖書目、南圖書目、日藏漢籍庫）

明崇禎間徐日曦刻本 七行十八字小字雙行同 白口單魚尾左右雙邊（國圖書目、上圖書目）

〔二〕 此種版本不同於《漢魏六朝諸名家集》本，卷首末無序跋，目前僅發現國圖、復旦藏有該種版本。其板片後爲翁少麓編刻之《漢魏諸名家集》所採用并加以補刻，詳見本書《善本經眼録》相關部分。

國圖[一]　上圖

明刻本（古籍總目）

北京市文物局　廣東中山圖　南開

清影宋抄本　十一行二十字小字雙行同　白口無魚尾左右雙邊（古籍總目、國圖書目）

國圖（清趙懷玉、清翁同書校并跋，清嚴元照批注跋并録清盧文弨校）

清抄本　十一行二十字小字雙行同　無欄綫（復旦書目）

復旦

宛委別藏本　十一行二十字小字雙行同　無欄綫（臺圖資料庫[二]）

臺北故宮

清光緒四年長沙寄生草堂翻刻汪士賢校刻本（高校文獻庫）

復旦　南大

漢魏六朝名家集初刻本（古籍總目、叢書綜録）

[一] 國圖有此種版本兩部，其網絡檢索目録將其中一部著録爲「明刻本」，另一部著録爲「明末刻本」。

[二] 該庫將此種版本著録爲「清嘉慶間阮元進呈影抄宋徐民瞻刊本」。

陸士衡文集十卷附札記一卷逸文一卷　札記清錢培名撰　逸文清錢培名輯

小萬卷樓叢書本（古籍總目、叢書綜録）

陸士衡集七卷　明薛應旂輯

六朝詩集本（古籍總目、叢書綜録）

陸平原集八卷附録一卷　明張燮輯（乾隆婁縣志卷十二藝文）

七十二家集本（古籍總目、叢書綜録）

陸平原集二卷　明張溥編

漢魏六朝一百三家集本（古籍總目、叢書綜録）

陸士衡集佚文一卷　清王仁俊輯

經籍佚文本（古籍總目）

玉函山房輯佚書續編本（叢書綜録）

陸　雲（二六二—三〇三）

傳見本卷《善本經眼録》。

陸子一卷（光緒重修華亭縣志卷二十藝文）　清馬國翰輯

玉函山房輯佚書本

陸子一卷　清王仁俊輯

玉函山房輯佚書續編本

陸士龍文集十卷（康熙松江府志卷五十藝文）

南宋慶元六年徐民瞻主持華亭縣學刻本　十一行二十字小字雙行同　白口單魚尾左右雙邊（古籍總目、善本書目、國圖書目）

國圖（明項元汴跋）

明正德十四年吴郡陸元大刻本　十行十八字小字雙行同　白口單魚尾左右雙邊（古籍總目、善本書目、國圖書目、南圖書目、静嘉堂秘籍志）

國圖（明葉恭焕題款；民國傅增湘跋并録清陸貽典校，存卷四至七） 北大 上圖 南圖（明管一德校，明曹元忠跋；清丁丙跋） 日本静嘉堂文庫（清陸貽典校）

明嘉靖間翻刻正德十四年陸元大刊本 十行十八字小字雙行同 白口單魚尾左右雙邊（臺圖資料庫）

臺北故宫

明萬曆間汪士賢校刻漢魏六朝諸名家集（或題「漢魏六朝諸家文集」、「漢魏六朝二十一名家集」）本（古籍總目、叢書綜録）

國圖（民國傅增湘、季振常校并跋）

明萬曆間瑞桃堂翻刻汪士賢校刻本 九行二十字小字雙行同 白口單魚尾左右雙邊（上圖書目）

上圖

明萬曆間佚名翻刻汪士賢校刻本[一] 九行二十字小字雙行同 白口或黑口單魚尾左右雙邊（國圖書目、復旦書目）

國圖 復旦

[一] 此種版本不同於《漢魏六朝諸名家集》本，卷首末無序跋，目前僅發現國圖、復旦藏有該種版本。其板片後爲翁少麓編刻之《漢魏諸名家集》所採用并加以補刻，詳見本書《善本經眼録》相關部分。

漢魏諸名家集重印明萬曆間翻刻汪士賢校刻本（古籍總目、津圖書目、南圖書目、日藏漢籍庫）

明崇禎間徐日曦刻本　七行十八字小字雙行同　白口單魚尾左右雙邊（國圖書目）

國圖〔一〕

明抄本　十行二十字小字雙行同　白口雙魚尾四周單邊（古籍總目、善本書目）

國圖（清孫原湘跋）

明長洲吴氏叢書堂抄本（古籍總目、臺圖資料庫）

臺圖（清韓應陛跋）

明刻本（古籍總目）

北京市文物局　廣東中山圖　南開

清影宋抄本　十一行二十字小字雙行同　白口無魚尾左右雙邊（古籍總目、國圖書目）

國圖（清趙懷玉、清翁同書校并跋，清嚴元照批注跋并録清盧文弨校）

清光緒四年長沙寄生草堂翻刻汪士賢校刻本（高校文獻庫）

復旦　南大

漢魏六朝名家集初刻本（古籍總目、叢書綜録）

〔一〕國圖有此種版本兩部，其網絡檢索目録將其中一部著録爲「明刻本」，另一部著録爲「明末刻本」。

陸士龍集十卷

四庫全書本（古籍總目）

陸士龍集四卷　明薛應旂輯

六朝詩集本（古籍總目、叢書綜録）

明嘉靖間刻本（臺圖資料庫）

臺圖

明萬曆間静紅齋刻本　十行十八字小字雙行同　白口無魚尾左右雙邊（上圖書目）

上圖（清周亮工校并跋）

陸清河集八卷附録一卷（乾隆婁縣志卷十二藝文）　明張燮輯

七十二家集本（古籍總目、叢書綜録）

陸清河集二卷　明張溥編

漢魏六朝一百三家集本（古籍總目、叢書綜録）

陸士龍集佚文一卷　清王仁俊輯

經籍佚文本（古籍總目）

玉函山房輯佚書續編本（叢書綜録）

流　寓

顧野王（五一九—五八一）

字希馮，南朝梁、陳間吴郡吴縣人。自幼好學，長而徧觀經史，通曉天文地理、蟲篆奇字。梁大同四年（五三八），除太學博士，遷中領軍臨賀王府記室參軍。侯景之亂起，丁父憂，歸本郡，召募鄉黨數百人，隨義軍援京邑。京城陷，逃會稽，尋往東陽，與劉歸義合軍據城拒賊。侯景平，太尉王僧辯使監海鹽縣。陳朝立，復出仕，官至黄門侍郎、光禄卿。太建十三年卒，年六十三。所著有《玉篇》三十卷，《輿地志》三十卷，《符瑞圖》十卷，《顧氏譜傳》十卷，《分野樞要》一卷，《續洞冥紀》一卷，《玄象表》一卷，《通史要略》一百卷，文集二十卷等；又擬撰《國史紀傳》二百卷，未就而卒。傳詳《陳書》卷三十、宋林至等纂紹熙《雲間志》卷上《人物》等。

《雲間志》卷上《古跡》「顧亭林」條：舊經顧亭林湖，在東南三十五里（按，今金山區境内）。湖南又有顧亭林，陳顧野王居此，因以爲名焉。今爲寶雲寺，寺有《伽藍神記》，云寺南高基，野王曾於此修《輿地志》。今傳以爲顧野王讀書墩。中《祠廟》有「顧侍郎祠」條，引《感夢伽藍神記》云：後晉開運元年，亭林法雲寺（按，後更名「寶雲寺」）僧於寺舊基水際得古斷碑，上書「寺南高基，顧野王曾於此修《輿地志》」云云，因建屋立像祠之。

輿地志一卷　清王謨輯

漢唐地理書鈔本（古籍總目、叢書綜録）

重訂漢唐地理書鈔本（古籍總目、叢書綜録）

輿地志一卷　清王仁俊輯

玉函山房輯佚書續編本（古籍總目、叢書綜録）

輿地志一卷　清曹元忠輯

稿本（古籍總目、復旦書目）

復旦

（二）唐　宋

本　籍

李　甲（生卒年不詳）

北宋秀州華亭縣人，字景元，自號華亭逸人。善填詞，小令有聞於時。畫翎毛有意外趣。蘇軾有《題李景元畫》：「聞説神仙郭恕先，醉中狂筆勢瀾翻。百年寥落何人在，只有華亭李景元。」又後序謂其本儒家子，落魄詩酒間，尤善墨戲，往來松江上，不知所終。傳見北宋米芾《畫史》、南宋鄧椿《畫繼》卷三、至元《嘉禾志》卷二十九蘇軾《題李景元畫》後序、正德《松江府志》卷三十等。

李景元詞一卷（紹熙雲間志卷下）　近人周泳先輯

唐宋金元詞鉤沈本（叢書綜録）

釋可觀（一〇九二—一一八二）

南宋嘉興府華亭縣人，字宜翁，別號竹庵，原姓戚。少時於顧亭林之寶雲寺受戒〔一〕。建炎初主嘉禾壽聖，紹興間遷當湖德藏，著《楞嚴補注》，板行於世。其後歷主姑蘇北禪、四明延慶等寺。淳熙七年返當湖，後二年無疾而逝，壽九十一。所著除現有傳本者外，猶有《蘭盆補注》二卷，《金剛通論》《金剛事説》各一卷，及《圓覺手鑑》。傳詳南宋釋志磐《佛祖統紀》卷十五、元釋念常《佛祖歷代通載》卷二十、正德《松江府志》卷三十一等。

金剛錍論義一卷（佛祖統紀卷十五）

續藏經本（國圖書目、高校文獻庫）

山家義苑二卷（佛祖統紀卷十五）　宋釋智增證

南宋嘉熙二年釋良阜刻本（日藏漢籍庫）

日本國會（存卷上）

〔一〕　紹熙《雲間志》卷中「寶雲寺」條：「初名法雲寺，在顧亭林市西北隅，大中十三年建。」

日本正保三年中村五兵衛重刊本（日藏漢籍庫）

日本東大總

續藏經本（國圖總目、高校文獻庫）

竹庵草録一卷（佛祖統紀卷十五）

續藏經本（國圖總目、高校文獻庫）

潘　緯（生卒年不詳）

南宋嘉興府華亭縣人，字仲寶，一字景緯。紹興十五年進士，乾道中教安慶軍，又曾官灊山學廣文。所著《柳文音義》三卷，蓋成於乾道二年，曾有單刻本，《宋史・藝文志》、明《文淵閣書目》等均著録。今本乃與宋童宗説注釋、張敦頤音辯合刊。傳詳乾道二年吴郡陸之淵撰《柳文音義序》、正德《松江府志》卷三十等。

增廣注釋音辯唐柳先生集四十五卷外集二卷年譜一卷附録一卷（康熙松江府志卷五十藝文）

唐柳宗元撰　宋童宗説注釋　宋張敦頤音辯　宋潘緯音義　年譜宋文安禮撰

宋刻本（善本書目、北大書目）

北大

增廣注釋音辯唐柳先生集四十三卷外集二卷年譜一卷附録一卷　唐柳宗元撰　宋童宗説注釋　宋張敦頤音辯　宋潘緯音義　年譜宋文安禮撰

宋建陽書坊刻本（古籍總目、臺圖資料庫）

臺北故宫

增廣注釋音辯唐柳先生集四十三卷别集二卷外集二卷附録一卷　唐柳宗元撰　宋童宗説注釋　宋張敦頤音辯　宋潘緯音義

宋刻本　蝴蝶裝十二行二十一字小字雙行同　細黑口雙魚尾左右雙邊（上圖書目）

上圖（存卷十至十三共四卷）

元延祐間刻本　十二行二十一字小字雙行同　黑口雙魚尾四周雙邊（上圖書目）

上圖（存卷一至二、七至八、十四、二十六至三十共十卷，清章慷跋；另一部全）

元刻本（古籍總目、善本書目）

國圖　吉林市圖

增廣注釋音辯唐柳先生集四十三卷外集二卷附録一卷　唐柳宗元撰　宋童宗説注釋　宋張敦頤音辯　宋潘緯音義

元刻本（善本書目）

國圖（目録卷三至四、三十二至三十八配明初刻本）　天一閣文物保管所（存卷二至六、九至十二、二十四至三十、三十四至四十三共二十六卷，其中卷二至六、九至十二配明初刻本）

增廣注釋音辯唐柳先生集四十三卷别集二卷外集二卷年譜一卷附録一卷　唐柳宗元撰　宋童宗説注釋　宋張敦頤音辯　宋潘緯音義

明初刻本（善本書目、北大書目）

國圖（清嚴虞惇跋；缺别集二卷外集二卷年譜一卷附録一卷，清馮登府跋；缺年譜一卷附録一卷，佚名録清何焯批校，清翁同龢跋并題詩）　南圖（清丁丙跋）　浙江　北大（缺外集二卷年譜一卷附録一卷，清孫星衍跋）

增廣注釋音辯唐柳先生集四十三卷别集二卷外集二卷附録一卷　唐柳宗元撰　宋童宗説注釋　宋張敦頤音辯　宋潘緯音義

元建陽書坊刻本（臺圖資料庫）

臺北故宫

明正統十三年善敬堂刻本　九行十八字小字雙行同　大黑口雙魚尾四周雙邊（善本書目、臺圖資料庫、日藏漢籍庫）

首圖　甘肅　臺圖　日本國會　日本蓬左文庫

明正統十三年善敬堂刻遞修本　九行十八字小字雙行同　大黑口雙魚尾四周雙邊（善本書目、日藏漢籍庫）

國圖（清翁同龢跋并録清何焯批校）　首圖　上圖　南圖（清丁丙跋；缺别集、外集，卷二十一至二十五配清抄本，清崔應榴批）　復旦

明正德十年張景暘胡韶劉玉刻本（古籍總目、善本書目、高校文獻庫、日藏漢籍庫）

國圖　上圖（抄配年譜一卷，清葉樹廉批）　北師大（清安璿跋）　廣州中山大　日本東京都立中央圖書館

唐柳先生集四十五卷外集二卷龍城録二卷附録二卷傳一卷　唐柳宗元撰　宋童宗説音注　宋張敦頤音辯　宋潘緯音義

明萬曆二十九年刻本　十行二十字小字雙行同白口單魚尾四周單邊（古籍總目、善本書目、臺圖資料庫、日藏漢籍庫）

上圖　天津　山東（清若英芝録明王錫爵批校并跋）　臺圖　日本公文書館

日本正和元年抄本　十二行　無欄綫（日藏漢籍庫）

日本蓬左文庫

增廣注釋音辯唐柳先生集四十三卷別集一卷外集一卷附録一卷　唐柳宗元撰　宋童宗説注釋　宋張敦頤音辯　宋潘緯音義

明刻本　十三行二十六字小字雙行同　大黑口雙魚尾四周雙邊（古籍總目、善本書目）

國圖　上圖　山東　湖南　蘇州市圖

京本校正音釋唐柳先生集四十三卷別集一卷外集一卷附録一卷　唐柳宗元撰　宋童宗説音注　宋張敦頤音辯　宋潘緯音義

明刻修補本　十行二十四字小字雙行同　白口雙魚尾四周雙邊或單邊（古籍總目、善本書目、高校文獻庫、臺圖資料庫）

國圖　上圖　天津（明繆開先評點，清陸燦跋）　浙江　北師大

增廣注釋音辯唐柳先生集二十卷别集一卷外集一卷附録一卷　唐柳宗元撰　宋童宗説音注　宋張敦頤音辯　宋潘緯音義

明刻本　十三行二十六字　黑口四周雙邊（古籍總目、善本書目、高校文獻庫、臺圖資料庫、日藏漢籍庫）

國圖　上圖（清黄彭年校點）　北師大　臺圖　日本公文書館

增廣注釋音辯唐柳先生集四十三卷别集一卷外集一卷　唐柳宗元撰　宋童宗説音注　宋張敦頤音辯　宋潘緯音義

明刻本（拼集兩種以上明刻版片修補重印：二十卷本系統，半葉十三行行二十六字四周雙邊黑口雙魚尾；四十三卷本系統，半葉十三行行二十二字四周雙邊黑口雙魚尾）（柏克萊善本書志）

柏克萊加州大學東亞圖書館

柳河東集注四十三卷别集二卷外集二卷附録一卷　唐柳宗元撰　宋童宗説張敦頤潘緯音釋

四庫全書本（古籍總目、臺灣商務圖書館影印文淵閣四庫叢書）

儲　泳（約一一〇一—一一六五）

傳見本卷《善本經眼録》。

周易參同契三卷（注）（同治上海縣志卷二十七藝文）

道藏本（叢書綜録）

袪疑説一卷（康熙松江府志卷五十藝文）　南宋左圭輯

百川學海本（古籍總目、叢書綜録）

重輯百川學海本（古籍總目、叢書綜録）

説郛一百卷本（古籍總目、叢書綜録）

説郛一百二十卷本（古籍總目、叢書綜録）

明刻本　九行二十字小字雙行二十或三十字　白口黑魚尾四周雙邊（古籍總目）

南圖[一]

明刻本（臺圖資料庫）

臺圖[二]

[一] 該本題「儲華谷袪疑説」。

[二] 該本題「袪疑説纂」。

稗海本〔一〕（古籍總目、叢書綜録）

學津討源本（古籍總目、叢書綜録）

四庫全書本（古籍總目、叢書綜録）

青照堂叢書本（古籍總目、叢書綜録）

祛疑説四卷　清朱清榮重訂

藝海珠塵本（古籍總目、叢書綜録）

詩集一卷（光緒南匯縣志卷十二藝文）　南宋陳起輯

江湖後集本（善本書目）

林　至（生卒年不詳）

傳見本書《善本經眼録》。

〔一〕該本題「祛疑説纂」。

易裨傳一卷外篇一卷（康熙松江府志卷五十藝文）

通志堂經解本（古籍總目、叢書綜録）

四庫全書薈要本（四庫全書薈要）

四庫全書本（古籍總目）

清乾隆四十七年後抄本（古籍總目）

北大

清抄本　九行二十字小字雙行同　白口單黑魚尾左右雙邊（古籍總目、國圖書目）

國圖

紹熙雲間志三卷續入一卷　宋紹熙四年楊潛修，宋林至、朱端常、胡林卿等纂　續入明佚名續纂[一]

明抄本　九行二十字小字不等　無欄綫（古籍總目、善本書目）

北大（黄丕烈跋）

[一] 部分書目署續纂者爲清顧廣圻，然北大藏明抄本已有「續入」内容，又據嘉慶本顧廣圻後記及錢大昕、孫星衍等人序跋，顧廣圻應僅作校勘，而未續纂。

宛委别藏本　十行二十字小字雙行同　白口無魚尾左右雙邊（臺圖資料庫）

臺北故宫

清嘉慶十九年華亭沈氏古倪園刻本（古籍總目、高校文獻庫）

國圖　上圖　中科院　北大　人大

清道光十一年重印嘉慶十九年沈氏刻本（上圖書目、高校文獻庫）

上圖　北大

觀自得齋叢書本（古籍總目、叢書綜録）

清抄本（古籍總目）

國圖

民國間鹿巖精舍抄本（古籍總目）

首圖

衛　涇（一一五九—一二二六）

傳見本卷《善本經眼録》。

後樂集二十卷（康熙松江府志卷五十藝文）

四庫全書珍本薈要本（古籍總目）

四庫全書本（古籍總目）
清抄本　八行二十一字小字雙行字同　無欄綫（古籍總目）
南圖（存卷一至八、十一至十七、十九至二十共十七卷，清衛壽康、季錫疇、潘道根跋）
清咸豐八年潘道根抄本（上圖書目）
上圖
抄本（上圖書目）
上圖（存卷二至二十共十九卷）
抄本（臺圖資料庫）
傅圖

後樂集二十卷文節公年譜一卷

清光緒八年友順堂活字印本　九行二十一字小字雙行同　白口單魚尾四周雙邊（古籍總目）
北大　復旦

衛　湜（生卒年不詳）

傳見本卷《善本經眼録》。

禮記集說一百六十卷（康熙松江府志卷五十藝文）

南宋嘉熙四年新定郡齋刻本　十三行二十五字小字雙行同　白口左右雙邊（古籍總目、善本書目）

國圖

明抄本　十三行二十五字小字雙行同　無欄綫（古籍總目、善本書目）

南圖（清丁丙跋）

明抄本　十三行二十五字小字雙行同　無欄綫（古籍總目、善本書目）

北大（清李盛鐸跋）

通志堂經解本（古籍總目）

四庫全書本（古籍總目）

舊抄本　藍行格（臺圖資料庫）

臺北故宫

釋净岳（生卒年不詳）

南宋嘉興府華亭縣人，生卒年不詳。嘉定二年，禮興聖寺僧若顔爲師，從鑑堂義法師受天台教觀，盡得其要。出世，説法杭之劉寺，終于大雄，前後凡七坐道場，所至緇白向化。傳其宗者有竹堂正法師、静翁明法師。嘗取宗門要典曰《金剛錍科》，明釋智旭《閲藏知津》卷四十二著録。傳見正德《松江府志》卷三十一。

科金剛錍一卷（科）（康熙松江府志卷五十藝文）　唐釋湛然述

頻伽精舍校刊大藏經本（古籍總目、國圖書目）

金剛錍科一卷（科）（康熙松江府志卷五十藝文）　唐釋湛然述

續藏經本（國圖書目）

科始終心要一卷（科）（康熙松江府志卷五十藝文）　唐釋湛然述

頻伽精舍校刊大藏經本（古籍總目、國圖書目）

許　尚（生卒年不詳）

南宋嘉興府華亭縣人，傳見本卷《善本經眼録》。

華亭百詠一卷（康熙松江府志卷五十藝文）

四庫全書本（古籍總目）

抄本（臺圖資料庫）

臺北故宫

北京圖書館抄本　十行二十四字　白口單魚尾四周單邊（國圖書目）

國圖

宋人集本（叢書綜録）

莊　肅（生卒年不詳）

傳見本卷《善本經眼録》。

畫繼補遺二卷（康熙松江府志卷五十藝文）

清乾隆五十四年黄氏醉經樓刻本　十行二十三字　黑口單魚尾左右雙邊（古籍總目）

國圖

衛宗武（？—一二八九）

南宋嘉興府華亭縣人。傳見本卷《善本經眼録》。

秋聲集六卷（康熙松江府志卷五十藝文）

四庫全書本（古籍總目）

清抄本　烏絲欄八行二十一字　白口單黑魚尾四周雙邊（古籍總目）

南圖

抄本（日藏漢籍庫）

日本静嘉堂文庫

秋聲集四卷

宋元人詩集本（古籍總目、國圖書目）

國圖

清抄本　八行二十一字　無欄綫（上圖書目）

上圖

秋聲詩餘一卷

彊村叢書本（叢書綜録）

王泰來（一二三六——一三〇八）

南宋嘉興府華亭縣人，字復元。其先大名人，宋文正公旦之後，五世祖太常少卿遜避難渡江，居金陵，再徙華亭，故爲華亭人。性剛狷，少習舉子業，由鄉貢入太學，棄去，放浪江湖間。三徵不仕，至元二十三年薦館于集賢院，乞歸，居錢塘，自號月支處士，卒葬茅家埠積慶山陽。嘗以詩鳴寶祐、開慶間，有集行於時，晚年復裒爲若干卷，明王圻《續文獻通考》卷一八三著録，今僅存《元詩選癸集》中三首。傳見元趙孟頫《松雪齋集》卷八《有元故徵士王公墓志銘》、正德《松江府志》卷二十八等。

王徵君詩　清顧嗣立輯

元詩選癸集本（元詩選癸集）

陸鵬南（生卒年不詳）

南宋嘉興府華亭縣人，字象翁。博綜群籍，通《詩經》，嘗魁鄉選，不仕。文章與陸霆龍齊名，鄉里稱爲

「二陸」〔二〕。傳見衛宗武《秋聲集》卷五《陸象翁候鳴吟編序》、正德《松江府志》卷三十、清王昶輯《青浦詩傳》卷三、光緒《重修華亭縣志》卷十七等。

象翁先生詩　清顧嗣立輯

元詩選癸集本（元詩選癸集）

流　寓

釋德誠（七六九前—八三六）

原籍四川遂寧府，唐中期流寓吴郡華亭。傳見本卷《善本經眼録》。

撥棹歌（紹熙雲間志卷中）

元釋坦輯刻本　六行十五字　白口雙魚尾左右雙邊（上圖書目）

〔二〕陸霆龍，字伯霷，咸淳間鄉貢進士，衣冠儼然，隱居授經，文章勁健，邑中推爲鄉先生。傳見［康熙］《松江府志》等。象翁蓋與之同時，姑係於此。

上圖

陳舜俞（一〇二六—一〇七六）[一]

原籍烏程，寓居秀州華亭。字令舉。慶曆六年進士，嘉祐四年直言極諫科第一。官光禄丞、秘書省著作佐郎、簽書壽州判官等，未久辭去，隱居秀州華亭，自號白牛居士。熙寧三年復出，歷任屯田員外郎、山陰知縣，因逆王安石青苗法，貶南康軍鹽酒稅監。晚歲絶意仕宦，返華亭。卒後，子孫居焉，鄉人懷之，名其地爲白牛村（即今上海金山楓涇鎮）。撰有《應制策論》《廬山記》《都官集》等。《四庫全書總目》之《都官集》提要言集中之詩大半爲其謫後所作[二]。傳詳紹熙《雲間志》卷下、《宋史》卷三三一、康熙《松江府志》卷四十、清葉世熊纂《蒸里志略》卷八等。

都官集十四卷（紹熙雲間志卷下）

清乾隆間翰林院紅格抄本　八行二十一字　朱絲欄白口四周雙邊（古籍總目、善本書目、國圖書目）

國圖

四庫全書本

[一] 陳舜俞生卒年據李裕民《宋人生卒行年考》卷三，中華書局，二〇一〇年，第二五六頁。

[二] 《四庫全書總目》卷一百五十三集部別集類。

清乾隆五十九年刻本（古籍總目）
山東
清抄本　八行二十一字　無欄綫（古籍總目）
上圖（傳抄四庫全書本）　南圖（清丁丙跋）　社科院文學所（張壽鏞跋）
清藝海樓傳抄四庫全書緑格本（臺圖資料庫）
臺圖
清道光咸豐間抄本（臺圖資料庫）
臺圖
抄本（臺圖資料庫）
臺圖
抄本（臺圖資料庫）
傳圖

都官集十四卷附録一卷

清抄本（古籍總目）
國圖

邵桂子（一二四一—一三二〇）

原籍淳安，元時寓居松江府華亭縣。傳見本卷《善本經眼録》。

邵氏世譜一卷家譜一卷外譜一卷先世遺事一卷先塋志一卷

元刻本　十一行二十字小字雙行同　白口單魚尾左右雙邊（古籍總目、國圖書目）

國圖

小易一卷

蘉古介書本（古籍總目、叢書綜録）

毗耶室驅暑閑抄本（國圖書目）

塵談拾雅本（古籍總目、叢書綜録）

雪舟脞語（康熙松江府志卷五十藝文）

説郛一百卷本（叢書綜録）

惜寸陰齋叢抄本　（上圖書目）

慵庵小集一卷

江湖小集本（古籍總目、北大書目）

兩宋名賢小集本（古籍總目）

清乾隆間抄本　烏絲欄（臺圖資料庫）

臺圖

舊抄本（臺圖資料庫）

臺圖

吴惟信（生卒年不詳）

原籍湖州霅川，南宋末寓居平江府嘉定縣白鶴村〔一〕。字仲孚，湖州霅川人。以詩鳴宋季。傳見南宋陳思編《兩宋名賢小集》卷三百三十《菊潭詩集》卷首小傳、萬曆《嘉定縣志》卷十三等。

〔一〕吴惟信生卒年不詳，南宋陳思編《兩宋名賢小集》卷三百三十《菊潭詩集》卷首小傳謂其與施樞友善。施樞曾於紹定間入吴攝虞臺幕，見《兩宋名賢小集》卷二百九十五施樞《芸隱倦游稿》小傳；又［景定］《建康志》卷二十七載其淳祐間官溧陽縣從事郎。則吴惟信亦應主要活動於南宋末。二書均據臺灣商務印書館影印文淵閣《四庫全書》本。

菊潭詩集一卷（康熙嘉定縣志卷二十四書目）

兩宋名賢小集本（古籍總目、叢書綜録）

六十家名賢小集本（古籍總目、叢書綜録）

宋人小集本（古籍總目、叢書綜録）

宋四十名家小集本（古籍總目、叢書綜録）

江湖群賢小集本（古籍總目、叢書綜録）

菊潭詩集一卷補遺一卷

南宋羣賢小集本及後附民國十一年知不足齋輯録宋集補遺本（古籍總目、叢書綜録）

（三）元　代

本　籍

任仁發（一二五四—一三二七）

元松江府上海縣人。傳見本卷《善本經眼録》。

水利集十卷（康熙松江府志卷五十藝文）

明抄本　十行二十四字　無欄綫（古籍總目、善本書目）

上海師大

釋念常（一二八二—？）

元松江府華亭縣人。傳見本卷《善本經眼録》。

佛祖歷代通載二十二卷（康熙松江府志卷五十藝文）

元至正七年釋念常募刻本　十行二十字小字雙行同　黑口雙魚尾左右雙邊（古籍總目、善本書目、國圖書目）

國圖

日本南北朝五山刻本（日藏漢籍庫）

日本國會

明宣德五年大慈恩寺翻刻元念常募刻本　十行二十字小字雙行同　黑口雙魚尾左右雙邊（古籍總目、善本書目、國圖書目）

國圖（存卷四至二十二共十九卷，清釋際益跋；存卷一、四至二十一共十九卷）　山東（存卷四至六、十三至十四共五卷，民國王獻唐跋）

明宣德五年大慈恩寺翻元刻嘉靖二十四年重修本　十行二十字小字雙行同　黑口雙魚尾左右雙邊（古籍總目、善本書目、高校文獻庫、哈佛燕京善本書志）

南開　美國哈佛燕京

明隆慶四年至萬曆六年釋性月募刻本　十行二十字小字雙行同　白口左右雙邊（古籍總目、善本書目、國圖書目、上圖書目）

國圖　中科院　社科院文學所　上圖

明萬曆四年吴郡王明義刻本　十行二十字小字雙行同　白口或黑口單魚尾左右雙邊（古籍總目、善本書目、國圖書目）

國圖

明萬曆四年朝鮮全羅道綾城地獅子山双峰寺重刊本（日藏漢籍庫）

日本東洋文庫

日本慶長十七年本國寺活字印本（日藏漢籍庫）

日本東大東文研　日本公文書館　日本東洋文庫　日本慶應大學

日本慶安二年重刊嘉興城東柴場灣雲門庵刻本（臺圖資料庫、日藏漢籍庫）

臺圖　日本神户大學　日本東京都立中央　日本東大總　日本國會

四庫全書本（古籍總目）

清抄本（古籍總目、上圖書目）

上圖（清翁澄校）

佛祖歷代通載三十六卷

大明重刊三藏聖教本（國圖書目）

永樂北藏本（古籍總目）

永樂南藏本（古籍總目）
徑山藏本（臺圖資料庫）
乾隆大藏經本（古籍總目）
清宣統元年浙江劉氏刊本（臺圖資料庫）
臺大　美國康乃爾大學東亞圖書館
清宣統元年江北刻經處刻本（古籍總目、上圖書目、臺圖資料庫）
國圖　上圖　南圖　北大　德國巴伐利亞邦立圖書館
頻伽精舍校刊大藏經本（古籍總目）

曹慶孫（一二八〇—一三六一）

元松江府華亭縣人。一名槼，字繼善，號安雅。本邵桂子之子，曹氏所出，繼舅氏，爲應符之孫。居華亭小蒸，又嘗買地小崑山陰，至正五年建二陸祠，柯九思有記。延祐四年，以薦爲吴縣學教諭，徙淳安，年甫四十，意息進取，杜門讀書，摛文以自樂。因浙西水著《水利論説》數卷，又有《副墨集》、《東山高蹈集》、《瀼東漫稿》等，惜今不見；唯《酒令》《觥律》及《硯譜》等數種，存於陶宗儀編《説郛》。爲文平易條暢，以理爲主，能盡其所欲言；詩清潤古淡，根柢於陶、孟、韋、柳，而自成一家。傳見明邵亨貞《野處集》卷三《元故建德路淳安縣儒學教諭曹公行狀》、正德《松江府志》卷三十等。

安雅堂觥律一卷

説郛一百二十卷本（古籍總目、叢書綜録）

重訂欣賞編本（叢書綜録）

安雅堂酒令一卷

説郛一百卷本（叢書綜録）

歙州硯譜一卷歙硯説一卷辨硯石説一卷

百川學海本（古籍總目、叢書綜録）

重輯百川學海本（古籍總目、叢書綜録）

説郛一百二十卷本（古籍總目、叢書綜録）

四庫全書本（古籍總目、叢書綜録）

學津討源第十五集（古籍總目、叢書綜録）

衛仁近（一三〇九—一三五五？）

元松江府華亭縣人。字叔剛，一字子剛，生約在至大、皇慶間，卒於至正十五年許〔二〕。好學能文，辭吳興守將及張士誠等聘，隱居終身。有《敬聚齋詩稿》一編，楊維禎爲作序，稱奇節興象可追盛唐。又善書，陶宗儀《書史會要》載其楷書學《黄庭經》，自有一種風流藴藉。傳見王逢《梧溪集》卷五《哭雲間衛叔剛》詩引、正德《松江府志》卷三十等。

敬聚齋稿　清顧嗣立輯

元詩選三集本（古籍總目）

〔二〕楊維禎《東維子文集》卷七有至正九年作《衛子剛詩録序》，稱「子剛之年未踰壯，而其詞之工已如此」，則其時衛氏年當不滿四十其生應在至大三年後。又王逢《梧溪集》卷五《哭雲間衛叔剛》詩引謂其年四十七卒，則其卒應不晚於至正十六年。

陸居仁（一三〇〇？—一三八七）[一]

元松江府華亭縣人。字宅之，號巢松翁、雲松野褐、瑁湖居士。以《詩經》中泰定三年鄉貢進士[二]。其後游都下，虞集、柯九思薦於朝，未及用而歸，任松江府學教諭。工古詩文，素有聲望。至正十年，與楊維禎同主「應奎文會」[三]。卒於明洪武二十年，與楊維禎、錢惟善同葬干山，號「三高士墓」。有《雲松野褐集》，今未見全本。傳見《元詩選》三集卷十四、正德《松江府志》卷三十、清周厚地纂乾隆《干山志》卷十二等。

雲松野褐集　清顧嗣立輯

元詩選三集本（古籍總目）

[一] 陸居仁生卒年據黄仁生《陸居仁卒年考》一文著録，《復旦大學古籍所學報》第一期，復旦大學出版社，二〇一二年。

[二] 楊維禎《淞泮燕集序》：「公始至，以庠序之教爲首業，不遠數百里聘碩師迪其弟子員，若檇李貝闕……同年陸居仁。」明抄本《鐵崖先生集》卷二。

[三] 嘉慶《松江府志》卷三十《學校》録吕輔之應奎文會序。

夏庭芝（一三二五？—一三八九？）

元松江府華亭縣人。傳見本卷《善本經眼録》。

青樓集（録鬼簿續編）

説集本（古籍總目、叢書綜録）

緑窗女史本（古籍總目、叢書綜録）

古今説海本（古籍總目、叢書綜録）

續百川學海本（古籍總目、叢書綜録）

説郛一百二十卷本（古籍總目、叢書綜録）

清初錢氏述古堂抄本　十行十八字　烏絲欄白口無魚尾左右雙邊（古籍總目、善本書目）

國圖

冶遊編本（古籍總目、叢書綜録）

清抄本（古籍總目、善本書目）

陝西師大（繆荃孫校）

雙棋景闇叢書本（古籍總目、日藏漢籍庫）

日本東大東文研

釋壽寧（生卒年不詳）

元松江府上海吴淞人，静安寺住持。傳見本卷《善本經眼録》。

静安八詠詩集一卷事蹟一卷（編）（上海文獻展覽會概要）　事蹟明錢鼒撰

元刻本（臺圖資料庫）

臺圖　十行二十字，黑口雙魚尾四周雙邊

明刻本　八行十八字小字雙行同　黑口雙魚尾四周單邊（古籍總目、善本書目）

南圖

藝海珠塵癸集本（叢書綜録）

覆藝海珠塵癸集本（日藏漢籍庫）

日本東大東文研

陸　侗（生卒年不詳）

字養正。舉明經，後隱居不出，喜收魏晉碑拓[一]。從陳基學詩[二]，詩風莊贍豪逸，題詠景物尤善想象。時推其與同邑王泳、趙鎮、殷汝舟并爲「四家」，而目侗爲最。至正二十四年許，釋壽寧邀群賢題詠静安寺八景，侗亦與焉。傳見正德《松江府志》卷三十、弘治《上海志》卷八等。

養正先生稿（同治上海縣志卷二十七藝文）　清顧嗣立輯

元詩選癸集本（元詩選癸集）

王　泳（生卒年不詳）

字季瀰，號静習。不事功名，家貧而樂晏如也。長於吟詠，與陸侗等同爲元末上海「四家」。所著有《静習稿》。晚年請王逢爲之題壽藏銘。傳見王逢《梧溪集》卷四《王處士袖四六啓謝製壽藏序銘因出示静習稿爲題絶句》後序、清談起行等纂乾隆《上海縣志》卷十等。

[一] 元陳基《夷白齋稿》外集《次韻答陸養正》有「幽居瀟洒傍溪湄，雅好惟收魏晉碑」句。《四部叢刊三編》影印明抄本。

[二] 元陳基《留别陸養正》云「不材謬忝爲師友，高義多慚若弟兄」。出處同上。

靜習稿　清顧嗣立輯

元詩選癸集本（元詩選癸集）

陸　泳（生卒年不詳）

元松江府華亭縣人。字伯翔，隱居華亭大蒸。采方言習俗作《田家五行》（一名《吴下田家志》）一卷《拾遺》一卷〔二〕，以占豐歉，楊維禎、陸居仁爲叙而傳之，至正二十五年，錢惟善爲之上於有司。今原本不見，陶宗儀《説郛》節録一卷。傳見正德《松江府志》卷三十一、清葉世熊纂《蒸里志略》卷八等。

吴下田家志一卷（康熙松江府志卷五十藝文）

説郛一百卷本（古籍總目、叢書綜録）

説郛一百二十卷本（古籍總目、叢書綜録）

〔二〕　清錢大昕《元史藝文志》卷三子部農家類著録「陸泳《田家五行》一卷」，乾隆嘉慶間刻《潛研堂全書》本。又清黄虞稷《千頃堂書目》卷十二「陸泳《田家五行拾遺》一卷」。

田家五行志佚文一卷　清王仁俊輯

經籍佚文本（古籍總目、叢書綜録）

夏文彦（生卒年不詳）

元松江府華亭縣人。傳見本卷《善本經眼録》。

圖繪寶鑑五卷補遺一卷（康熙松江府志卷五十藝文）

元至正二十六年刻本　十一行二十字小字雙行二十或四十字　黑口雙魚尾左右雙邊（古籍總目、善本書目、國圖書目、上圖書目、日藏漢籍庫）

國圖　上圖（有抄配葉）　山東博（王獻唐批校）　四川師大（清郭蘭枝跋；蔣祖詒、吴湖帆跋）

日本静嘉堂文庫

元至正二十六年刻明印本　十一行二十字小字雙行二十或四十字　黑口雙魚尾左右雙邊（古籍總目）

北大

明刻本　十一行二十字小字雙行二十或四十字　黑口雙魚尾左右雙邊（古籍總目、善本書目）

國圖　北大

日本江户時代初期抄本（日藏漢籍庫）

日本公文書館（附元朝畫者傳）
日本江户時代刻本（日藏漢籍庫）
日本東北大學　日本中之島
榕園叢書本（叢書綜録）
清翻刻元至正二十六年刻本　十一行二十字小字雙行二十或四十字　黑口雙魚尾左右雙邊（古籍總目）
國圖（鄭振鐸題記）
舊抄本（日藏漢籍庫）
日本静嘉堂文庫
清抄本　十一行二十字小字雙行二十或四十字（古籍總目、善本書目、上圖書目）
上圖（高鴻裁跋）
宸翰樓叢書翻刻元至正二十六年刻本
日本抄本（國圖書目）
國圖
刻本（高校文獻庫）
北大

刻本（日藏漢籍庫）

日本静嘉堂文庫（大田覃手校）

畫史叢書本（日藏漢籍庫）

日本東北大學

圖繪寶鑑五卷補遺一卷續補一卷

元至正二十六年刻本　十一行二十字小字雙行二十或四十字　黑口雙魚尾左右雙邊（古籍總目、善本書目、上圖書目）

上圖（清吴騫、清陳續、清黄丕烈、清郭蘭枝、清章鈺跋；清葉德輝跋）　南圖（清丁丙跋）

明抄本　十一行二十字小字雙行二十或四十字　烏絲欄黑口四周雙邊（古籍總目、善本書目、國圖書目）

國圖（清唐翰題跋）

清抄本（古籍總目）

南圖

日本江户時代抄本（日藏漢籍庫）

日本東京國會

日本慶長間抄本　半葉十行（日藏漢籍庫）

日本蓬左文庫

日本刻本（日藏漢籍庫）

日本東洋文庫

圖繪寶鑑五卷補遺一卷續補一卷續一卷　續卷明韓昂撰

明正德十四年苗增刻本　十行二十字小字雙行同　黑口三黑魚尾四周雙邊（古籍總目、善本書目、國圖書目、臺圖資料庫）

國圖　黑龍江　浙江　臺圖　北大

圖繪寶鑑五卷續編一卷　續卷明韓昂撰

明刻本（古籍總目、北大書目）

北大

四庫全書本

日本刻本　十行十八字　黑口雙魚尾四周雙邊（國圖書目）

國圖

畫髓玄詮五卷[一]　**明卓爾昌輯**（**圖繪寶鑑校勘與研究**）

明天啓六年卓氏雪堂刻本（古籍總目、善本書目、北大書目）

北大（存卷一至三共三卷）

圖繪寶鑑六卷附補遺一卷

津逮秘書本（古籍總目）

圖繪寶鑑八卷補遺一卷　**清毛大倫等補撰**

清康熙二十年刻本（古籍總目）

天津

清怡堂刻本（古籍總目、高校文獻庫、上圖書目）

國圖（闕補遺一卷）　上圖　南圖　北大　復旦

清抄本（北大書目）

北大

〔一〕按，内容同《圖繪寶鑑》五卷。

圖繪寶鑑八卷　清毛大倫等補撰

清借緑草堂刻本　九行二十字　白口單魚尾左右雙邊（古籍總目、高校文獻庫、國圖書目、香港書目、柏克萊善本書志）

國圖　上圖　北大　香港大學馮平山圖書館　美國柏克萊加州大學東亞圖書館

清康熙二十二年武林傳經堂刻本（古籍總目、日藏漢籍庫）

南大　日本東大東文研

清刻本（古籍總目、國圖書目）

國圖（有闕葉）

抄本（臺圖資料庫）

臺圖

圖繪寶鑑八卷補遺一卷　清毛大倫、清馮仙湜等補撰

清借緑草堂刻補修本　九行二十字　白口單魚尾左右雙邊（古籍總目、高校文獻庫）

中科院　吉大　人大

圖繪寶鑑五卷續一卷再續三卷　續卷明韓昂撰　再續清馮仙湜等撰

繪事晬編本（古籍總目、北大書目）

圖繪寶鑑五卷補遺一卷續補一卷增補一卷

日本江户前期刊本（日藏漢籍庫）

日本東大總　日本中央大學　日本公文書館〔一〕

日本承應元年京都吉野屋權兵衛刊本（日藏漢籍庫）

日本東京國會　日本東北大學　東大總

周之翰（生卒年不詳）

元松江府華亭縣人。字申甫，號易癡道人。自幼穎悟，博究羣書，尤通象數之學，著有《易象管見》《易四圖贊》。卒以壽終，邵亨貞爲作墓銘，然其文今不傳。傳見正德《松江府志》卷三十、嘉慶《松江府志》卷七十九「周之翰墓」等。

易癡道人詩　清顧嗣立輯

元詩選癸集本（元詩選癸集）

〔一〕日藏漢籍庫著録該本「（補遺・續補共）續編一卷」，又另一本補抄《元朝畫者傳》一卷。

流　寓

釋覺岸（一二八六—?）

原籍烏程，元時任松江佘山昭慶寺住持。傳見本卷《善本經眼録》。

釋氏稽古略四卷（正德松江府志卷三十一人物）

元至正間刻本　九行二十八字小字雙行同　白口雙魚尾四周雙邊（古籍總目、上圖書目、臺圖資料庫）

元刻本（臺圖資料庫）

臺圖　上圖

元至治間刻本（日藏漢籍庫）

臺北故宫

日本公文書館

元刻明修本　九行二十八字小字雙行同　白口雙魚尾四周雙邊（古籍總目、善本書目、國圖書目）

國圖（張蓉鏡跋）

明嘉靖二十四年刻本（古籍總目、善本書目）
華東師大
明嘉靖三十二年釋昌腹刻本　九行二十三字　白口左右雙邊（古籍總目、善本書目）
國圖
明刻本（古籍總目、善本書目、日藏漢籍庫）
雲大　日本蓬左文庫
明刻重修本　九行十八字小字雙行同　白口左右雙邊（古籍總目、善本書目）
廣州中山大
四庫全書本（古籍總目）
清刻本（古籍總目）
南圖
大正新修大藏經本

釋氏稽古略四卷釋氏稽古略續集三卷　續集明釋幻輪撰

元刻明修本　九行大字二十八字小字雙行同　白口雙魚尾（續集單魚尾）四周雙邊（古籍總目、善本書目、上圖書目）

上圖（續集三卷配清咸豐二年胡氏琳琅秘室抄本，清胡珽跋）

明崇禎十一年嚴爾珪刻本　九行二十八字小字雙行同　白口單黑魚尾四周單邊（古籍總目、善本書目、日藏漢籍庫）

國圖　山東　南圖　大連市圖　日本公文書館

清光緒十二年杭州海潮寺釋清道刻本〔一〕　九行大字二十八字小字雙行同　白口單魚尾四周雙邊（古籍總目、國圖書目、上圖書目、臺圖資料庫、日藏漢籍庫）

國圖　上圖　臺大　京大人文研　美國普林斯頓大學

日本寬文三年京都八尾勘兵衛刻本（日藏漢籍庫）

日本國會　日本東京都立中央　日本東北大學

黄公望（一二六九——一三五四）

字子久，號一峰，又號大痴。福建莆田人；一云本常熟陸氏子，出繼永嘉黄氏。博學多才，尤善繪事，爲有元山水大家。其《九峰雪霽圖》寫華亭九峰，傳世至今。初補浙省掾，因忤權豪棄去，往來三吴間，寓

〔一〕國圖書目著録清光緒十二年釋心傳刻本、清光緒十二年刻本，以及北大書目著録清光緒十二年釋咸達刻本，實皆此本。

華亭柳家巷，築一峰小隱，與曹知白等交善。晚年歸隱富春。著有《寫山水訣》《一峰道人詩抄》等。傳詳明張昶《吴中人物志》卷九、正德《松江府志》卷三十一等。

一峰道人詩抄

清抄本　朱絲欄十行二十四字　無欄綫（古籍總目、善本書目、上圖書目）

上圖

楊維禎（一二九七—一三七〇）

原籍山陰，元末寓居松江華亭。傳見本卷《善本經眼録》。

史義拾遺二卷（乾隆華亭縣志卷十五藝文）

明弘治間刻本（臺圖資料庫、日本漢籍庫）

傳圖　日本蓬左文庫　日本公文書館

明嘉靖十九年任轍刻本　九行十八字小字雙行同　白口雙魚尾四周單邊（古籍總目、善本書目）

國圖　人大

清初抄本（北大書目）

北大

史義拾遺二卷左逸一卷短長一卷　元楊維禎撰　左逸、短長明蔣謹輯

明崇禎五年蔣世枋刻本（古籍總目、善本書目）

遼寧　北師大

鐵崖先生古樂府十卷復古詩集六卷（光緒嘉定縣志卷二十七藝文）　古樂府元吴復編注

復古詩集元黄溍評明章琬編注

元至正末刻本（古籍總目）

臺北故宫

明初刻本（古籍總目、善本書目）

上圖　湖南（葉德輝、葉啓勳題識）

明成化五年劉傚刻本　十一行二十字小字雙行同　黑口雙魚尾四周雙邊（古籍總目、善本書目、柏克萊善本書志、日藏漢籍庫）

國圖（明毛晉校）　上圖　復旦　柏克萊加州大學東亞圖書館　日本静嘉堂文庫

明成化間刊萬曆十九年苑山顧氏萬卷堂修補本（古籍總目）

臺北故宫

誦芬室叢刊本（古籍總目、叢書綜録）

鐵崖先生古樂府十卷補六卷鐵崖先生復古詩集六卷麗則遺音四卷附録一卷　古樂府元吴復編注　復古詩集明章琬編注　麗則遺音元陳存禮編

明末毛氏汲古閣刻本　八行十九字白口無魚尾左右雙邊（古籍總目、善本書目、臺圖資料庫、日藏漢籍庫）

國圖（民國傅增湘校并跋）　上圖　天津　臺圖　日本愛知大

四庫全書薈要本（古籍總目）

四庫全書本（古籍總目）

清抄本（古籍總目）

國圖

鐵崖先生古樂府十卷

清汲古閣抄本　八行十九字（國圖書目）

國圖

鐵崖先生復古詩集六卷　元黄溍評　明章琬編注

清抄本（古籍總目、國圖書目）

國圖

楊鐵崖先生文集十一卷附鐵笛清江引一卷

明萬曆四十三年陳善學刻本　九行二十字小字雙行同　白口單魚尾四周單邊（古籍總目、善本書目、高校文獻庫、臺圖資料庫）

中科院　人大（缺古賦三卷）　南大　臺北故宫　韓國首爾大學奎章閣韓國學研究院

清抄本（北大書目）

北大（缺古賦三卷，題「楊鐵崖先生文集鐵笛清江引一卷」）

楊鐵崖先生古樂府八卷古賦二卷補遺一卷

明天啓間馬宏道抄本　十二行二十八至三十字小字雙行同　無欄綫（古籍總目、國圖）

湖南（清葉啓勛題識）[一]

[一] 國圖有該本縮微製品。

楊鐵崖詠史古樂府一卷（楊維禎與元末明初文學思潮）　明顧亮輯

明成化九年刻本（善本書目）

湖北　湖南

楊鐵崖古樂府三卷　明潘是仁編

宋元詩本（古籍總目）

復古香奩集八卷附一卷

明刻本（日藏漢籍庫）

日本公文書館

一枝軒四種本（古籍總目）

楊維禎詩集不分卷（楊維禎年譜）

明抄本　九行二十字　藍行格藍口雙魚尾四周雙邊（古籍總目、中國善本書提要、南圖書目）[一]

[一] 南圖有該本縮微製品。

臺圖（明皇甫汸、俞安期跋）

東維子集十六卷（楊維禎年譜）

清初印溪草堂抄本　十行二十二字　藍行格白口無魚尾四周單邊（古籍總目、善本書目、國圖書目）

國圖（清金俊明校）

鐵崖先生詩集二卷（楊維禎年譜）

清張氏愛日精廬抄本　八行二十一字小字雙行同　無欄綫（善本書目、南圖書目）

南圖（清丁丙跋）

鐵崖先生詩集十卷（楊維禎年譜）

清張氏愛日精廬抄本　十行二十一字小字雙行同　烏絲欄大黑口雙魚尾四周單邊（古籍總目、善本書目、南圖書目）

南圖（卷八至十配另一清抄本，清丁丙跋）

誦芬室叢刊本（古籍總目、善本書目、國圖書目）

國圖（傅增湘校并跋）

鐵崖詩集三種（鐵崖樂府注十卷鐵崖咏史注八卷鐵崖逸編注八卷）　清樓卜瀍編注

清乾隆三十九年聯桂堂刻本　十行二十二字小字雙行同　白口單魚尾四周雙邊（古籍總目、復旦書目、臺圖資料庫）

國圖　上圖　北大　復旦　美國普林斯頓大學東亞圖書館

清乾隆三十九年聯桂堂刻清光緒十四年樓氏崇德堂重修本　十行二十二字小字雙行同　白口單魚尾四周雙邊（古籍總目、高校文獻庫）

國圖　南圖　清華　川大

鐵崖先生古樂府抄八卷鐵崖詩集抄一卷

清抄本（古籍總目、善本書目）

陝西師大

詩史古樂府四卷

清乾隆三十七年刻本（國圖書目、上圖書目、高校文獻庫、日藏漢籍庫）

國圖（題「楊鐵崖先生詠史古樂府」）　上圖　人大　日本東大東文研

鐵崖小樂府一卷

懺花盦叢書本（叢書綜録）

鐵崖詩集二種

清光緒十四年青樓藜然刻本（古籍總目）

華東師大

草玄閣後集

抄本（國圖書目）

國圖

楊鐵崖文集五卷

馮允中明弘治十四年刻本　十行二十字小字雙行同　大黑口雙魚尾四周雙邊（古籍總目、善本書目、臺圖資料庫）

國圖（清陳鱣跋）　上圖　天津　吉大（清羅振玉跋）　臺圖

明崇禎間刻本（上圖書目）

上圖

清初活字本（上圖書目）

上圖

清初抄本（古籍總目）

浙江

清龍池山房抄本　十行二十一字小字雙行同　烏絲欄黑口單魚尾四周單邊（古籍總目、善本書目）

清華

清抄本（古籍總目）

北大　湖南

鐵崖文集五卷香奩集一卷西湖竹枝集一卷史義拾遺二卷

明陳于京漱雲樓刻本　九行二十字小字雙行同　白口單魚尾或無魚尾左右雙邊（古籍總目、善本書目、臺圖資料庫）

國圖　上圖　南圖（清丁丙跋）　北大　臺圖

新編鐵崖先生文集四卷

明成化間刻本（日藏漢籍庫）

日本静嘉堂文庫

鐵崖先生集四卷（楊維禎年譜）

明抄本　九行十八字小字雙行二十四字　無欄綫（古籍總目、上圖書目）

上圖（明李遜之、清黄丕烈跋）

楊鐵崖先生文集全録四卷

清抄本　十四行三十三至三十七字不等　無欄綫（古籍總目、國圖書目）

國圖

鐵崖先生文集抄一卷（楊維禎年譜）

清嘉慶十九年陳徵芝抄本　十一行二十五字　烏絲欄白口單魚尾四周雙邊（古籍總目、善本書目、國圖書目）

國圖（清陳樹杓跋）

楊鐵崖先生文集一卷（楊維禎年譜）

清抄本　十行二十字小字雙行同　無欄綫（古籍總目、善本書目、國圖書目）

國圖

鐵崖先生文集一卷（楊維禎年譜）

清抄本　十一行二十一字　無欄綫（古籍總目、善本書目、南圖書目）

南圖（清勞格校并跋、丁丙跋）

鐵崖漫稿五卷（楊維禎年譜）

清張氏愛日精廬抄本　八行二十一字小字雙行同　無欄綫（古籍總目、善本書目、南圖書目）

南圖（清丁丙跋）

清抄本（古籍總目、善本書目、南圖書目）

南圖

楊鐵崖先生稿集二卷〔一〕

清勞權家抄何元錫改編本　十一行二十一至二十四字　無欄綫（古籍總目、善本書目、上圖書目）

上圖（清勞權校、勞格校并跋）

東維子文集三十一卷（康熙松江府志卷五十藝文）

明刻本　十二行二十四字小字雙行同　黑口三魚尾四周雙邊（古籍總目、善本書目、臺圖資料庫）

國圖（清黄丕烈抄補并跋）　北大　上圖　臺圖（清孔繼涵跋）〔二〕

四庫全書本〔三〕

清抄本（古籍總目、善本書目、上圖書目）

國圖　北大　上圖〔四〕　南圖　重慶（繆荃孫校）

清沈氏鳴野山房抄本（清沈復燦校，清丁丙跋）　十一行二十二字　白口雙魚尾左右雙邊（古籍總

〔一〕各目録著録作「鐵崖賦稿二卷」，此據原本卷端題名著録，詳見本書上編《善本經眼録》。

〔二〕臺圖編《「國家圖書館」善本書志初稿》著録「明初刊本」（「國家圖書館」，一九九九年）。經比對，該本與國圖藏二部明刻本（索書號一三三六〇、〇〇八八八）實爲同版，且臺圖藏本爲後印本。

〔三〕題「東維子集」。

〔四〕上圖已退還原收藏者，未見。

目、善本書目）

南圖

抄本（日藏漢籍）

日本静嘉堂文庫

東維子集三十卷

清震無咎齋抄本　十二行二十一字　黑口單魚尾四周雙邊（國圖書目）

國圖

錢惟善（？—一三七九？）

原籍錢塘，元末寓居松江華亭。傳見本卷《善本經眼録》。

江月松風集十二卷（乾隆婁縣志卷十二藝文）

元錢惟善手稿本（古籍總目）

臺北故宫

清石門吕留良抄本　九行十八字　無欄綫（古籍總目、善本書目、國圖書目）

國圖（清丁詠涣跋）
清王氏十萬卷樓抄本（古籍總目、善本書目）
南圖（清丁丙跋）
清抄本（古籍總目、善本書目）
國圖　南圖（清丁丙跋）
舊抄本（臺圖資料庫）
臺圖（清宋定國、清鄧邦述跋）

江月松風集十二卷補遺一卷　補遺清吴允嘉、吴焯、丁丙輯

清初曹氏抄吴允嘉吴焯丁丙補遺稿本　八行十六字小字雙行同　烏絲欄白口單魚尾四周單邊（古籍總目、善本書目、南圖書目）
南圖（清吴允嘉、清吴焯、清汪曾唯校跋，清汪曾學、清丁丙跋）

江月松風集十二卷錢思復詩補一卷

清康熙二十五年翁栻抄本　十行二十字小字雙行同　藍行格白口單魚尾四周單邊（古籍總目、善本書目、國圖書目）

國圖（清翁栻校并跋，清黄丕烈、民國傅增湘跋）

清金憲邦抄本　十行二十四字　無欄綫（古籍總目、北大書目）

北大

清抄本　十行二十四字　無欄綫（古籍總目、國圖書目）

國圖

江月松風集十二卷補遺一卷　補遺佚名輯[一]

清抄本（古籍總目）

國圖　北大　上圖（張元濟跋）

江月松風集十二卷續集一卷　續集清佚名輯[二]

四庫全書本

清趙氏小山堂抄本　烏絲欄（古籍總目、善本書目）

[一] 上圖藏張元濟跋本之《補遺》或爲清張載善輯，詳見本卷《善本經眼録》。

[二] 續集或爲清汪沆輯，詳見本書《善本經眼録》。

國圖

清乾隆間鮑氏知不足齋抄本（臺圖資料庫）

臺圖（清錢桂森跋）

舊抄本（臺圖資料庫）

臺圖

清抄本（古籍總目、北大書目）

北大

清抄本　九行二十四字　無欄綫（古籍總目、善本書目、國圖書目）

國圖

清抄本　九行十八字　烏絲欄黑口左右雙邊（古籍總目、善本書目、國圖書目）

國圖

江月松風集十二卷續集一卷補遺一卷　續集清吴允嘉輯　補遺清吴焯等輯

清鮑氏知不足齋抄本　十行十八字小字雙行同　烏絲欄黑口雙魚尾左右雙邊（古籍總目、善本書目）

國圖（清鮑正言校補并録明朱之赤題識）

江月松風集十二卷補遺一卷附文一卷附録一卷

清風室叢刊本（古籍總目、善本書目、國圖書目、高校文獻庫、臺圖資料庫）

國圖（傅增湘校跋并録清翁栻、清黄丕烈題識）　北大　復旦　南開　臺大

清抄本（古籍總目、善本書目、上圖書目）

上圖〔二〕

江月松風集十二卷補遺一卷文録一卷附録一卷

武林往哲遺著本（古籍總目）

抄本（上圖書目）

上圖

王　逢（一三一九—一三八八）

原籍江陰，元末寓居松江華亭。傳見本卷《善本經眼録》。

〔二〕上圖已退還原收藏者，未見。

梧溪集七卷（萬曆嘉定縣志卷二十二文苑）

元至正明洪武間刻景泰七年陳敏政重修本　十三行二十二字小字雙行同　黑口雙魚尾四周單邊或左右雙邊（古籍總目、善本書目、國圖書目）
國圖（卷一至四及他卷缺葉配清初毛氏汲古閣影元抄本，清陸貽典校并跋）
元至正明洪武間刻景泰七年陳敏政重修本　十三行二十二字小字雙行同　黑口雙魚尾四周單邊或四周雙邊或左右雙邊或上下雙邊（古籍總目、善本書目、南圖書目）
南圖（清沈廷芳、丁丙跋）
元至正明洪武間刻景泰七年陳敏政重修本　十三行二十二字（静嘉堂秘籍志、日藏漢籍庫）
日本静嘉堂文庫
清雍正四年蔣繼軾抄本　十行二十二字（古籍總目、臺圖資料庫）
臺圖（清蔣繼軾、葉廷甲、鮑廷博、顧廣圻遞校，又蔣氏、顧氏及近人鄧邦述跋）
四庫珍本薈要本
四庫全書本
清吕氏明農草堂抄本　十行二十二字小字雙行同　無欄綫（古籍總目、善本書目、國圖書目）
國圖
清抄本（古籍總目、善本書目）

蘇州博物館（存卷一至五共五卷，清吴翌鳳校并跋）

清抄本　九行二十三字小字雙行同　無欄綫（古籍總目、善本書目、上圖書目）

上圖（王禮培跋）

清抄本　十三行二十二字小字雙行二十五字左右　無欄綫（古籍總目、善本書目、上圖書目）

上圖（清王慶勛跋）

清抄本　十三行二十二字小字雙行同　無欄綫（古籍總目、善本書目、國圖書目）

國圖

清抄本　九行二十三字小字雙行同　無欄綫（上圖書目）

上圖（存卷一，民國沈懋祺跋）

清抄本　九行二十二字　無欄綫（古籍總目、上圖書目）

上圖（存卷四上之尾、卷四下，清佚名校，潘景鄭題識）

清抄本（古籍總目、北大書目）

北大

清十萬卷樓舊藏抄本（日藏漢籍庫）

日本静嘉堂文庫

舊抄本　十行二十二字（臺圖資料庫）

臺圖

舊抄本　十三行二十二字（臺圖資料庫）

臺圖（墨筆校）

舊抄本（臺圖資料庫）

臺北故宫

梧溪集七卷補遺一卷

知不足齋叢書本（古籍總目、叢書綜録）

清抄本　十行二十二字（臺圖資料庫）

臺圖（存卷一至七，有清道光三年顧廣圻重刊序）

清同治十三年思補樓活字印本　九行二十一字　黑口單魚尾左右雙邊（古籍總目、善本書目、高校文獻庫、日藏漢籍庫）

國圖（傅增湘校并跋）　復旦　華東師大　日本東洋文庫　日本東北大學

清光緒八年嶺南芸林仙館刻本（臺圖資料庫）

臺圖

清抄本（古籍總目、北大書目）

北大（朱筆校補）

抄本（臺圖資料庫）

傳圖

馬　麐（生卒年不詳）

原籍太倉，元末流寓華亭。字公振。避兵隱居松江之南園，屏絶世慮，日誦經史，樂與賢士大夫交，楊維禎深器重之。長於詩歌，有《醉漁草堂二集》，《千頃堂書目》著録，今未見。傳見正德《松江府志》卷三十一、《元詩選》三集卷十五等。

公振集　清顧嗣立輯

元詩選三集本（古籍總目、叢書綜録）

成廷珪（生卒年不詳）

原籍揚州，元末寓居松江府上海縣。字元章，號柳莊。於其家筑居竹軒。元末避兵上海，卒遂葬焉。博學工書，好歌詩，尤長於律，有《居竹軒詩集》四卷，乃其世侄劉欽所編。明潘是仁又選其詩近五十題，刻入《宋元詩》，名《成柳莊詩集》。傳見嘉慶《上海縣志》卷十五等。

居竹軒詩集四卷（嘉慶上海縣志卷十八藝文）

明嘉靖間刻本　十行十八字小字雙行同　黑口雙魚尾四周雙邊（古籍總目、善本書目、國圖書目、南圖書目）

國圖　南圖（清丁丙跋）

清乾隆三十四年鮑氏知不足齋抄本　十行十八字　無欄綫（古籍總目、善本書目、國圖書目）

國圖（清鮑廷博跋）

四庫全書本〔一〕（古籍總目）

清抄本（古籍總目）

國圖　上圖　廣東中山圖

民國傅氏藏園抄本　十行十八字　烏絲欄白口單魚尾四周單邊（國圖書目）

國圖

清得一堂抄本

臺圖

清抄本（內蒙古籍目録）

〔一〕題「居竹軒集」。

成柳莊詩集四卷　明潘是仁編

宋元詩本（國圖書目）

彙定宋元名公詩集本（日藏漢籍庫）

日本東洋文庫　日本京大文　日本京大人文研

邵亨貞（一三〇九—一四〇一）

元末松江府華亭縣人，邵桂子之孫，邵祖義之子，曹慶孫之侄。字復孺，號貞溪、清溪，又號見獨居士。博通經史，瞻於文辭，且工篆隸，凡陰陽、醫卜、佛老之學，盡究其奥。與陶宗儀爲莫逆交。元末避兵燹，卜筑室廬於橫泖貞溪之上。明洪武初，任府學訓導。所著有《蟻術集》《蟻術詞》（以上或合稱《蟻術稿》）、《野處集》等。〔一〕傳詳陶宗儀《書史會要》卷十一、楊樞《淞故述》、崇禎《松江府志》卷五十五、

〔一〕崇禎《松江府志》卷五十四《著述》「蛾術稿訓導復孺邵亨貞著」條引趙琦美跋云：「予序古來長短句，録邵學訓亨貞《蛾術詞》五卷。天啓改元辛酉二月……過赤岸李近復如一家，閲其書目，有邵學訓《蛾術集》一册，凡二十卷，乃學訓手筆之稿，字畫精妙，因假歸録之。」又《四庫全書總目》卷一六七《野處集》提要云：「是編後有馮遷、汪稷二跋，謂其書本出上海陸深家，深之孫郯以授稷而刊行之，并所著《蛾術詩選》《蛾述詞選》爲十六卷。今詩詞二選世已無傳，惟此本獨存，共雜文六十八首。」

嘉慶《松江府志》卷五十一等。

蟻術詩選八卷

明隆慶六年汪稷好德軒刻本　十行二十一字（善本書目、古籍總目）

國圖　浙圖

清抄本（古籍總目、國圖書目）

國圖　天津　重慶（題「邵蟻術詩集八卷」）

蟻術詞選四卷

明汪稷抄本（古籍總目、高校文獻庫）

北大

四印齋所刻詞本（古籍總目、叢書綜録）

清光緒十七年臨桂況周儀刻本（古籍總目）

國圖　北師大　湖北　香港中山

清光緒三十年李盛鐸抄本（古籍總目、國圖書目）

國圖

清抄本（古籍總目）

北大　廣東

蟻術詩選八卷詞選四卷

清抄本（古籍總目、國圖書目）

國圖　南圖（清丁丙跋）

宛委别藏本（古籍總目、宛委别藏目録）

蛾術草稿一卷

清抄本（古籍總目）

四川

野處集四卷

四庫全書本（古籍總目）

清錢塘丁氏八千卷樓抄本（古籍總目、南圖書目）

南圖

清抄本（古籍總目、國圖書目）
國圖

陶宗儀（一三二二？—？）

原籍台州，元末寓居松江華亭。傳見本卷《善本經眼録》。

古刻叢抄一卷（輯）

稿本　十二行二十八字（善本書目、古籍總目、上圖書目）
上圖（明文元發、鄒晉蕃、徐開禧跋）
清抄本　十二行二十八字（國圖書目）
國圖（清翁方綱跋）
清抄本　八行二十一字（國圖書目）
國圖（清顧廣圻校並跋）
清抄本　十二行二十八字（上圖書目）
上圖（清陳鱣校並跋又録清周嘉猷、顧廣圻題識，羅振玉跋，莫棠題識）
清抄本　十二行二十八字（國圖書目）

國圖
四庫全書本（古籍總目）
知不足齋叢書本（古籍總目、叢書綜録）
叢書集成初編本（古籍總目、叢書綜録）

古刻叢抄一卷（輯）　清孫星衍重輯

平津館叢書本（古籍總目、叢書綜録）
清光緒六年誦芬閣刻本（古籍總目、國圖書目）
國圖
學古齋金石叢書本（古籍總目、叢書綜録）
叢書集成初編本（古籍總目、叢書綜録）

遊志續編一卷（編）

明嘉靖四十年錢穀抄本　十一行二十四字（古籍總目、善本書目）
國圖（明錢穀、清黄丕烈跋）
清劉氏味精書屋抄本　十行二十字（古籍總目）

國圖（清劉喜海跋）
清遲雲樓抄本　十三行二十字（古籍總目）
上圖（清勞權、勞格校）
清咸豐五年勞格抄本（古籍總目）
南圖（清勞格校並跋）
清咸豐九年勞權抄本　十三行二十字（古籍總目）
國圖
清張氏愛日精廬抄本（江蘇省珍貴古籍名録）
蘇州博物館（清趙宗建校並跋）
清抄本　十一行二十一字（古籍總目）
上圖（清李芝綬校）
清王棻抄本（古籍總目）
黄巖區圖書館（清蔡篪、葛詠裳校）
清抄本（古籍總目）
國圖
新陽趙氏叢刊本（古籍總目）

遊志續編二卷（編）

宛委别藏本（古籍總目）

南邨詩集四卷　明毛晉輯

元十家詩集本（古籍總目、國圖書目）

四庫全書本（古籍總目）

説郛一百卷（編）（乾隆婁縣志卷十二藝文）

明鈕氏世學樓抄本　十行二十四字左右小字雙行同　烏絲欄白口無魚尾四周單邊（古籍總目、善本書目、國圖書目）

國圖（存卷一至九十、九十四至一百共九十七卷）

明抄本　烏絲欄十行二十字白口無魚尾左右雙邊　或藍行格十一行二十二字白口無魚尾四周單邊或烏絲欄十三行二十五字左右黑口雙魚尾四周單邊（古籍總目、善本書目、上圖書目）

上圖（卷一至二十五配明吴氏叢書堂抄本，卷二十六至三十、九十六至一百配明弘農楊氏抄本）

明抄本　十行十八至二十七字不等　烏絲欄白口單魚尾四周雙邊（古籍總目、善本書目、國圖書目）

國圖（存卷一至四、五至二十、二十三至八十五、九十一至一百共九十一卷）

明抄本　八行二十四字小字雙行三十六至四十八字無欄綫　或　十行十七至十八字小字雙行同淺色行格黑口雙魚尾左右雙邊（古籍總目、善本書目、國圖書目）

國圖（存卷二、四至六、九至二十一、二十三至三十二、三十五至六十一、六十四至七十共六十一卷，清徐彝、曹愍子等批校）

明滹南書舍抄本　十三行十九字小字雙行二十七字左右　烏絲欄白口雙魚尾四周單邊（古籍總目、善本書目、國圖書目）

國圖（存卷六至十一、十五、十六、二十一至四十三、六十四至八十、八十五至九十一共五十五卷）

明抄本（古籍總目、善本書目）

瑞安縣玉海樓（存卷九至十、十六至十九、二十三至三十、三十三至三十七、三十九至四十四、五十、五十二至五十三、五十五至六十一、六十三至六十六、七十至七十二、七十九至八十二、八十八共五十二卷）

明抄本（古籍總目、善本書目）

浙江（存卷一至九、十一、十三至十五、十八至三十四、三十八至四十三、四十五至四十七、五十共四十五卷）

明抄本（上圖書目）

上圖（存卷六十八、六十九之二葉及卷七十共一卷餘）

明抄本　藍行格（臺圖資料庫）

臺圖（存四十七卷）

舊抄本　十一行二十五字小字雙行同　藍行格白口左右雙邊（臺圖資料庫、書志初稿）

臺圖

民國十六年商務印書館排印張宗祥重校本　一三行二十五字小字雙行同　黑口雙魚尾四周單邊（國圖書目）

國圖

説郛不分卷（編）

明抄本　十二行二十餘字　烏絲欄黑口四周雙邊（國圖書目）

國圖（存十二册）

明抄本　十四行二十二字小字雙行同　白口單白魚尾四周單邊（國圖書目）

國圖（存十二册）

明抄本　十一行二十字　朱絲欄紅口四周雙邊（國圖書目）

國圖（存三册）

抄本

臺北故宫（存八卷）

日本抄本

北大（與冰陽筆訣、筆勢論略、筆陣圖、筆隨論合抄）

説郛六十卷（編）

明抄本（古籍總目、善本書目）

臨海博物館

説郛六十九卷（編）

明沈瀚抄本（古籍總目、香港書目）

香港大學馮平山圖書館

南村輟耕録三十卷（康熙松江府志卷五十藝文）

明初刻本　十二行二十五字小字雙行三十八字左右　黑口雙魚尾四周雙邊（古籍總目、善本書目、上圖書目、日藏漢籍庫）

國圖　北大　上圖（清松巢批并跋）　臺北故宫[一]　日本静嘉堂文庫

明成化十年戴珊刻本　十行二十二字小字雙行同　黑口三魚尾四周雙邊（古籍總目、善本書目、上圖書目）

國圖　上圖（有補板，佚名批校）　南圖（清丁丙跋）　重慶　中央民族大學

明成化十年戴珊刻遞修本　十行二十二字小字雙行同　黑口三魚尾四周雙邊（古籍總目、善本書目）

國圖

明玉蘭草堂刻本　十行二十一字小字雙行同　白口單魚尾左右雙邊（古籍總目、善本書目、高校文獻庫、臺圖資料庫）

國圖（清李鼎元批點并跋，清張穆、清翁心存、清翁同書、清朱學勤跋）　上圖（葉景葵跋并補録贈詩、序文）　北大　復旦　傅圖

明玉蘭草堂刻萬曆六年徐球重修本（古籍總目、善本書目、復旦書目、柏克萊善本書志）

國圖　中科院　上圖　復旦[二]　柏克萊加州大學東亞圖書館

明玉蘭草堂刻萬曆三十二年王圻重修本　十行二十一字小字雙行同　白口單魚尾左右雙邊（古籍總

[一] 臺圖資料庫著録爲「明刊黑口十二行本」，姑係於此。
[二] 復旦書目著録爲萬曆三十二年王圻重修本，實爲此本。

目、善本書目、高校文獻庫、臺圖資料庫）

南圖　廣東中山圖　上海師大　西北師大　臺北故宫（存二十七卷）

日本江户時代初期抄本（日藏漢籍庫）

日本公文書館（林羅山校跋）

民國十二年武進陶氏影刻元刊本　十行二十二字小字雙行同　大黑口雙魚尾四周雙邊（上圖書目、高校文獻庫）

上圖　北大　復旦　吉大　河南大

輟耕録三十卷

津逮秘書本（古籍總目）

清初廣文堂翻刻津逮秘書本　十行二十一字小字雙行同　白口左右雙邊（古籍總目、國圖書目、高校文獻庫）

國圖〔一〕　北大　清華　南京師大　北師大

四庫全書本（古籍總目）

〔一〕　古籍總目、國圖書目著録「二十二卷」。

清嘉慶五年刻本（古籍總目、香港書目）

香港中大

日本江户時代刻本（日藏漢籍庫）

日本東北大學　日本島根縣圖書館　日本蓬左文庫

日本承應元年中野是誰刻本（古籍總目、上圖書目、日藏漢籍庫）

上圖　山東（京都風月莊左衛門重印本）　日本國會　日本東北大學　日本茨城大學

日本文政六年浪華書房弘文堂河内屋曹七刻本（高校文獻庫、日藏漢籍庫）

北大　日本廣島大學

清光緒十一年上海福瀛書局刻本（古籍總目、上圖書目）

國圖　上圖　天津　北大　遼大

清刻本（高校文獻庫）

吉大

清浙湖許恒遠堂剜版重印日本承應元年刻本（高校文獻庫）

北師大

日本刻本（日藏漢籍庫）

日本關西大學

退耕録三十卷

明抄本　九行十八字　烏絲欄白口四周雙邊（古籍總目、善本書目、國圖書目）

國圖

輟耕録不分卷

清抄本（上圖書目）

上圖

書史會要九卷補遺一卷

明洪武九年盧祥、林應麟等刻本　十一行二十字　烏絲欄黑口左右雙邊（古籍總目、善本書目、國圖書目、上圖書目、南圖書目）

國圖（清盛昱跋）　上圖　南圖（清丁丙跋）　遼圖　臺北故宫

明抄本　十一行二十字左右　白口四周雙邊（古籍總目、善本書目、國圖書目）

國圖

清初刻本（臺圖資料庫）

傅圖

清抄本（古籍總目、善本書目、國圖書目、南圖書目、北大書目）

國圖　南圖（清丁丙跋）　北大

日本寬保三年抄本（日藏漢籍庫）

日本静嘉堂文庫

日本江户間抄本（臺圖資料庫）

臺北故宫

民國十八年武進陶氏刻本[一]（國圖書目、上圖書目）

國圖　上圖　復旦　臺灣師範大學　東洋文庫

書史會要十卷補遺一卷　第十卷明朱謀垔撰

明崇禎三年朱氏寒玉館刻本　十行二十字　上黑口下白口單魚尾左右雙邊（古籍總目、上圖書目、臺圖資料庫、日藏漢籍庫）

故宫　上圖　臺圖　東洋文庫　美國哈佛燕京

[一] 該本據陶珙自序爲影刻明洪武九年本，然經當代學者比對，該本與現存明洪武本内容、編排差異較大，當非據之影刻。詳參張金梁《逸園影印洪武本〈書史會要〉考》，《文獻季刊》二〇〇三年第三期。

明崇禎三年朱氏寒玉館刻清順治十六年朱統鉷重修本（古籍總目、善本書目、國圖書目、高校文獻庫）

首圖　上圖　浙圖　廣州中山大　雲大

書史會要十卷　第十卷明朱謀垔撰

清抄本（上圖書目）

上圖

書史會要九卷補遺一卷續編一卷　續編明朱謀垔撰

四庫全書本（四庫全書總目）

滄浪櫂歌一卷

明正德十二年唐錦刻本　八行十四字　白口單魚尾四周雙邊（上圖書目）

上圖

讀畫齋叢書本（古籍總目、國圖書目、高校文獻庫）

國圖　北大　華師大　河南大　川大

賴良（生卒年不詳）

字善卿，浙江天台人，元末客寓松江。工詩，時與楊維禎、王逢、錢鼒諸友唱和。客授雲間時，課講暇，去游吴越間，採輯當世文人詩作二千餘首。楊維禎爲之删訂至三百餘首，類爲八卷，名曰《大雅集》，並爲之評點、作序。入選該集之松江人士達二十八人。[一] 至正壬寅（一三六二），松人謝履齋助資梓行；洪武初，雲間人陸德昭、俞伯剛又協力付録。[二] 傳詳崇禎《松江府志》卷四十四、清道光洪頤煊撰《台州札記》卷十二等。

大雅集八卷（輯）　元楊維禎評點

日本南北朝（一三三六——一三九二）刻本　十行十九字（日藏漢籍庫）

日本内閣文庫

清初曹氏倦圃抄本　九行十六字

國圖

[一] 崇禎《松江府志》卷五十五《詩品》稱該集「吾松入選者共二十有八人」。

[二] 《大雅集》楊維禎、王逢序。

清抄本（古籍總目、臺圖資料庫、日藏漢籍庫）

國圖（清黄丕烈校）　社科院文學所　南圖　甘肅　臺圖　静嘉堂文庫

四庫全書本

元人選元詩本

仕宦

陳　椿（生卒年不詳）

原籍浙江天台，元元統中爲華亭下砂場鹽司，傳見本卷《善本經眼録》。

熬波圖一卷

雪堂叢刻本（叢書綜録）

吉石盦叢書影印清嘉慶間御畫院摹永樂大典本（叢書綜録）

熬波圖二卷（四庫全書總目）

四庫全書本（古籍總目）

清抄本　八行二十一字小字雙行同　白口單魚尾四周雙邊（國圖書目）

國圖〔一〕

清抄本　八行二十一字小字雙行同　朱絲欄白口單魚尾四周雙邊（古籍總目、善本書目、國圖書目）

國圖

清朱緒曾抄本　八行二十一字小字雙行同　無欄綫（古籍總目、善本書目、國圖書目）

國圖（清劉喜海跋）

〔一〕該本卷端及版心上方題「熬波圖説」。

二、未見著述簡目

【説明】

一、本表著録上海元代以前本籍、流寓及仕宦著者之著述，曾見於傳志目録記載而如今未見有傳本者。其中寓賢僅著録其著述成書於此地或其内容與此地有較多關聯者，仕宦僅著録其著述成書於此地者。

二、本表以著者年代爲次，每一朝代首先著録本籍著者的著述，而後著録寓賢及仕宦著述。

三、凡書名或卷數差異較大者，則分條著録。

四、著述方式若爲「撰」則不贅録，若爲「編」、「纂」、「輯」、「注」等，則於書名卷數後加括號注明。

五、所列出處爲目前所知該著述最早見載之處；然若前文無傳略、最早出處中又未記載該著者與上海地區之關係者，另加一條反映其與上海關係之材料出處，與前一條出處以分號隔開。

六、如有其他特殊情況，則出脚注加以説明。

序號	書名卷數	著者	出處
一	吴先賢傳四卷	三國吴陸凱	《隋書·經籍志》；《三國志·吴志·陸凱傳》
二	吴國先賢傳五卷吴國先賢像讚三卷	三國吴陸凱	《新唐書·藝文志》
三	太玄經注十三卷（注）	三國吴陸凱	《隋書·經籍志》
四	陸凱集五卷	三國吴陸凱	《隋書·經籍志》
五	典語十卷典語别二卷	三國吴陸景	《隋書·經籍志》
六	典訓十卷	三國吴陸景	《舊唐書·經籍志》
七	陸景集一卷	三國吴陸景	《隋書·經籍志》
八	言道	西晉陸喜	《晉書》卷五十四《陸喜傳》
九	訪論	西晉陸喜	《晉書》卷五十四《陸喜傳》
一〇	古今曆覽	西晉陸喜	《晉書》卷五十四《陸喜傳》
一一	審機	西晉陸喜	《晉書》卷五十四《陸喜傳》
一二	西州清論	西晉陸喜	《晉書》卷五十四《陸喜傳》
一三	吴章二卷	西晉陸機	《隋書·經籍志》
一四	晉紀四卷	西晉陸機	《隋書·經籍志》

續表

序號	書名卷數	著者	出處
一五	晉官屬名四卷	西晉陸機	《新唐書·藝文志》
一六	晉惠帝起居注	西晉陸機	《三國志·魏志》裴松之注
一七	晉惠帝百官名三卷	西晉陸機	《舊唐書·經籍志》
一八	洛陽記一卷	西晉陸機	《隋書·經籍志》
一九	要覽三卷	西晉陸機	《舊唐書·經籍志》
二〇	會要一卷	西晉陸機	《宋史·藝文志》
二一	陸機集四十七卷録一卷	西晉陸機	《隋書·經籍志》注文
二二	陸機集十四卷	西晉陸機	《隋書·經籍志》
二三	陸機集十五卷	西晉陸機	《舊唐書·經籍志》
二四	新書十篇	西晉陸雲	《晉書》本傳
二五	陸子十卷	西晉陸雲	《隋書·經籍志》
二六	陸雲集十二卷	西晉陸雲	《隋書·經籍志》
二七	錦溪集三十卷	北宋釋惟正	《五燈會元》卷十
二八	易釋解五卷	北宋孫載	《中吴紀聞》卷四

續表

序號	書名卷數	著者	出處
二九	詩法一卷	北宋孫載	康熙《嘉定縣志・書目》
三〇	文集五十卷	北宋孫載	《中吴紀聞》卷四
三一	文集五十卷奏議一卷	北宋吕益柔	《宋史・藝文志》；紹熙《雲間志》卷中
三二	谷陽文集	北宋朱之純	《淞故述・藝文籍》
三三	諫議遺稿二卷	北宋衛膚敏	《宋史・藝文志》
三四	青龍雜志（纂）	北宋梅堯臣（寓賢）	嘉慶《松江府志・寓賢》
三五	陳都官集三十卷	北宋陳舜俞（寓賢）	《直齋書録解題》卷十七
三六	周易附傳	北宋陳壽（寓賢）	《重輯楓涇小志・流寓》
三七	諸史辨疑四卷	北宋陳壽（寓賢）	《重輯楓涇小志・流寓》
三八	居易集六卷	北宋陳壽（寓賢）	《重輯楓涇小志・流寓》
三九	楞嚴説題集解補法四卷	南宋釋可觀	《佛祖統紀》卷十五
四〇	金剛通論一卷事説一卷	南宋釋可觀	《佛祖統紀》卷十五
四一	圓覺手鑑一卷	南宋釋可觀	《佛祖統紀》卷十五
四二	柳文音義三卷	南宋潘緯	《宋史・藝文志》

續表

序號	書名卷數	著者	出處
四三	易説	南宋儲泳	《經義考》卷三十七
四四	老子注（注）	南宋儲泳	《經義考》卷三十七
四五	解陰符經	南宋儲泳	《席上腐談》
四六	參同契説	南宋儲泳	《席上腐談》
四七	崔公入藥鏡	南宋儲泳	《席上腐談》
四八	悟真篇	南宋儲泳	《席上腐談》
四九	詩集	南宋儲泳	《四庫全書總目》卷一百二十一《祛疑説》提要
五〇	翼範一卷	南宋陳伯達	《宋史・藝文志》
五一	洪範九圖九説	南宋陳伯達	正德《松江府志・人物》
五二	後樂集七十卷	南宋衛涇	《四庫全書總目》卷一百六十一《後樂集》提要
五三	後樂集五十卷	南宋衛涇	正德《松江府志・人物》
五四	後樂集十卷	南宋衛涇	《四庫全書總目》卷一百六十一《後樂集》提要
五五	禮記圖説一卷	南宋衛湜	《文淵閣書目》卷一

序號	書名卷數	著者	出處
五六	釋騷	南宋林㚲	正德《松江府志·人物》；民國姚光纂《金山藝文志》著録：「至著《楚辭古訓傳》《楚辭草木疏》《楚辭補音》，總名曰《釋騷》。」[一]
五七	文集	南宋林㚲	正德《松江府志·人物》
五八	進授册	南宋楊應龍	萬曆《嘉定縣志·人物》
五九	性齊知見録三十卷	南宋楊應龍	萬曆《嘉定縣志·人物》
六〇	性齋詩稿	南宋楊應龍	萬曆《嘉定縣志·人物》
六一	登朝録十卷	南宋衛洙	《淞南志》卷七
六二	静庵集	南宋胡琚	正德《松江府志·人物》
六三	樗齋詩集	南宋朱允恭	《淞故述·藝文籍》
六四	莊子注（注）	南宋高子鳳	《淞故述·藝文籍》
六五	杜詩注（注）	南宋高子鳳	正德《松江府志·人物》
六六	澹庵文集	南宋高子鳳	正德《松江府志·人物》

[一] 《上海府縣舊志叢書·金山縣卷》附録《金山藝文志》，上海古籍出版社，二〇一四年，第八三四頁。

續表

序號	書名卷數	著者	出處
六七	費元成集	南宋費輔之	《金澤小志·藝文》
六八	春草堂集	南宋曹應符	嘉慶《松江府志·藝文》
六九	三傳析疑	南宋陸時龍	《南翔鎮志·藝文》
七〇	樂堂志稿	南宋陸時龍	光緒《嘉定縣志·藝文》
七一	十玄談參同契	南宋楊則之	《中吴紀聞》卷六
七二	禪外集十卷	南宋楊則之	《中吴紀聞》卷六
七三	學易蹊徑	南宋田疇	《淞故述·藝文籍》
七四	四書説約	南宋田疇	《淞故述·藝文籍》
七五	九峰清氣集	南宋陸鵬南	正德《松江府志·人物》
七六	候鳴吟編	南宋陸鵬南	衛宗武《秋聲集》卷五《陸象翁候鳴吟編序》
七七	藝經	南宋莊肅	正德《松江府志·人物》
七八	秋聲集八卷	南宋衛宗武	《國史經籍志》卷五
七九	秋聲集十卷	南宋衛宗武	《千頃堂書目》卷二十九
八〇	古木風瓢集	南宋凌嵓	正德《松江府志·人物》

續表

序號	書名卷數	著者	出處
八一	九峰次第題詠	南宋凌嵓	康熙《青浦縣志·藝文》
八二	蟾谷祛疑	南宋王奎	《松雪齋集》卷八《有元故徵士王公墓志銘》
八三	貫靈篇	南宋王奎	《松雪齋集》卷八《有元故徵士王公墓志銘》
八四	讀易管見三十卷	南宋衛謙	正德《松江府志·人物》
八五	孝經注（注）	南宋李重發	乾隆《崇明縣志·藝文》
八六	文集二十卷	南宋蓋經（寓賢）	《後樂集》卷十七《蓋經行狀》
八七	七經補注（注）	南宋陸正（寓賢）	《續文獻通考·經籍考》；乾隆《金山縣志·人物》
八八	樂律考	南宋陸正（寓賢）	《續文獻通考·經籍考》；乾隆《金山縣志·人物》
八九	正學編	南宋陸正（寓賢）	《續文獻通考·經籍考》；乾隆《金山縣志·人物》
九〇	雪舟脞録	南宋邵桂子（寓賢）	嘉靖《淳安縣志·人物》
九一	雪舟脞稿	南宋邵桂子（寓賢）	正德《松江府志·人物》
九二	青龍鎮志（纂）	南宋林鑑（仕宦）[一]	光緒《青浦縣志》吴元炳序

[一] 正德《松江府志》卷九《坊巷》注：「已上三十六坊在青龍鎮，宋淳祐十一年監鎮官林鑑立，今廢。」

續表

序號	書名卷數	著者	出處
九三	史記通鑑筆義	元葉汝舟	《西巖集》卷二十《故文林郎安吉州録事參軍葉公墓志銘》
九四	野渡雜稿	元葉汝舟	《西巖集》卷二十《故文林郎安吉州録事參軍葉公墓志銘》
九五	詩集	元王泰來	正德《松江府志·人物》
九六	至元練川志（纂）	元秦輔之	萬曆《嘉定縣志·人物》
九七	易注〔一〕（注）	元秦輔之	萬曆《嘉定縣志·人物》
九八	史斷	元秦輔之	萬曆《嘉定縣志·人物》
九九	棠陰政績	元秦輔之	萬曆《嘉定縣志·人物》
一〇〇	武事要覽	元秦輔之	萬曆《嘉定縣志·人物》
一〇一	格物擇善録	元秦輔之	萬曆《嘉定縣志·人物》
一〇二	忠孝百詠	元秦輔之	萬曆《嘉定縣志·人物》

〔一〕萬曆《嘉定縣志》「注」誤作「經」，據清錢大昕《元史藝文志》改，《續修四庫全書》影印清刻《潛研堂全書》本。

續表

序號	書名卷數	著者	出處
一〇三	棲神要旨	元周顯	《干山志・著述》
一〇四	來鶴軒稿	元周顯	《干山志・著述》
一〇五	纂通	元秦良顥	同治《上海縣志・人物》
一〇六	一貫	元秦良顥	同治《上海縣志・人物》
一〇七	吹萬集	元秦良顥	同治《上海縣志・人物》
一〇八	中庸管見	元夏侯尚玄	正德《松江府志・人物》
一〇九	聚疑	元夏侯尚玄	正德《松江府志・人物》
一一〇	原孟	元夏侯尚玄	正德《松江府志・人物》
一一一	尚書制度圖纂三卷	元王文澤	正德《松江府志・人物》
一一二	自立齋詩文集十卷	元王文澤	正德《松江府志・人物》
一一三	敬聚齋詩稿	元衛仁近	《東維子文集》卷七《衛子剛詩録序》
一一四	詩集	元曹知白	《四友齋叢説》卷十八
一一五	百善百忍圖説	元邵彌遠	《東維子文集》卷二十六《雪溪處士邵公墓志銘》

續表

序號	書名卷數	著者	出處
一一六	至正崇明州志（纂）	元朱暐、朱禎	康熙《重修崇明縣志》卷首元張士堅撰《前崇明州志初編序》
一一七	在山吟稿	元殷震亨	至正《崑山郡志・釋老》；乾隆《崇明縣志・人物》
一一八	簡驗方	元殷震亨	至正《崑山郡志・釋老》；乾隆《崇明縣志・人物》
一一九	傳釋感應篇	元殷震亨	至正《崑山郡志・釋老》；乾隆《崇明縣志・人物》
一二〇	勁節堂集二卷	元釋悦可	萬曆《嘉定縣志・書目》
一二一	白雲謡	元釋窑古	萬曆《青浦縣志・仙釋》
一二二	水利論説	元曹慶孫	正德《松江府志・人物》
一二三	副墨集	元曹慶孫	正德《松江府志・人物》
一二四	東山高蹈集	元曹慶孫	正德《松江府志・人物》
一二五	瀼東漫稿	元曹慶孫	正德《松江府志・人物》
一二六	姚孝子集	元姚玭	《金澤小志・藝文》
一二七	雙清詠史稿	元沈騰	正德《松江府志・人物》
一二八	古漁唱	元陸厚	正德《松江府志・人物》

續表

序號	書名卷數	著者	出處
一二九	友聞録	元陸蒙[一]	《珊瑚木難》卷七引楊維禎《友聞録序》
一三〇	墨研史	元陸居仁	《干山志・人物》
一三一	印史	元陸居仁	《干山志・人物》
一三二	雲松野褐集	元陸居仁	《元詩紀事》卷七[二]
一三三	嘉樹堂稿	元强珇	《元史藝文志》卷四；[萬曆]《嘉定縣志・人物》
一三四	東白集	元任暉	弘治《上海志・人物》
一三五	周雲鴟集	元周彦英	《干山志・人物》
一三六	易象管見	元周之翰	《元史藝文志》卷一

[一] 明焦竑《國史經籍志》等目録著録《東園友聞》，不題撰人；明祁承㸁《澹生堂藏書目》等目録著録《東園友聞》，題元夏頤撰；又《四庫全書》存目著録《東園友聞》一卷，提要以其係剽剟明孫道易《東園客談》。元明間叢書《説郛》《古今説海》《歷代小史》等尚存《東園友聞》殘文十至廿二條，明代叢書《説集》存《東園客談》三十一條。今人或認爲《東園友聞》《東園客談》即陸蒙《友聞録》。參見：張春紅《文言小録集〈東園友聞〉作者作時考辨》，《古籍整理研究學刊》二〇一四年第六期；封樹芬《再議〈東園友聞〉〈東園客談〉之作者問題》，《古籍整理研究學刊》二〇一五年第六期。

[二] 清陳衍撰，「中國基本古籍庫」製清光緒鉛印本電子書影。

續表

序號	書名卷數	著者	出處
一三七	易四圖贊	元周之翰	《元史藝文志》卷一
一三八	韻府群玉掇遺十卷	元錢全衮	正德《松江府志·人物》
一三九	續松江志十六卷（纂）	元錢全衮	正德《松江府志》「參據舊志并引用諸書」
一四〇	祭禮指掌	元錢全衮	《盤龍鎮志·藝文》
一四一	海上方	元錢全衮	《元史藝文志》
一四二	芝蘭室雜抄	元錢全衮	《元史藝文志》
一四三	焚餘稿	元周紀	《干山志·人物》
一四四	鄭氏族譜	元胡月卿	《朱涇志·書籍》
一四五	漁樵譜	元錢抱素	《東維子文集》卷一《漁樵譜序》
一四六	醉邊餘興	元錢抱素	《録鬼簿》卷下
一四七	錢南金詩稿	元錢應庚	《始豐稿》卷三《錢南金詩稿序》
一四八	田家五行志	元陸泳	《農田餘話》卷上〔一〕

〔一〕元長谷真逸撰，明萬曆間沈氏刻《寶顏堂秘笈》本。

序號	書名卷數	著者	出處
一四九	四家詩文集	元陸侗、王泳、趙鎮、殷汝舟	《金澤小志・藝文》
一五〇	三經考證	元陳明	乾隆《江南通志》卷一百九十
一五一	筆録	元王太初	《南村輟耕録》卷二十九「黏接紙縫法」條
一五二	簣土集	元王太初	乾隆《上海縣志・藝文》
一五三	漁樵稿	元王太初	乾隆《上海縣志・藝文》
一五四	詩經纂例	元秦玉	嘉靖《太倉州志・人物》
一五五	大學中庸探説	元秦玉	嘉靖《太倉州志・人物》
一五六	宋三朝摘要	元秦玉	嘉靖《太倉州志・人物》
一五七	齋居雜録	元秦玉	嘉靖《太倉州志・人物》
一五八	雪溪漫稿	元秦玉	光緒《崇明縣志・藝文》
一五九	秦德卿集	元秦玉	嘉慶《太倉州志・藝文》
一六〇	史補斷	元余瑾	正德《松江府志・人物》
一六一	丹崖夜嘯	元余瑾	正德《松江府志・人物》
一六二	金聲録	元余瑾	正德《松江府志・人物》

續表

序號	書名卷數	著者	出處
一六三	玉露吟	元余瑾	正德《松江府志·人物》
一六四	養心詩集	元衛體乾	崇明《衛氏宗譜》卷二〔一〕
一六五	湖山汗漫集	元趙孟僩（寓賢）	正德《松江府志·人物》
一六六	厚俗篇	元羅坤載	正德《松江府志·人物》
一六七	雲間集	元楊維禎（寓賢）	《宋學士文集》卷十六《元故奉訓大夫江西等處儒學提舉楊君墓志銘》
一六八	鐵崖先生大全集	元楊維禎（寓賢）；明貝瓊編集	《清江貝先生文集》卷七《鐵崖先生大全集敘》
一六九	易象發揮	元陳宏（寓賢）	正德《松江府志·人物》
一七〇	易孟通言	元陳宏（寓賢）	正德《松江府志·人物》
一七一	易童子問	元陳宏（寓賢）	正德《松江府志·人物》
一七二	醉漁草堂二集	元馬麐（寓賢）	正德《松江府志·人物》

〔一〕清衛裕臣等修，清道光五年刻本。

續表

序號	書名卷數	著者	出處
一七三	倡和集	元洪恕（寓賢）	乾隆《金山縣志·人物》；民國姚竹修續纂《金山藝文志·寓賢著述部》著録爲「三槐倡和集」，並云：「此恕與楊鐵崖、毛宰諸公觴詠之作。」〔二〕
一七四	遯齋集四卷	元高允讓（寓賢）	《章練小志·人物》
一七五	耽羅志略	元李至剛（寓賢）	《清江貝先生文集》卷六《耽羅志略後序》
一七六	雪蓬行稿	元張天永（寓賢）	萬曆《嘉定縣志·人物》
一七七	溝亭集	元張天永（寓賢）	萬曆《嘉定縣志·人物》
一七八	大德松江郡志八卷（纂）	元張之翰、劉蒙（仕宦）	正德《松江府志》「參據舊志并引用諸書」
一七九	淞泮燕集（編）	元貝闕（仕宦）	明抄四卷本《鐵崖先生集》卷二《淞泮燕集序》
一八〇	松江府圖志（纂）	元（闕名）	《文淵閣書目》卷十九；崇禎《松江府志》卷四、五、四十六、四十七、四十八〔三〕

〔二〕《上海府縣舊志叢書·金山縣卷》附録《金山藝文志》，第八六一頁。

〔三〕參考上海師範大學圖書館編《上海方志資料考録》。崇禎《松江府志》有五十八卷本、九十四卷本，此處所據爲五十八卷本。

三、存疑著述簡目

【説明】

本表所録爲見載於上海地區歷代方志，但目前尚無可信史料可以確切考定者。主要包括以下四種情況：

（一）著述之真僞難以確定；

（二）著者籍貫存在争議；

（三）著者是否曾寓居此地存在争議；

（四）著述成書時間是否在此地不能確定。

本表以著者年代排次，逐條約略説明存疑原因。

書名	存佚情況	著者	存疑原因
陸氏易解	僅有輯本	三國吴陸績（寓賢）	《三國志·吴志》載陸績爲吴人，漢末與從兄遜避難華亭，後又出爲鬱林太守，則其著述未必撰於華亭。
周易述	僅有輯本		

書名	存佚情況	著者	存疑原因
陸氏易傳	僅有輯本	三國吴陸績（寓賢）	《三國志・吴志》載陸績爲吴人，漢末與從兄遜避難華亭，後又出爲鬱林太守，則其著述未必撰於華亭。
周易日月變例	佚		
京房積算雜占條例	佚		
晉官屬名	佚	西晉陸機	此二書《隋書・經籍志》列於「《晉惠帝百官名》三卷，陸機撰」後，然其下未署撰人，後世或以爲并陸機撰，如《新唐書・藝文志》、乾隆《婁縣志》等均署陸機。按，「晉過江人士」似當指東晉南渡士人，其時陸機已卒；又陸機另有《晉惠帝百官名》，似無需再撰《晉官署名》。則此二書作者當存疑。
晉過江人士目	佚	西晉陸機	
正訓	佚	西晉陸機	此書《宋史・藝文志》始署陸機撰，清曹仁虎等纂《續通志》已辨其疑〔一〕。
干山子	存	西晉陸機	此書僅於明歸有光輯評、明文震孟參訂《諸子彙函》中收録，不見有他處記載爲陸機所撰，姑存疑。

〔一〕卷一百六十四《校讎略》「陸機正訓十卷」：「《崇文總目》云『不著撰人名氏』，按《唐志》有『《正訓》二十卷，辛德源撰』，而此題云陸機，又止十卷。據隋以前書録，皆無陸機《正訓》之目，正史機傳亦不言嘗有此書。而德源所著，今世已亡，疑是其遺書。」清浙江書局刻本。

續表

書名	存佚情況	著者	存疑原因
張季鷹集	佚	西晉張翰	《晉書》張翰傳謂其爲吴郡吴人，明以前僅蘇州方志載其人，至康熙《松江府志》、康熙《青浦縣志》等始劃入本邑。光緒《青浦縣志》辨其疑[一]。
江東步兵集	佚		
顧彥先集	佚	西晉顧榮	存疑原因與上條張翰相似。
陸太常集	僅有輯本	梁陸倕	陸倕爲陸慧曉子，屬陸機從弟陸玩一系。紹熙《雲間志》已疑其未必居於華亭[二]。此後松江諸志均不載，至崇禎《松江府志》等方將其攬入。
禮記文外大義	佚	隋褚輝	《隋書》本傳、《吴郡志》僅謂爲吴郡人，洪武《蘇州府志》載之，康熙《松江府志》等將其劃爲邑人。
禮疏	佚		
禮志	佚	唐丁公著	兩《唐書》本傳均謂爲吴郡人。乾隆《金山縣志》始謂爲胥浦人，未知何據。清錢熙泰纂輯咸豐《金山縣志稿》「刊誤人物傳」將之歸爲吴人，謂當删。
孟子手音	佚		
皇太子諸王訓	佚		

[一] 卷二十一《隱逸》張翰傳注：「按舊志云張翰爲青邑人，史無明文，蓋因諸嗣郢建五賢祠於神山，且於九峰志各係以小傳，魏球纂志采入，不敢遽爲芟削，姑記於此，今仍之。」

[二] 卷上《人物》：「（陸）玩之玄孫慧曉，仕齊，終輔國將軍。……慧曉三子僚、任、倕，并有美名，……史各有傳，俱云吴人，雖爲陸氏子孫，然安知其悉居華亭耶？」

續表

書名	存佚情況	著者	存疑原因
陸宣公奏議	存	唐陸贄	兩《唐書》載陸贄爲「蘇州嘉興人」；紹熙《雲間志・人物》以錢起《送陸贄擢第還蘇州》詩内有「雲間」「華亭」字眼，辨曰：「宣公之先疑亦有華亭居者，然宣公生於天寶以後，史傳稱嘉興人，故不復載。」
陸氏集驗方	佚		
制誥集	存		
翰苑集	存		
牓子集	佚		
議論集	佚		
陸宣公集	存		
陶真野集	佚	唐陶峴（寓賢）	唐小説《甘澤謡》謂陶爲崑山人，泛遊江湖。康熙《青浦縣志》則謂其曾流寓縣内。年代久遠，難以考實。
樂録	佚		
風月散人樂府	佚		
毛詩訓解	佚	北宋董乂	嘉靖《江西通志》謂爲德興人，康熙《松江府志》劃爲邑人。光緒《重修華亭縣志》入《備考》，謂用江西貫舉治平二年進士，後自華亭徙德興。
春秋總要	佚		
孟子講義	佚		

續表

書名	存佚情況	著者	存疑原因
樂書釋	佚	北宋董乂	嘉靖《江西通志》謂爲德興人，康熙《松江府志》劃爲邑人。光緒《重修華亭縣志》入《備考》，謂用江西貫舉治平二年進士，後自華亭徙德興。
史贊論	佚		
青囊經	佚		
李朝奉集	佚		
武丘居士遺稿	佚	北宋龔宗元	嘉靖《崑山縣志》謂其居崑山黃姑村，康熙《嘉定縣志》等將其載入。然考黃姑村在今太倉市内。
起隱集	佚	北宋龔況	龔宗元孫，存疑原因同上。
小醜集正續三集	佚	南宋任盡言	紹熙《雲間志》謂任盡言以眉山貫登紹興五年甲科。然其友楊萬里撰《眉山任公小醜集序》（見《誠齋集》卷八十三），似并未以其爲華亭人。
秘閣正續集	佚		
班馬字類	存	南宋婁機	《南宋館閣續録》載婁機爲「嘉興府嘉興人」〔一〕；明修嘉興、秀水諸志人物傳亦收入婁機，萬曆《嘉興府志》兼載「鳳凰
漢隸字源	存		

〔一〕《南宋館閣續録》卷七，「中國基本古籍庫」製南宋嘉定三年（一二一〇）刻寶慶至咸淳補刻本。

續表

書名	存佚情況	著者	存疑原因
廣干禄字書	存	南宋婁機	池在郡學前，池上係宋參政事婁機之宅」。光緒《重輯楓涇小志·人物》爲婁機作傳，似以其爲楓涇人（楓涇鎮今隸屬上海市金山區，其地南宋初屬秀州華亭縣，寧宗朝，升秀州爲嘉興府），然同書《名跡》卷又載「參知政事婁機墓，在嘉興府城南五十里」。則婁機故里應在嘉興，未知其是否曾居楓涇。
歷代帝王總要	佚		
古鼎法帖	佚		
簫臺公餘詞	存	南宋姚述堯	或謂姚述堯爲錢塘人，如咸淳《臨安志》。黄宗羲《宋元學案》、吴焯《繡谷亭薰習録》等則以爲華亭人。康熙《松江府志》載入人物傳。
中吳紀聞	存	南宋龔明之	龔宗元曾孫，居黄姑村，所建期頤堂則在今崑山市境内。
易經集説	佚	南宋衛富益	衛涇裔孫。萬曆《嘉興府志》、乾隆《江南通志》、嘉慶《松江府志》等以其爲華亭人，而嘉靖《浙江通志》、崇禎《烏程縣志》及《宋元學案》等以其爲崇德人。
四書考證	佚		
性理集義	佚		
讀史纂要	佚		
耕讀怡情録	佚		

續表

書名	存佚情況	著者	存疑原因
睿夫集	佚	元瞿智	嘉慶《松江府志》以其爲華亭人，然元王逢撰《題章鶴洲所藏瞿睿夫鈎勒蘭有引》（《梧溪集》卷四）謂其爲婁江人。又瞿曾任青龍鎮教諭，然該集未必撰於任上。
仙閨集	存	元錢蕙馨	錢蕙馨爲元末上海富人錢鶴皋女。然該集始見於清光緒間鉛印本《申報館叢書》，其卷首序謂清康熙間青浦人陳祐夜訪錢墓，遇錢女魂魄，與之唱和，遂有集内諸詩。則集中詩作當均爲陳祐所撰。
松鄉先生集	存	元任士林（寓賢）	正德《松江府志》謂任氏大德間携家徙華亭。然元趙孟頫《松雪齋集》卷八《任叔實墓志銘》未述及流寓華亭事。且該集未必撰於華亭。
國風尊經	佚	元陶宗儀（寓賢）	未知是否成於其寓居松江時
四書備遺	佚		
史記注語	佚		
唐義士傳	佚		

續表

書名	存佚情況	著者	存疑原因
草莽私乘	存		卷内無年月記録，未知是否成於其寓居松江時
元氏掖庭記	僅有輯本		
勝國紀異録	佚		未知是否成於其寓居松江時
廣薈蕞	佚		

附录

一、叢書版本

【説明】

本表著録本卷《現存著述簡目》中所記叢書之版本、行款與藏館等信息〔一〕，主要著録依據爲《中國叢書綜録》，行款版式則以經眼結果爲主。以叢書名在《現存著述簡目》中出現先後編次。叢書若有多個版本，僅著録本書所依據者。藏館有五個以上者，僅著録其中五個主要藏館。

叢書名	編者	版本	行款版式	藏館
嚴鐵橋輯佚稿	清嚴可均	稿本	十二行二十四字小字雙行同，黑口雙魚尾左右雙邊	上圖（清勞格校）
玉函山房輯佚書	清馬國翰	清光緒九年長沙嫏嬛館刊本	九行二十字，白口單魚尾四周雙邊	國圖、首圖、中科院、上海、復旦

〔一〕《説郛》一百卷本之版本詳情已載於該目録中，此處不再贅列。

續表

叢書名	編者	版本	行款版式	藏館
玉函山房輯佚書續編補編	清王仁俊	稿本	九行二十二字小字雙行同，黑口無魚尾四周雙邊	上圖
黄氏逸書考	清黄奭	清道光中甘泉黄氏刊民國十四年王鑒修補印本	九行十七字小字雙行同，黑口四周單邊	國圖、北大、中醫、上海、華東師大
漢學堂叢書	清黄奭	清道光中甘泉黄氏刊光緒中印本	九行十七字小字雙行同，黑口四周單邊	國圖、首圖、中科院、北大、上海
廣雅書局叢書	民國徐紹棨	光緒間廣雅書局刻本		國圖、北師大、上圖、復旦、華東師大
説郛（一百二十卷本）	明陶珽	明刻清順治三年李際期宛委山堂印本	九行二十字小字雙行同，白口單魚尾左右雙邊	國圖、上圖、上海師大
五朝小説		明刻本	九行二十字，白口左右雙邊	上圖、南圖、南京大學
五朝小説大觀		民國十五年上海掃葉山房石印本	十五行三十四字，白口單魚尾四周雙邊	首圖、上海、華東師大、上海師大
古今説部叢書	民國間國學扶輪社	清宣統至民國間上海國學扶輪社排印本	十三行三十字，白口無魚尾四周單邊	國圖、首圖、北師大、清華、上海

續表

叢書名	編者	版本	行款版式	藏館
合諸名家批點諸子全書	明郎壁金	明天啓間武林坊刻本	九行二十字，白口四周單邊	北京文物局[一]
漢魏六朝諸名家集（或題「漢魏六朝二十一名家集」、「漢魏六朝諸家文集」）	明汪士賢	明萬曆間汪士賢校刻本	九行十八至二十字，白口左右雙邊	國圖、北大、故宫、天津（存十四種九十八卷清姚瑩俊跋）、山東（清劉喜海跋）
漢魏諸名家集	明翁少麓	明萬曆天啓間翁少麓刻印本		國圖、北大、上海、南京、日本公文書館
漢魏六朝名家集初刻	清丁福保	清宣統三年無錫丁氏鉛印本	十四行三十一字，白口單魚尾四周雙邊	國圖、上海、遼寧
宛委别藏	清阮元	清抄本	（各本不盡相同）	臺北故宫
小萬卷樓叢書	清錢培名	清光緒四年金山錢氏重刊本	十行二十字，白口單魚尾左右雙邊	國圖（傅增湘校并跋）、上海、北大、清華、復旦

[一] 另有上海圖書館藏本，存十六種四十五卷，然其中無《合刻連珠》三卷。

續表

叢書名	編者	版本	行款版式	藏館
六朝詩集	明薛應旂	明嘉靖間刻本	十行十八字小字雙行同，白口無魚尾左右雙邊	北大、上海（鄧邦述跋）、南京、浙江、辭書出版社（清周焕文跋）
七十二家集	明張燮	明天啓崇禎間刻本	九行十八字小字雙行同，白口單魚尾左右雙邊	國圖、故宫、福建省同安縣文化館、河南省唐河縣圖書館
漢魏六朝一百三家集（又題「漢魏六朝百三名家集」）	明張溥	明婁東張氏刻本	九行十八字，白口單魚尾左右雙邊	國圖、北大、上海、遼寧、南京
經籍佚文	清王仁俊	稿本	九行二十一字，黑口無魚尾四周雙邊	上圖
漢唐地理書鈔	清王謨	清嘉慶金溪王氏刻本	十行二十四字，黑口單魚尾左右雙邊	北大、上圖
唐宋金元詞鉤沈	民國周泳先	民國二十六年商務印書館鉛印本	十二行三十一字，白口單魚尾四周雙邊	國圖、上圖、復旦、華東師大、川大
續藏經		民國十二年上海涵芬樓據一九〇五—一九一二年日本京都藏經書院本影印		國圖

續表

叢書名	編者	版本	行款版式	藏館
道藏		明正統間刻萬曆間續刻本		國圖、上圖、重慶
百川學海	宋左圭	明弘治間無錫華氏刊本	十二行二十字小字雙行同，白口無魚尾左右雙邊	國圖、北大、上海、復旦、甘肅
重輯百川學海		明刻本	九行二十字小字雙行同，白口單魚尾左右雙邊	上圖、遼寧、吉大、青島、福建師大
稗海	明商濬	明萬曆間會稽商氏半埜堂刊本	九行二十字，白口單魚尾四周單邊	國圖、首圖、清華、上海、復旦
學津討源	清張海鵬	清嘉慶十年虞山張氏照曠閣刊本	九行二十一字小字雙行同，黑口無魚尾左右雙邊	國圖、首圖、中科院、上海、復旦
元詩選三集	清顧嗣立	清康熙間長洲顧氏秀野草堂刻本	十三行二十三字，白口雙魚尾左右雙邊	國圖、首圖、上圖、復旦、華東師大
青照堂叢書	清李元春	清道光十五年朝邑劉際清等刊本	九行二十字小字雙行同，白口單魚尾左右雙邊	國圖、北大、北師大、上海、華東師大
藝海珠塵	清吴省蘭	清嘉慶中南匯吴氏聽彝堂刊本	十行二十一字小字雙行同，白口左右雙邊單黑魚尾	國圖、首圖、中科院、清華、上海

續表

叢書名	編者	版本	行款版式	藏館
藝海珠塵壬癸集	清錢熙增	清道光三十年金山錢氏漱石軒據吴氏原版重印增刊本		（未見著録）
江湖後集	南宋陳起	清乾隆四十七年鮑氏知不足齋抄本		北大（清鮑廷博校并跋，李盛鐸跋）
觀自得齋叢書	清徐士愷	清光緒間石埭徐氏刻本	十行二十一字，黑口單魚尾左右雙邊	國圖、首圖、上圖、復旦、上海師大
通志堂經解	清納蘭成德	清康熙十九年納蘭成德刻本		國圖、首圖、北大、北師大、上海
四庫全書薈要	清于敏中、王際華等	清乾隆間抄本	八行二十一字，白口單魚尾左右雙邊	臺北故宫
頻伽精舍校刊大藏經	清上海大綸頻伽精舍	清宣統三年至民國九年上海大綸頻伽精舍鉛印本	二十行四十五字，白口單魚尾四周單邊	國圖、上海、大同吉祥寺、哈爾濱極樂寺、寧夏壽佛寺
宋人集五十六種	民國李之鼎	民國十一年南城李氏宜秋館刻本	十行二十字，黑口左右雙邊	圖圖、首圖、上圖、清華、復旦

續表

叢書名	編者	版本	行款版式	藏館
彊村叢書	民國朱孝臧	民國十一年歸安朱氏刻本	十一行二十一字，黑口無魚尾左右雙邊	國圖、上圖、復旦、南大、遼大
元詩選癸集	清顧嗣立	清康熙間長洲顧氏秀野草堂刻本	十三行二十三字，白口單魚尾左右雙邊	國圖、上圖、復旦、南開、鄭大
宋元人詩集	清法式善	法氏存素堂抄本	十二行二十二字小字雙行同，白口單魚尾四周單邊	國圖
兩宋名賢小集	南宋陳思、元陳世龍	抄本		國圖、南大、川大
六十家名賢小集	南宋陳起	清冰蕸閣抄本	九行十六字，白口左右雙邊	國圖
宋人小集六十八種	清金檀	清金氏文瑞樓抄本	十一行二十一字，白口左右雙邊	國圖
宋四十名家小集		清抄本	十行十八字，無欄綫	國圖（清胡重跋）
江湖群賢小集	南宋陳起	清抄本	烏絲欄	國圖
重訂欣賞編	明沈津、茅一相	明刻本	白口四周單邊	國圖、上圖、浙圖

續表

叢書名	編者	版本	行款版式	藏館
大明重刊三藏聖教	明釋道開	明永樂十年至十五年刻明萬十二年慈聖宣文肅皇太后增刻本	六行十七字，左右雙邊	國圖
永樂北藏		明永樂十八年至正統五年刻萬曆續刻本	五行十七字小字雙行同，上下單邊	故宮、中國佛教圖書文物館、北京廣化寺、天津、太原崇善寺
永樂南藏		明永樂間刻明清續刻本	五行十七字小字雙行同，上下單邊	中國佛教圖書文物館、上海龍華寺、天津、太原崇善寺、寧武文物館
徑山藏		明萬曆十七年至清乾隆間五臺嘉興徑山等地刻本		故宮、別集、浙江、廣東、臺圖
乾隆大藏經		清雍正十三年至乾隆三年刻本		故宮、中國佛教圖書文物館、北京妙應寺、北京廣化寺、上海龍華寺
榕園叢書	清張丙炎、清張允顗	清同治間刻民國二年重修本		國圖、上圖、復旦、南大、華東師大

續表

叢書名	編者	版本	行款版式	藏館
宸翰樓叢書	清羅振玉	清宣統三年上虞羅氏刻本		國圖、上圖、北大、南大、南開
繪事晬編	清鄒鍾靈	道光鄒氏依樣葫蘆山館抄本		北大
津逮秘書	明毛晉	明崇禎間虞山毛氏汲古閣刊本	八行十八或十九字，白口四周單邊	國圖、中科院、北大、上海、復旦
緑窗女史	明秦淮寓居客	明末心遠堂刻本	九行二十字，白口左右雙邊	首都圖書館、北大、中科院
續百川學海	明吴永	明刻本		國圖、吉大、青島、南大、浙江
雙楳景闇叢書	清葉德輝	清光緒宣統間長沙葉氏郎園刻本	十一行行二十二字小字雙行同，黑口雙魚尾左右雙邊	國圖、首圖、北大、清華、上海
古今説海	明陸楫	明嘉靖二十三年雲間陸氏儼山書院刻本	八行十六字小字雙行同，白口單魚尾左右雙邊	國圖、首圖、上海、復旦、天津
冶遊編		清初抄本		南圖

續表

叢書名	編者	版本	行款版式	藏館
説集		明抄本		中科院
惜寸陰齋叢抄		清抄本	十行二十字小字雙行同，無欄綫	上圖（清管芷湘校）
麈談拾雅	清劉節卿	清同治八年劉氏藏修書屋刻本		國圖、上圖、南京、浙江、重慶
毗耶室驅暑閑抄	清硯雲主人	清乾隆間硯雲書屋刻本	九行二十字小字雙行同，黑口無魚尾左右雙邊	國圖
蘉古介書	明邵闇生	明天啓七年序刻本		北大、浙江、重慶、川大
江湖小集	南宋陳起	清初抄本		北大
大正新修大藏經	［日］高楠順次郎等	日本昭和七年東京大正一切經刊行會鉛印本		國圖、上圖、日本國會、日本東大總、日本東大東文研
一枝軒四種		清抄本		南京
誦芬室叢刊	清董康	民國十一年刻本	十一行二十字，黑口左右雙邊	國圖、上圖、南圖、北大、復旦
宋元詩	明潘是仁	明萬曆四十三年潘是仁刻天啓二年增刻本	九行十九字，白口四周單邊	國圖（鄭振鐸跋）、遼寧、臺圖

續表

叢書名	編者	版本	行款版式	藏館
懺花盦叢書	清宋澤元	清光緒十三年山陰宋氏刻本	十行二十字小字雙行同，白口左右雙邊單魚尾	國圖、上圖、北大、華東師大、山大
清風室叢刊	清錢保塘	清光緒八年海寧錢氏清風室刻本	十二行二十三字小字雙行同，黑口雙魚尾四周雙邊	國圖（傅增湘校跋并録清翁栻、清黄丕烈題識）、復旦
武林往哲遺著	清丁丙	清光緒十五年錢唐丁氏嘉惠堂刻本	十一行二十　字小字雙行同，白口單魚尾左右雙邊	國圖、上圖、河南大、臺大、日本東洋文庫
知不足齋叢書	清鮑廷博	清乾隆光緒間長塘鮑氏刻本	九行二十一字小字雙行同，白口無魚尾左右雙邊	國圖、上圖、北大、華東師大、蘇大
彙定宋元名公詩集	明潘是仁	明萬曆四十三年刻本		日本東洋文庫、日本京大文、日本京大人文研東方
讀畫齋叢書	清顧修	清嘉慶四年桐川顧氏校刻本	九行二十一字，黑口無魚尾左右雙邊	國圖、首圖、北大、上圖、復旦
四印齋所刻詞	清王鵬運	清光緒十四年臨桂王鵬運四印齋刻本	十一行二十字	國圖、首圖、北大、復旦等

續表

叢書名	編者	版本	行款版式	藏館
叢書集成初編	民國王雲五	民國二十四年商務印書館排印本		國圖、首圖、上圖、復旦等
平津館叢書	清孫星衍	清嘉慶十二年蘭陵孫氏刻本	十一行二十字	國圖、清華、上圖、復旦等
學古齋金石叢書	清葛元煦	清光緒間崇川葛氏學古齋刻本		國圖、首圖、上圖、復旦等
新陽趙氏叢刊	清趙元益	清光緒間新陽趙氏刻本		中科院、上圖
元十家詩集	明毛晉	明崇禎十一年海虞毛氏汲古閣刻本	九行十九字小字雙行同	國圖
元人選元詩	清羅振玉	清光緒三十四年連平范氏雙魚室刻本		北師大
吉石盦叢書	民國羅振玉	民國五年至六年上虞羅氏影印本	（各本不盡相同）	國圖、上圖、北大、復旦、河南大
雪堂叢刻	民國羅振玉	民國四年上虞羅氏鉛印本	十行二十四字，白口單魚尾四周單邊	國圖、上圖、北大、復旦、華師大

二、出處全簡稱對照表

書名全稱	書名簡稱
中國古籍總目	古籍總目
中國古籍善本書目	善本書目
中國叢書綜録	叢書綜録
中國國家圖書館書目（網絡版）	國圖書目
上海圖書館古籍書目（網絡版）	上圖古籍書目
南京圖書館書目（網絡版）	南圖書目
高校古文獻資源庫（網絡版）	高校文獻庫
復旦大學圖書館善本書目	復旦書目
臺灣圖書館中文古籍書目資料庫（網絡版）	臺圖資料庫

續表

書名全稱	書名簡稱
美國哈佛大學哈佛燕京圖書館中文善本書志	哈佛燕京善本書志
柏克萊加州大學東亞圖書館中文古籍善本書志	柏克萊善本書志
日藏漢籍善本書録	日藏善本書録
日本所藏中文古籍數據庫（網絡版）	日藏漢籍庫
「國家圖書館」善本書志初稿	書志初稿

三、藏館全簡稱對照表

藏書單位全稱	藏書單位簡稱
中國國家圖書館	國圖
首都圖書館	首圖
上海圖書館	上圖
重慶圖書館	重慶
南京圖書館	南圖
浙江圖書館	浙江
廣東省中山圖書館	廣東中山圖
四川省圖書館	四川
山東省圖書館	山東

續表

藏書單位全稱	藏書單位簡稱
内蒙古自治區圖書館	内蒙
湖南省圖書館	湖南
湖北省圖書館	湖北
甘肅省圖書館	甘肅
黑龍江省圖書館	黑龍江
遼寧省圖書館	遼寧
香港中山圖書館	香港中山
中國科學研究院圖書館	中科院
中國社會科學院	社科院
中國社會科學院文學研究所	社科院文學所
故宫博物院	故宫
臺灣圖書館	臺圖
臺北故宫博物院	臺北故宫

續表

藏書單位全稱	藏書單位簡稱
臺灣「中研院」傅斯年圖書館	傅圖
山東省博物館	山東博
吉林市圖書館	吉林市圖
大連市圖書館	大連市圖
蘇州市圖書館	蘇州市圖
北京大學圖書館	北大
清華大學圖書館	清華
香港中文大學圖書館	香港中大
復旦大學圖書館	復旦
南京大學圖書館	南大
人民大學圖書館	人大
山東大學圖書館	山大
四川大學圖書館	川大

續表

藏書單位全稱	藏書單位簡稱
雲南大學圖書館	雲大
中山大學圖書館	廣州中山大
山西大學圖書館	山西大
河南大學圖書館	河南大
吉林大學圖書館	吉大
北京師範大學圖書館	北師大
華東師範大學圖書館	華東師大
南京師範大學圖書館	南京師大
上海師範大學圖書館	上海師大
四川師範大學圖書館	四川師大
西北師範大學圖書館	西北師大
陝西師範大學圖書館	陝西師大
日本國立國會圖書館	日本國會

續表

藏書單位全稱	藏書單位簡稱
日本東京都立中央圖書館	日本東京都立中央
日本大阪府立中之島圖書館	日本中之島
日本東京大學圖書館總庫	日本東大總
日本東京大學東洋文化研究所	日本東大東文研
日本京都大學大學院文學研究科圖書館	日本京大文
日本京都大學人文科學研究所	日本京大人文研

主要參考文獻

一、古代著述（已在經眼録及現存著述目録中著録者，此處不再贅列）

（一）經部

通志堂經解　清康熙十九年納蘭成德刻本

經義考　朱彝尊撰　清乾隆間刻本

十三經注疏　阮元編　中華書局一九八〇年

（二）史部

三國志　晉陳壽撰　南朝宋裴松之注　百衲本二十四史影印南宋紹熙間刻本

晉書　唐房玄齡等修　百衲本二十四史影印宋刻本

梁書　唐姚思廉修　百衲本二十四史影印宋刻元明遞修本

隋書　唐魏徵等修　百衲本二十四史影印元大德間刻本
舊唐書　五代劉昫等修　百衲本二十四史影印宋刻配明翻宋刻本
新唐書　北宋歐陽修等修　百衲本二十四史影印北宋嘉祐間刻本
宋史　元脱脱等修　百衲本二十四史影印元至正間刻配明成化間刻本
元史　明宋濂等撰　百衲本二十四史影印明洪武三年刻本
元史藝文志　清錢大昕纂　乾隆嘉慶間刻潛研堂全書本
元史新編　清魏源撰　清光緒三十一年邵陽魏氏慎微堂刻本
新元史　清柯紹忞撰　中國書店一九八八年
明史　清張廷玉等纂　中華書局一九七四年
元詩紀事　清陳衍撰　「中國基本古籍庫」製清光緒鉛印本電子書影
元和郡縣圖志　唐李吉甫纂　清孫星衍輯逸文　清嘉慶間蘭陵孫氏輯刻岱南閣叢書本
吴地記　唐陸廣微纂　「中國方志庫」製清抄本電子書影
吴郡志　南宋范成大纂　陸振岳校點　江蘇古籍出版社一九九九年
中吴紀聞　南宋龔明之撰　孫菊園校點　上海古籍出版社一九八六年
景定建康志　宋周應合纂　臺灣商務印書館影印文淵閣四庫全書本
至元嘉禾志　元徐碩纂　「中國方志庫」製清抄本電子書影

洪武蘇州府志　明盧熊纂　「中國方志庫」製明洪武十二年刻本電子書影
弘治上海志　明唐經纂　天一閣藏明代方志選刊續編影印明弘治十七年刻本上海書店一九九〇年
正德松江府志　明顧清等纂　天一閣藏明代方志選刊續編影印明正德七年刻本
正德華亭縣志　明沈錫等纂　明正德十六年刻本
正德姑蘇志　明王鏊纂　臺灣商務印書館影印文淵閣四庫全書本
正德金山衛志　明夏有文等纂　民國二十一年上海傳真社影印正德十二年原刻本
嘉靖上海縣志　明高企纂　明嘉靖三年刻本
嘉靖嘉定縣志　明浦南金輯　明嘉靖三十六年修刊本
嘉靖江西通志　明周廣纂　「中國方志庫」製明嘉靖四年刻本
嘉靖淳安縣志　明姚鳴鸞纂修　「中國方志庫」製明嘉靖刻本電子書影
嘉靖崑山縣志　明楊逢春纂　「中國方志庫」製明嘉靖間刻本
嘉靖江陰縣志　明張衮纂　「中國方志庫」製明嘉靖間刻本電子書影
嘉靖延平府志　明鄭慶雲、辛紹佐纂　「中國方志庫」製明嘉靖刻本電子書影
嘉靖廣平府志　明翁相纂　「中國方志庫」明嘉靖間刻本電子書影
萬曆上海縣志　明張之象纂　明萬曆十六年刻本
萬曆嘉興府志　明沈堯中纂　「中國方志庫」製明萬曆二十八年刻本

萬曆嘉定縣志　明張應武等纂　明萬曆三十三年刻本
萬曆青浦縣志　明王圻纂　稀見中國地方志彙刊影印明萬曆二十五年修刊本
萬曆杭州府志　明陳善纂　「中國方志庫」製明萬曆間刻本電子書影
雲間志略　明何三畏纂　明天啓四年刻本
崇禎松江府志（五十八卷本）　明陳繼儒纂　日本藏中國罕見地方志叢刊影印明崇禎三年初刻本
書目文獻出版社一九九〇年
崇禎松江府志（九十四卷本）　明陳繼儒纂　明崇禎四年刻本
崇禎吴興備志　明董斯張纂　「中國基本古籍庫」製清康熙間抄本電子書影
康熙松江府志　清周建鼎等纂　清康熙二年刻本
康熙青浦縣志　清諸嗣郢等纂　清康熙八年刻本
康熙上海縣志　清葉映榴等纂　清康熙二十二年刻本
康熙崇明縣志　樊耀邦等纂　康熙二十三年刻本
乾隆寶山縣志　清章鑰總纂　清乾隆十一年刻本
乾隆金山縣志　常琬修　焦以敬等纂　乾隆十八年刻本
乾隆奉賢縣志　清王應奎等纂　清乾隆二十三年刻本
乾隆婁縣志　清陸錫熊纂　乾隆五十三年刻本

乾隆青浦縣志　清王昶纂　清乾隆五十三年刻本
乾隆華亭縣志　清王顯曾等纂　乾隆五十六年刻本
嘉慶松江府志　孫星衍、莫晉纂　嘉慶二十四年府學明倫堂刻本
嘉慶義烏縣志　清程瑜、李錫齡纂　「中國方志庫」製清嘉慶七年刻本電子書影
光緒重修華亭縣志　姚光發等纂　光緒五年刻本
光緒重修奉賢縣志　張文虎等纂　光緒四年刻本
光緒金山縣志　龔寶琦　黄厚本等纂　光緒四年刻本
光緒川沙廳志　陳方瀛修　俞樾等纂　光緒五年刻本
光緒婁縣續志　張雲望等纂　光緒五年刻本
光緒南匯縣志　張文虎等纂　光緒五年刻本
光緒青浦縣志　熊其英、邱式金等纂　光緒五年青浦尊經閣刻本
光緒松江府續志　姚光發等纂　光緒十年松江郡齋刻本
同治上海縣志　俞樾等纂　同治十一年刻本
續吴郡志　明李詡纂　民國間烏程張氏刻適園叢書本
淞故述　明楊樞撰　續修四庫全書影印清嘉慶吴氏聽彝堂刻藝海珠塵本
吴中人物志　明張昶纂　四庫全書存目叢書影印明隆慶四年張鳳翼等刻本

漢唐地理書鈔　清王謨輯　中華書局二〇〇六年
淳安邵氏宗譜　明佚名編　明刻本
崇明衛氏宗譜　清衛裕臣等修　清道光五年刻本
衛氏續修宗譜　清衛元相修　清光緒七年木活字擺印本
衛氏世譜　清抄本
直齋書録解題　南宋陳振孫撰　徐小蠻、顧美華點校　上海古籍出版社一九八七年
内閣藏書目録　明孫能傳編　「中國基本古籍庫」製清遲雲樓抄本電子書影
國史經籍志　明焦竑纂　「中國基本古籍庫」製明徐象橒刻本電子書影
續文獻通考　明王圻撰　「中國基本古籍庫」製明萬曆三十年松江府刻本電子書影
續通志　清曹仁虎等纂　清浙江書局刻本
千頃堂書目　清黄虞稷編　民國二年刻適園叢書本
繡谷亭薫習録　清吴焯撰　民國七年吴氏雙照樓刻松鄰叢書本
士禮居藏書題跋記　清黄丕烈撰　清光緒十年滂喜齋刻本
思適齋書跋　清顧廣圻撰　黄明標點　上海古籍出版社二〇〇七年
宋元舊本書經眼録　清莫友芝撰　邱立文、李淑燕點校　上海古籍出版社二〇〇九年
愛日精廬藏書志續志　清張金吾撰　清道光七年愛日精廬刻本

藝風藏書記　清繆荃孫編　清光緒二十七年年江陰繆氏刻本

郋園讀書志　清葉德輝撰　楊洪陞點校　杜澤遜審定　上海古籍出版社二〇一〇年

藏書紀事詩　清葉昌熾撰　清宣統二年長沙葉氏刻本

寒瘦山房鬻存善本書目　清鄧邦述編　民國十九年鄧氏刻本

培林堂書目　清徐秉義編　民國四年王存善鉛印二徐書目本

鐵琴銅劍樓藏書目録　清瞿鏞編　清光緒常熟瞿氏家塾刻本

皕宋樓藏書志　清陸心源編　清光緒八年十萬卷樓刻本

浙江採集遺書總目　清沈初等編　海王邨古籍書目題跋叢刊影印清乾隆三十九年王亶望刻本　中國書店二〇〇八年

天一閣書目　清范邦甸編　清嘉慶間文選樓刻本

松郡文獻　清黃烈編　清稿本

小眠齋讀書日札　清汪沆撰　國家圖書館藏古籍題跋叢刊影印民國間一簫一劍館抄本　國家圖書館出版社二〇〇二年

善本書室藏書志　清丁丙撰　續修四庫全書影印清光緒二十七年錢塘丁氏刻本

四庫全書總目　清永瑢等撰　臺灣商務印書館影印文淵閣四庫全書本

四庫全書考證　清王太岳等撰　臺灣商務印書館影印文淵閣四庫全書本

增訂四庫簡明目録標注　邵懿辰　邵章撰　上海古籍出版社一九七九年
續四庫提要三種　胡玉縉撰　上海書店出版社二〇〇二年
藏園群書經眼録　傅增湘編　中華書局二〇〇九年
藏園群書題記　傅增湘撰　上海古籍出版社一九八九年
販書偶記（附續編）　孫殿起撰　上海古籍出版社一九九九年
鄭堂讀書記　周中孚撰　上海書店出版社二〇〇九年
宋元學案　清黄宗羲撰　清全祖望補修　陳金生、梁運華點校　中華書局二〇〇七年
宋元學案補遺　清王梓材、馮雲濠編撰　沈芝盈、梁運華點校　中華書局二〇一一年

（三）子部

北堂書鈔　唐虞世南撰　清光緒十四年萬卷堂刻本
初學記　唐徐堅編　「中國基本古籍庫」製宋刻配抄補本電子書影
甘澤謡　唐袁郊撰　明津逮秘書本
四朝聞見録　南宋葉紹翁撰　清乾隆間知不足齋刻本
景德傳燈録　北宋釋道原撰　四部叢刊三編影印宋刻本
五燈會元　南宋釋普濟撰　清光緒三十二年貴池劉氏影刻宋寶祐間刊本

佛祖統紀　南宋釋志磐撰　「中國基本古籍庫」製宋刻本電子書影
從容庵録　元釋行秀撰　「中國基本古籍庫」製大正新修大藏經本電子書影
補續高僧傳　明釋明河撰　「中國基本古籍庫」製卍續藏本電子書影
農田餘話　元長谷真逸撰　明萬曆間沈氏刻寶顔堂秘笈本
新校録鬼簿正續編　浦漢明點校　巴蜀書社一九九六年
青樓集箋注　孫崇濤等箋注　中國戲劇出版社一九九〇年
少室山房筆叢　明胡應麟撰　「中國基本古籍庫」製明萬曆間刻本電子書影
四友齋叢説　明何良俊撰　續修四庫全書影印明萬曆七年張仲頤刻本
録鬼簿　元鍾嗣成撰　民國誦芬室讀曲叢刊本
畫繼補遺　南宋莊肅撰　人民美術出版社標點　人民美術出版社一九六三年
珊瑚網　明汪砢玉撰　臺灣商務印書館影印文淵閣四庫全書本
趙氏鐵網珊瑚　明趙琦美編　明朱存理輯　臺灣商務印書館影印文淵閣四庫全書本
佩文齋書畫譜　清孫岳頒輯　清康熙四十七年静永堂刻本

（四）集部

陸機集　西晉陸機撰　金濤聲點校　中華書局一九八二年

陸士衡文集校注　西晉陸機撰　劉運好整理校注　鳳凰出版社二〇〇七年
陸機集校箋　西晉陸機撰　楊明校箋　上海古籍出版社二〇一六年
陸雲集　西晉陸雲撰　黄葵點校　中華書局一九八八年
陸士龍文集校注　西晉陸雲撰　劉運好整理校注　鳳凰出版社二〇一〇年
祖英集　北宋釋重顯撰　「中國基本古籍庫」製宋刻本電子書影
北磵文集　南宋釋居簡撰　「中國基本古籍庫」製宋刻本電子書影
夷白齋稿　元陳基撰　四部叢刊三編影印明抄本
玩齋集　元貢師泰撰　「中國基本古籍庫」製明嘉靖刻本電子書影
楊維楨集　元楊維禎撰　鄒志方點校　浙江古籍出版社一九九四年
楊維禎全集校箋　元楊維禎撰　孫小力校箋　上海古籍出版社二〇一九年
陶宗儀集　明陶宗儀撰　徐永明、楊光輝整理　浙江人民出版社二〇〇五年
始豐稿　明徐一夔撰　清武林往哲遺著本
宋學士文集　元宋濂撰　四部叢刊影印明正德間刻本。
清江貝先生文集　明貝瓊撰　四部叢刊影印清趙氏亦有生齋刻本
潛研堂文集　錢大昕撰　續修四庫全書影印嘉慶十一年刻本
揅經室集　阮元撰　續修四庫全書影印道光間阮氏文選樓刻本

復初齋文集　清翁方綱撰　清道光十六年李彦章刻本

大雅集　元賴良編　臺灣商務印書館影印文淵閣四庫全書本

西晉文紀　明梅鼎祚輯　臺灣商務印書館影印文淵閣四庫全書本

采菽堂古詩選　明陳祚明編選　「中國基本古籍庫」製清刻本電子書影

青浦詩傳　清王昶輯　清乾隆五十九年經訓堂刻本

湖海詩傳　清王昶輯　續修四庫全書影印嘉慶八年三泖漁莊刻本

湖海文傳　清王昶輯　續修四庫全書影印道光十九年經訓堂刻本

詩品　梁鍾嶸撰　明夷門廣牘本

文心雕龍校注　梁劉勰撰　楊明照校注拾遺　中華書局一九五九年

（五）叢部

説郛三種　明陶宗儀等編　上海古籍出版社一九八八年

鹽邑志林　明樊維城輯　上海商務印書館民國二十六年影印明刻本

宛委別藏　清阮元輯　江蘇古籍出版社一九八八年影印清抄本

平津館叢書　清孫星衍輯　清嘉慶十二年蘭陵孫氏刻本

二、現當代著述（按出版時間爲序）

（一）著作

静嘉堂文庫觀書記　傅增湘撰　民國十九年鉛印《藏園東遊别録》本

校輯宋金元人詞　趙萬里編　民國二十年中央研究院歷史語言研究所鉛印本

上海掌故叢書　上海通社輯刊　民國二十四年鉛印本

關於上海的書目提要　民國胡懷琛主編　上海市通志館一九三五年

上海文獻展覽會概要　上海文獻展覽會　上海文獻展覽會一九三七年印行

涵芬樓燼餘書録　張元濟編　商務印書館一九五一年鉛印本

陸平原年譜　姜亮夫編　古典文學出版社一九五七年

華東師範大學圖書館古籍目録　華東師範大學圖書館編　一九五七年

復旦大學圖書館善本書目　復旦大學圖書館編　油印本　一九五九年

中國古典戲曲論著集成　中國戲曲研究院編　中國戲劇出版社一九五九年

四庫採進書目　吴慰祖校訂　商務印書館一九六〇年

中國佛教史籍概論　陳垣撰　中華書局一九六二年

華東師範大學圖書館善本書目（古籍部分）　華東師範大學圖書館編　油印本一九六四年
清史稿　趙爾巽等纂　中華書局一九七七年
説郛考　昌彼得撰　文史哲出版社一九七九年
南京大學圖書館館藏古籍善本書目録　南京大學圖書館編　一九八〇年
唐五代人物傳記資料綜合索引　傅璿琮等編纂　中華書局一九八二年
上海地方史資料　上海文化史館編著　上海社會科學院出版社一九八二年
中國善本書提要　王重民編　上海古籍出版社一九八三年
上海史研究　譙樞銘主編　學林出版社一九八四年
中國地方志聯合目録　中華書局一九八五年
北京圖書館古籍善本書目　書目文獻出版社一九八七年
北京圖書館藏普通古籍目録　書目文獻出版社一九八七年
上海方志資料考録　上海書店一九八七年
元人傳記資料索引　王德毅編　中華書局一九八七年
宋人傳記資料索引　昌彼得等編纂　王德毅增訂　中華書局一九八八年
上海史研究二編　唐振常主編　學林出版社一九八八年
上海史　唐振常撰　上海人民出版社一九八九年

中國方志叢書·華中地方　臺灣成文出版社編　臺灣成文出版社一九六〇—一九八九年
上海文獻叢書　上海大學古籍整理研究室編　華東師範大學出版社一九八七—一九九一年
古籍版本題記索引　羅偉國、胡平編　上海書店出版社一九九一年
中國善本書提要補編　王重民編　書目文獻出版社一九九一年
中國地方志集成·上海府縣志輯　上海書店出版社編　上海書店出版社一九九二年
中國地方志集成·鄉鎮志專輯　上海書店出版社編　上海書店出版社一九九二年
上海近代藏書紀事詩　周退密、宋路霞撰　華東師範大學出版社一九九三年
宋人傳記資料索引·補編　李國玲編纂　四川大學出版社一九九四年
續修四庫全書總目提要稿本　中國科學院圖書館整理　齊魯書社一九九六年
楊維禎年譜　孫小力撰　復旦大學出版社　九九七年
中國古籍善本書目　上海古籍出版社一九八九、一九九三、一九九六、一九九八年
西諦書跋　鄭振鐸撰　吴曉鈴整理　文物出版社一九九八年
明代刊工姓名索引　李國慶編　上海古籍出版社一九九八年
上海通史　熊月之主編　上海人民出版社一九九九年
上海歷史地圖集　周振鶴編　上海人民出版社一九九九年
北京大學圖書館藏善本書目　北京大學圖書館編　北京大學出版社一九九九年

美國哈佛大學哈佛燕京圖書館中文善本書志　沈津撰　上海辭書出版社一九九九年
嘉定古代著作類聚　顧吉辰編　中華書局一九九九年
蛾術軒篋存善本書録　王欣夫著　上海古籍出版社二〇〇二年
浙江省圖書館古籍善本書目　浙江圖書館編　浙江教育出版社二〇〇二年
北京師範大學圖書館中文古籍書目　北京師範大學圖書館古籍部編　北京圖書館出版社二〇〇二年
日本藏漢籍善本書志書目集成　賈貴榮輯　北京圖書館出版社二〇〇三年
六朝江東士族的家學門風　吴正嵐著　南京大學出版社二〇〇三年
全元文　李修生主編　鳳凰出版社一九九八—二〇〇四年
柏克萊加州大學東亞圖書館中文古籍善本書志　柏克萊加州大學東亞圖書館編　上海古籍出版社二〇〇五年
上海通志　上海通志編纂委員會　上海人民出版社、上海社會科學院出版社二〇〇五年
上海文學通史　邱明正主編　復旦大學出版社二〇〇五年
四庫全書總目編纂考　武漢出版社二〇〇五年
古詩文要籍敘録　金開誠、葛兆光著　中華書局二〇〇五年
楊維禎與元末明初文學思潮　黄仁生撰　東方出版中心二〇〇五年
上海方志提要　上海市地方志辦公室編　上海社會科學院出版社二〇〇五年

上海鄉鎮舊志叢書　上海市地方志辦公室編　上海社會科學出版社二〇〇四—二〇〇六年
松江文獻系列叢書　上海市松江區史志辦公室編　上海社會科學院出版社一九九九—二〇〇六年
陶宗儀研究論文集　應再泉、徐永明等編　浙江人民出版社二〇〇六年
明清上海稀見文獻五種　人民文學出版社二〇〇六年
山東大學圖書館古籍善本書目　山東大學圖書館編　齊魯書社二〇〇六年
日藏漢籍善本書録　嚴紹璗編　中華書局二〇〇七年
中國叢書綜録　上海古籍出版社二〇〇七年
四庫提要辨證　余嘉錫撰　中華書局二〇〇七年
四庫存目標注　杜澤遜著　上海古籍出版社二〇〇七年
上海方志通考　陳金林、徐恭時著　上海辭書出版社二〇〇七年
《圖繪寶鑑》校勘與研究　近藤秀真、何慶先編著　江蘇古籍出版社二〇〇七年
管錐編　錢鍾書撰　生活·讀書·新知三聯書店二〇〇七年
第一批國家珍貴古籍名録圖録　詹福瑞主編　國家圖書館出版社二〇〇八年
明清江蘇文人年表　張慧劍著　上海古籍出版社二〇〇八年
天津圖書館古籍善本書目　天津圖書館編　國家圖書館出版社二〇〇八年
大藏經總目提要·文史藏　陳士强撰　上海古籍出版社二〇〇八年

中國古籍善本書目索引　南京圖書館編纂　上海古籍出版社二〇〇九年
松江歷史文化概述　張汝皋主編　上海古籍出版社二〇〇九年
中國古籍稿抄校本圖録　陳先行等編　上海書店出版社二〇〇九年
陸機陸雲年譜　俞士玲編　人民文學出版社二〇〇九年
上海府縣舊志叢書　上海市地方志辦公室主編　上海古籍出版社二〇〇九—二〇一五年
第二批國家珍貴古籍名録圖録　詹福瑞主編　國家圖書館出版社二〇一〇年
宋人生卒行年考　李裕民撰　中華書局二〇一〇年
中國文學史新著（增訂本第二版）　章培恒、駱玉明主編　復旦大學出版社二〇一一年
郡齋讀書志校正　南宋陳振孫撰　孫猛校證　上海古籍出版社二〇一一年
中國古籍總目　中國古籍總目編纂委員會編　中華書局、上海古籍出版社二〇〇九—二〇一三年
第三批國家珍貴古籍名録圖録　周和平主編　國家圖書館出版社二〇一二年
顧野王年譜　蔣志明編　中國文史出版社二〇一六年
陸贄評傳（修訂本）　王素撰　江蘇人民出版社二〇二〇年

（二）論文

宗典、元任仁發墓志的發現　文物一九五九年第一一期

《説郛》再考證　陳先行　中華文史論叢一九八二年第三輯

船子和尚撥棹歌　施蟄存　詞學第二輯　華東師範大學出版社一九八三年

上海行政建置沿革述略　周振鶴、傅林祥　上海研究論叢第十輯　上海社會科學院出版社一九九五年

船子和尚和他的偈頌　張則桐　中國典籍與文化一九九八年第二期

汲古閣藏明抄六十卷本《説郛》考述　徐三見　東南文化一九九四年第六期

元代水利專家任仁發及其《水利集》　劉春燕　上海師範大學學報二〇〇一年第二期

夏庭芝生年及《青樓集》寫作時間考　陸林　中華戲曲二〇〇二年第二期

逸園影印洪武本《書史會要》考　張金梁　文獻季刊二〇〇三年第三期

影印本《陸士龍文集》説明　薛殿璽　古逸叢書三編本陸士龍文集函内附　中華書局二〇〇四年

陸雲《登遐頌》考釋——兼論《陸機集》卷九《孔子贊》、《王子喬傳》非陸機作　俞士玲　古籍整理研究學刊二〇〇五年第四期

夏庭芝的生卒年及《青樓集》的成書時間考　馬素娟、趙晶　國家林業局管理干部學院學報二〇〇六年第四期

陶宗儀《説郛》的輯佚成就與不足　鄭春穎　長春師範學院學報二〇〇七年第一期

明代名醫金九淵先生與《冰壑老人醫案》　孟慶雲　中醫藥文化二〇〇七年第五期

明刻本《六朝詩集》編纂考　楊焄　上海大學學報二〇〇七年九月刊

讀陸機的《演連珠》　楊明　中華文史論叢二〇〇八年第二輯
兩晉士族文學的特徵　孫明君　古典文學知識二〇〇九年第二期
兩晉士族文學的走向　孫明君　陝西師範大學學報二〇〇九年第四期
釋德誠《船子和尚撥棹歌》考論　高慎濤　江漢論壇二〇一〇年一一月刊
論《陸士龍文集》之《宛委別藏》本　楊明　中華文史論叢二〇一二年第一期
明代的翻刻及其收藏著録　郭立暄　文獻二〇一二年第四期
陸居仁生平考略　程志强　松江報二〇一二年六月十四日
錢惟善生平考略　譚暢　松江報二〇一二年六月二十八日
陸居仁卒年考　黄仁生　武陵學刊二〇一三年九月刊
《書史會要》版本考述　趙陽陽　歷史文獻研究第三一輯　華東師範大學出版社二〇一二年
元末明初松江文人群體研究　崔志偉著　孫小力指導　上海大學二〇一一年博士學位論文
現存上海明代著述簡目　張霞著　錢振民指導　復旦大學二〇一一年碩士學位論文
上海清代中前期著述研究　杜怡順著　錢振民指導　復旦大學二〇一二年博士學位論文
文言小説集《東園友聞》作者作時考辨　張春紅　古籍整理研究學刊二〇一四年第六期
錢惟善生平事蹟若干問題獻疑　黄仁生　中國文學研究（輯刊）二〇一五年第一期
宋元時期江南文化世族華亭衛氏的崛起及其特徵　孔妮妮　史林二〇一五年第六期

再議《東園友聞》《東園客談》之作者問題　封樹芬　古籍整理研究學刊二〇一五年第六期
陶宗儀著述考論　余蘭蘭著　王齊洲指導　華中師範大學二〇一五年博士學位論文
顧野王《輿地志》的著録、徵引與内容——以唐宋文獻爲中心的考察　陸帥　中國歷史地理論叢二〇一六年第一期
久保輝幸《左圭〈百川學海〉版本流傳考》圖書館雜志二〇一八年第八期
《四庫全書》中所收的陸機詩文集　錢振民　薪火學刊第七卷　復旦大學出版社二〇二一年